读客®

读客中国史入门文库

顺着文库编号读历史，中国史来龙去脉无比清晰！

野史未必假

王磊 著

河南文艺出版社
·郑州·

图书在版编目（CIP）数据

野史未必假 / 王磊著 . －－郑州 : 河南文艺出版社，
2024.4

（读客中国史入门文库）

ISBN 978-7-5559-1685-7

Ⅰ . ①野… Ⅱ . ①王… Ⅲ . ①中国历史－野史 Ⅳ .
① K204.5

中国国家版本馆 CIP 数据核字 (2024) 第 052466 号

野史未必假

作　　者	王　磊	
责任编辑	王战省	
责任校对	樊亚星	
特约编辑	李　宣　　汪海英　　谢梦冰	
策　　划	读客文化	
版　　权	读客文化	
封面设计	温海英	
出版发行	河南文艺出版社	
印　　刷	三河市龙大印装有限公司	
开　　本	880mm × 1230mm 1/32	
印　　张	8.5	
字　　数	206 千	
版　　次	2024 年 4 月第 1 版　　2024 年 4 月第 1 次印刷	
定　　价	39.90 元	

如有印刷、装订质量问题，请致电 010-87681002（免费更换，邮寄到付）

目录

禅让制的真相：让了，又没有完全让

禹无论如何也不会想到，自己竟然会因为一次人事安排而风评被害。

禹这一生做出过无数的安排，无论是治水方案的规划、人员物资的调配、九州疆域的划定，还是各地贡赋的确认，他都处理得明明白白。

正是因为办事靠谱，禹才得到了舜的禅让，成了新的天下共主。

当禹的生命进入倒计时，他也遵循禅让精神，做出了人生的最后一次安排——指定自己治水时的重要助手伯益为继承人。

可禹刚死，整件事就画风突变了。

禹的儿子启跳出来打跑了伯益，建立了中国古代第一个王朝——夏朝。上古时代选贤任能的禅让制被家族血缘的世袭制所取代，"公天下"变成了"家天下"。任谁看了都得感慨一声世风日下、人心不古。

嗯，至少后来的儒家学派是这么说的，但并不是所有人都同意这一说法。

某位不愿意透露姓名的爆料者：哪有什么禅让，之前尧让给舜，也是因为他晚年镇不住场子，才被舜夺取了帝位，一直被关到死，连亲儿子的面都见不到。

另一位不愿意透露姓名的爆料者：我跟你说哈，禹临死前虽然指定伯益为接班人，实际上却又暗戳戳地任命儿子启掌握实权部门，培植个人小集团。妥妥的当面一套背后一套嘛。

儒家学派代表者荀子：什么尧舜禅让啊，那都是虚假宣传！我们要不信谣、不传谣！

法家学派发言人韩非子：顶楼上！舜逼尧退位，禹逼舜退位，就如同商汤伐夏和武王伐纣一样，都是臣子造君主的反。

……

那真相到底是什么呢？让我们先来重新梳理一下尧舜禹之间的"禅让"是怎么回事。

所谓禅让制，就是上一任领导指定团队中德行能力最强的人来接班；而世袭制，则指领导人的位置在自己的血缘家族中代代传承。

实际上，上古时代选拔部落领导人的主流方式，还真不是禅让制。

黄帝压服炎帝、打败蚩尤靠的是武力，之后炎黄部落的几位领导人，无论是少昊，还是颛顼、帝喾、尧、舜，他们都有一个共同的身份——黄帝的后人。

比如尧的位置就是从同父异母的哥哥帝挚那儿"继承"来的，而帝挚的位置又是从老爹帝喾那儿"继承"来的。这是正经的父死子继、兄终弟及，不就是一家子轮流上岗的家族企业吗？

所以说，世袭才是咱们华夏大地一开局的标配，禅让这种高端概念反而应该是文明发展到一定程度后才出现的。

事情的转折点，就发生在尧当一把手的时候。可尧为什么改世袭为禅让呢？

因为出事了，天上地下都出大事了。

天上出的事叫"十日并出"，说的是十个太阳一起出现在天空里，尧命令神箭手后羿射下来九个，这才让天地间的气温恢复了正常，这就是"后羿射日"的故事。

地上出的事叫"汤汤洪水"，说的是滔天洪水席卷大地，尧就任命鲧去治水。鲧治水失败后，儿子禹接班继续干，这就是"大禹治水"的故事。

天上当然没有十个太阳，所谓的"后羿射日"，反映的其实应该是上古时代的部落战争。之所以有如此多的部落卷入了战争，都是被洪水逼的。没错，"汤汤洪水"经考证应该是存在的。当时黄河中游地区受到水灾的影响相对较小，于是幸存的人们就大量向这里集中。

人口密度一高，邻里矛盾就变得突出了。小到吵架动口，大到大打出手，反正大家都是第一回做人，谁也不打算让着谁。再加上治水这事不是某一个部落能独立解决的，总得选出一个领头人，而有候选资格的部落又不止一个，那就只能真刀真枪打到服，反正谁站到最后谁就是老大。众多部落就在摩擦甚至战争中逐渐走向了联合。

所以尧在位时，已经不仅仅是自身血缘部落的首领，还是众多部落大联盟的一把手。史料中称赞尧"克明俊德，以亲九族。九族既睦，平章百姓。百姓昭明，协和万邦"。

这里面存在一个递进关系。"九族"指的是自家亲戚；"百姓"指的是各部落中的领头人，因为"姓"是当时"高质量人类"才有的高端配置；"万邦"说的就是联盟里的其他部落。

通俗来说，就是尧得先搞定自家的事，然后才有能力摆平其他的部落，进而成为整个部落联盟的一把手。

既然是部落联盟，那做什么决定各个部落之间就得商量着来。

比如，尧在选择继承人时没有直接指定，而是先征求了臣子们的意见。

一个叫放齐的人提议，立尧的儿子丹朱为继承人。这个建议看起来很"合乎人情"，但尧居然一票否决了。这又是为什么呢？

很简单，那么多双眼睛都盯着呢，尧心里肯定清楚，这么明显的偏心眼当然没法服众。

一个叫欢兜[1]的人则提议立共工为继承人。共工就是传说中撞倒了不周山的那位水神，这动不动就拿脑袋撞山的人，脾气估计是挺暴的。其实共工是尧的"水官"，相当于水利部部长，治理洪水正是他的本职工作。但很明显共工没能成功治水，自然无法获得尧的认可。更重要的是，这个共工还是炎帝的后人，这让作为黄帝后人的尧心里怎么想？

大家的意见不一致，推举继承人这事也就暂时搁置了下来。因为眼前还有更紧迫的事情需要解决——洪水依旧泛滥，需要推选一个新的治水负责人。

这时"四岳"发言了，他们推荐鲧来负责治水。"四岳"就是部落里四个说话很有分量的高层人员[2]。尧本来不同意，在"四岳"的坚持下才同意让鲧先试试。

但鲧治水九年，依然毫无成果。又老了九岁的尧再一次把推举继承人这事拿出来讨论。

这一次"四岳"集体提名一个叫舜的人作为接班人。

舜这个人身世坎坷，但事迹感人。他生母早亡，亲爹眼瞎，还有个流氓弟弟、恶毒后妈。然而就算家庭关系如此复杂，他还不改初心地行善尽孝，所以在部落里人缘、口碑都特别棒。

尧对这个提议表示可以考虑，只不过需要先考察一下。

这么一看，尧的确是遵循了部落的原始民主原则，打算禅让了呗。

---

[1] 又作讙兜、驩兜、驩头，一说为鲧的孙子，一说为颛顼之子。
[2] 一说"四岳"其实是一个人。

是，他让了，但没有完全让。

因为尧考察舜的方式很特别，他直接招舜当了自己的上门女婿，把两个女儿娥皇和女英嫁给了他，让她们二十四小时无死角地考察这个出身底层的穷小子。

没错，舜其实是尧招的赘婿，只不过不是永久性的，这个叫"服役婚"。本质上来说和你下馆子没钱买单，那就去后厨刷碗一个套路。

舜在尧的家里"服役"了整整二十年，其间各种表现良好，尧也就放心地将天下交给了舜。也就是说，尧的确没传位给儿子，却传给了女婿，民间俗话说"一个女婿半个儿"，所以尧和舜之间的禅让怎么看都有点不够纯粹。

那真正的禅让存在吗？

存在，就是舜和他的下一个继任者——禹。

这两位之间的禅让就纯粹得多了，因为他们之间不但没有裙带关系，甚至还有杀父之仇。禹的父亲鲧就死在了舜的手里。

舜在正式继位之前立过很多功劳，其中最重量级的一项叫"平四罪"。"四罪"是当时官方钦定的四个罪大恶极的大反派，分别是"三苗"、欢兜、共工和鲧。

"三苗"指的是当时江汉、荆州一带的部落，传说这个部落是蚩尤九黎之民的后代，向来和炎黄血脉的中原部落联盟不对付，动不动就闹事造反，结果被尧派兵打败了。于是舜就建议把战败的"三苗"部落流放到青藏高原一带。

公然对抗领导可是个大罪名，被流放了很合理。但和叛乱的"三苗"一起挨收拾的欢兜、共工和鲧又犯了什么不可饶恕的罪行呢？

表面上看，这三位都是罪有应得。

欢兜本身就是叛乱的"三苗"部落的首领之一，共工和鲧则都治水失败。这三位要么是叛乱分子，要么是办事不力，被处理很正常啊。

当然，这只是官方版本的声明。

事实上，这三位都是尧舜权力交接的绊脚石。

欢兜曾向尧提议让共工继位，鲧是共工治水工作的继任者，欢兜和鲧之间还有血缘或姻亲关系，说明这三人很可能是关系紧密、利益相关的"小团体"，而他们共同的诉求就是反对舜的继位。

欢兜提名了舜的竞争者，鲧和共工都曾公开质疑过尧指定舜作为继承人的决定，鲧更是试图凭借自己手中掌握的治水资源来谋取进一步的权力，甚至已经到了公然抗拒命令、对抗中央的程度。

面对这种对最高领导权的挑战，唯一的解决方式就是诉诸暴力。

欢兜和共工战败后被流放，而实力最强、威胁最大的鲧，受到的处罚也最严厉。当时已经摄行天子之政的舜借口鲧治水不力，说服尧处死了鲧。[1] 是的，治水失败只是官方理由。在部落联盟的权力斗争中失败，才是鲧被杀的真正原因。

正是通过这样的铁血手段，舜才平稳地接过了尧的首领之位。之后他任命禹继续负责治水工作。

当领导的人都喜欢讲一句话，叫"用人不疑，疑人不用"。

舜任用和自己有仇的禹担任重要岗位，称得上是"用人不疑"。但从另一个角度来说，舜也没法做到"疑人不用"。因为整个部落联盟的一把手虽然是通过禅让产生的，但联盟内各个部落的领导换届方式仍然是血缘继承，所以禹才从老爹鲧那里继承了本部落的首领职位和治水工作，舜就算想换人也做不到。

---

[1]《史记》。另有说法是流放而死。

不过舜对此也毫不在意，他既然能以"治水不力"的罪名弄死鲧，自然也能用同样的罪名拿捏禹。

禹的处境就十分险恶了。

他初入职场就被贴上了"罪人之子"的负面标签，顶头上司给他制定了严格的绩效考核目标，所承接的项目又是史诗级的硬骨头，那前途真是惨淡得不行。

禹能怎么办？只能玩命干。所以他结婚第四天就上班了。

然后，他就再也没下过班。

治水是个极其繁杂又精密的超级工程，从设计治水方案、协调人力资源，到筹备工程物资、应对突发状况等，千头万绪全都令人头疼。

禹是否头秃我们不知道，但他"腿秃"则是一定的了。

因为长年泡在泥水里，禹小腿上的毛囊组织都被泡死了，两条腿上连一根腿毛都没有幸存。腿毛没有了听起来是小事，但长期潮湿带来的病痛是什么滋味，那就只有当事人自己清楚了。

很多人都知道禹曾"三过家门而不入"。但《史记》中的原文写的其实是"劳身焦思，居外十三年，过家门不敢入"。

是的，不是过而"不入"，是过而"不敢入"。

为什么不敢入？自然是害怕，毕竟治水要是不成功，自己的小命也保不住了。事实上，禹在上岗的第一天就知道，他必须事事都做到极致完美，否则随时都可能倒霉。

治水，既是禹一生中面临的最大考验，却也是他逆袭翻盘的最佳机会。因为只有在治水过程中，禹才能调动海量资源，才能深入基层一线，进而打造属于自己的核心团队。

就好比公司大领导憋着坏想收拾你，但有个核心项目又必须交给你干。那你最好的办法就是把活儿干得漂漂亮亮的，顺带着在干的过程中把所有的业务骨干、核心资源都收入麾下，只要你手中掌握的资源足够多，哪怕是董事长见了你都得客客气气的。

所以禹从治水开始，就统一部署，通盘考虑。他一边抗洪抢险，一边恢复生产，一手治洪水，一手收人心，硬生生把一个应急项目搞成了长期投资。可以说禹治水的脚步走到哪里，他的团队就搭建到哪里，他的追随者就扩张到哪里，跟滚雪球一样。

最终所有的山川河流都治理好了。史书记载禹开通了九条山脉的道路，疏通了九条大河的河道，在九个大湖筑起了堤坝。当然，这里的"九"都是虚数，泛指很多的意思。

治水成功了，但这事还没完。如何善后、谁来善后才是最关键的问题。

按理说这种活儿应该由大领导舜来办，但禹却当仁不让直接代劳了。他亲自主持划定九州的疆域，主持盟会分封诸侯，确定贡赋。

就好比公司项目签约或剪彩仪式，正经董事长没捞着上场，你一个部门经理上去就把事给办了，那到底谁说了算还用问吗？

所以当治水成功的大禹再次站在舜的面前时，双方的实力对比已经今非昔比。

没错，这时候我们得尊称他为大禹，意思就是"伟大的禹"。

《史记》当中曾记录过一次舜、大禹、皋陶等人的对话，全文很长很长，整体画风大概是这个感觉：

大禹：我有德行啊！

皋陶：啊，对对对，领导你得继续保持啊！

大禹：我有功劳啊！

皋陶：啊，对对对，领导你得保重身体啊！

舜：你俩一唱一和的有意思吗？

整段文字中只见到大禹在大段大段地发表治国理政的意见，还有皋陶捧哏一样的烘托，身为天下之主的舜反而像个被教育的小学生。

这个皋陶是谁呢？他就是被后世尊为"中国司法始祖"的法官祖师爷。同时他也是大禹的死忠粉，谁要是敢反对大禹，他的处理方式就是"刑之"，分分钟让你感受到法律的铁拳。

之后不久，舜就指定大禹为继承人了。

再往后的故事颇有些浪漫的神话色彩：舜立大禹为继承人后，就巡视南方去了，走到"苍梧之野"病死了[1]。舜的两个妃子娥皇、女英听说丈夫去世后去收尸，却找不到丈夫的坟墓，两个人伤心的眼泪洒到当地的一种竹子上，留下了斑斑泪痕。后来人们尊娥皇、女英为湘水之神，那浸染了她们眼泪的竹子就被称为"湘妃竹"。

当时的南方属于文明不开化的蛮荒之地，气候潮热，毒虫横行，身强力壮的小伙子到了那儿都未必能活着回来。而舜上岗的时候就已经六十一岁了，死的时候更已经是九十多岁的高龄。这一把年纪为什么还往南跑，以至于死的时候两个妻子连最后一面都没见到呢？

诗仙李白曾在《远别离》中写道：

　　君失臣兮龙为鱼，权归臣兮鼠变虎。
　　或云：尧幽囚，舜野死。
　　九疑联绵皆相似，重瞳孤坟竟何是？

是的，我们的诗仙就曾"听说"过：尧是被舜囚禁的，亲儿子都见不着；舜是被禹流放的，坟头在哪儿都找不到。可见，唐代时

---

[1]《虞书·舜典》中《注》云："死苍梧之野，因葬焉。"大致在今天的湖南省永州市一带。

就有观点认为所谓舜的"南巡"根本就不是一次正常的出差，而是大禹夺取权力后把舜放逐到了远方。

大禹成为天下之主后，没有立儿子启为继承人，而是指定三朝元老兼头号粉丝皋陶来接班。皋陶坚决推辞，后来就去世了。大禹就又指定伯益为继承人。伯益是大禹治水的重要助手，同时也是皋陶的儿子。[1]

大禹去世后，伯益成了名义上的一把手，没错，只是名义上的，因为底下的人并不买账。

遇到问题需要解决了，人们不找伯益，而都去找启，因为这是"吾君之子也"。

想发篇通稿歌颂下领导了，大家也不提伯益，通篇都在讴歌启，因为这是"吾君之子也"。

那些口口声声高喊"吾君之子"的人，一方面，因为他们和大禹之间的君臣关系已经牢牢绑定，所以领导的儿子才算真正的自己人；另一方面，这些拥护"吾君之子"的人也不是一般人，他们也有自己的权势、财产和地位需要传承。

现代考古发掘已经证明，尧舜禹所在的上古时代已经出现了阶层分化和贫富差距。那些有私产的人，自然希望能传给自己血缘家族的人。

"吾君之子"这几个字的出现足以证明，在大禹在位的时代，代表私有制的"世袭"才是人们心目中的真理。

人皆有私，人之常情罢了。

所以最终启取代伯益成为天下之主已经是种必然，昙花一现的禅让制被世袭制所消灭也是种必然。不管大禹是真心禅让还是暗箱操作，无论伯益是主动退休还是被启武力打败，都无法改变这一

---

[1]《史记》。另有说法认为伯益为皋陶的子侄辈。

现实。

　　只不过后来儒家崛起，强调"有德者居之"，这天下不是谁家的，而应该是最有德行的人来当天子。他们本想找一些案例来支持自己的观点，可翻遍史书，发现基本上都是血缘继承，和道德没一毛钱关系。唯独尧舜禹时代的禅让，看上去有那么一丢丢天下为公的感觉。

　　得嘞，就这个吧。

　　于是后世的儒家宣传尧舜禹禅让的高尚无私，搞得人们都以为禅让制才是上古时代的主流一样。

　　但看过历史上王朝更替的人都知道，只要有了足够的实力和威望，分分钟都能编排出一场禅让大戏。

　　比如，当曹丕看完了汉献帝那篇"感人肺腑"的禅让诏书，正式代汉建魏后，他好像突然明白了什么了不得的道理。登基典礼一结束，他就对身边的大臣们说了一句没头没脑的话：

　　"舜、禹之事，吾知之矣。"

　　哦，原来所谓的禅让，就是这么回事啊。

　　所以并不是先有禅让制，然后才被世袭制所取代。禅让制的确存在，只不过不是主流。更准确地说，在人类文明从部落时代向国家进化的过程中，在原始公有制逐步过渡到私有制的历史进程中，禅让制才是那个不走寻常路的奇葩。

昏君的黑料：纣王到底做错了什么

公元前 1046 年 1 月 20 日，天刚蒙蒙亮，殷商陪都朝歌城的制高点——雄伟壮丽的鹿台上，一个男人正准备用自焚的方式结束自己的生命。

这位被称为"史书中自焚第一人"的末代君主名字叫受 [1]，在活着的时候被人称作帝辛，死后则被人叫作商纣王。

远处的喊杀声变得越来越清晰，这说明敌军已经越来越近，留给纣王的时间不多了。

纣王穿上最华丽的服装，周身环绕着无数的绝世美玉，决然地选择了投身火海。大火烧得很快，但还没快到能抹去一切的程度。

一个英武的年轻人驾驶着战车呼啸而至。他的名字叫姬发，后世称他为周武王。武王张弓搭箭冲鹿台上的焦尸射了三箭，然后大步上前砍下了纣王的头颅，悬挂在一根巨大的白旗杆上示众。[2] 旁边还有两根小一点的旗杆，上面挂着纣王最宠爱的两个妃子的脑袋。

至此，在华夏大地上延续了五百多年的殷商王朝灭亡，周朝建立，史称"武王伐纣"。

---

[1] 一说名受德。
[2] 有争议。一说纣王当场阵亡，一说为战败后自杀。

如果中国古代的昏君们要建个微信群的话，纣王大概率会"荣获"群主之位，因为他有"三高"：排名高、辨识度高、出圈程度高。

纣王在亡国之君序列里第二个出场，任谁见了都得尊称一声老炮儿，排名那是相当高。

要说纣王犯下的罪行，那真是罄竹难书，而且形式还独树一帜，什么炮烙剜心、解剖孕妇之类的"光辉事迹"放到今天，高低得判他个反人类罪。所以后人也给了他一个独一无二的史诗级差评——谥号"纣王"。

这个"纣"字充分体现了中国人骂人不带脏字的水平，因为"贱仁多累曰纣""残义损善曰纣""残忍捐义曰纣"……简单来说必须得是几十年如一日坚持做坏事才配得上这个谥号，所以"纣"字也就成了他的专用称呼，只此一家，别无分店，辨识度极高。

再加上《封神演义》的广泛传播，纣王昏庸残暴的形象更是家喻户晓，出圈程度不是一般的高。

但纣王表示并不开心，直到他听到了子贡同学的发言。

作为孔子最喜爱的学生之一，子贡是"孔门十哲"中当仁不让的高富帅，还是古代政治经济学高才生，按理说应该站在绝对正义的一方，可他却替人人喊打的纣王说过几句话。

子贡说：纣王身上那些耸人听闻的罪名，恐怕有不少是标题党。因为人人都痛恨道德败坏的人，所以遇到什么坏事都往他们身上扣。

简单来说就是纣王肯定有问题，但也保不齐有人是跟风黑蹭热点，或者是夸大其词骗流量。

子贡的说法并不是空穴来风。我们梳理一下纣王罪名出现的时间，也会发现一个特别有趣的现象——越是劲爆抓眼球的内容，出现的时间就越晚。

就比如传说中纣王自焚的那座鹿台。西汉时记载鹿台"其大三里，高千尺"，换算成今天的概念就是一栋占地面积接近十万平方米，高三四百米，集餐饮、娱乐、洗浴、健身于一体的顶级豪宅。到了东晋，关于这座鹿台高度的记载一下子提高到了"一千丈"，换算下来大概两千米。

这是个什么概念呢？

目前地球上的最高建筑迪拜塔"只不过"八百二十八米。而河南嵩山的最高峰连天峰，海拔也才一千五百一十二米。

咱就算不考虑实际的施工困难，想想在没有电梯的古代，纣王每次上鹿台享乐之前，还得先吭哧吭哧地爬个几千上万级的台阶，这画面怎么一点也不邪恶，反而有种莫名的喜感呢？

所以纣王到底是做错了什么，才能收获如此多的黑粉，被当成昏君界的标杆人物几千年不得翻身呢？

对于这个问题，纣王自己也没想明白。他要是能想得明白，也不至于沦落到这种地步。

纣王想不通不要紧，有人可通透着呢。

古龙先生在小说《七种武器》中说过一句非常有道理的话："最了解你的人往往不是朋友，而是你的对手。因为只有对手才会真正地花心思去观察你、研究你、掌握你。"

作为纣王最大的死对头，周武王姬发才是最有发言权的那个。他在和纣王翻脸动手之前特意写了一篇小作文来动员盟友，详细列举并强烈谴责了纣王所犯下的罪行，简单归纳就是：酗酒，听信妇言，亲疏不分，胳膊肘往外拐，不重祭祀，且有暴力倾向。

嗯，就这？

好像除了酗酒和暴力倾向之外，其他也不是什么罪大恶极的事情吧。

不不不，这几件事在当时的人看来，桩桩件件都是人神共愤的滔天大罪。我们必须代入商朝人的视角，才能理解纣王为什么那么招黑。

商朝，是个很有个性的王朝。它最大的特点就是爱搬家、爱算卦、爱打架。

爱搬家是因为黄河经常泛滥，动不动就把都城给淹了，只能换个地方重建。直到"盘庚迁殷"之后，商朝的首都才算固定下来，所以商朝也被称为"殷商"。

爱算卦说的是占卜在商朝社会生活中具有很重要的意义。

《礼记》中记载："殷人尊神，率民以事神，先鬼而后礼。"今天出土的甲骨文中就有商朝大量的占卜记录，大到战争灾荒，小到生活日常，不管是夜里做梦，还是白天牙疼，遇事不决全靠算卦。

再说爱打架，商朝的确特别能打，但也是因为形势逼人。

因为商朝并不是秦汉那样的大一统王朝，而是一个部落联盟，商王只是联盟的首领而已，只不过他自己的商部落是这个联盟中实力最强的那个。商王带着本部落的人住在王畿，也就是首都周围的一亩三分地里，这些归商王直接领导的人被称为"内服"。

在王畿周围还分布着很多异姓诸侯国，就是和商没有血缘关系的部落。这些诸侯国认商朝当大哥，享有高度的自治权，统称为"外服"。

至于再远一点的地方，比如江淮一带的东夷集团，则完全不听商朝的招呼，勉强可称之为"不服"。

这就是课本上说的"内外服制度"，本质上来说是一种多股力量相互依存也相互制约的平衡状态。

自商朝建立以来，商王的权力就受到三股主要力量的限制，分别是"算命先生""自家亲戚"和"门下小弟"。

"算命先生"指的是商朝内部的"贞人"，就是负责祭祀的神权阶层。占卜的结果是好是坏，上天的"神谕"是褒是贬，那都是他们一句话的事，就算是商王有时候也得听他们的。

"自家亲戚"指和商王有血缘关系的宗亲贵族。这帮三叔六舅那真是让人一言难尽，可以说是能给你帮多大忙，就能给你添多大乱。自家亲戚嘛，有事那是真上啊。但既然是一家人，吃拿卡要、把持权力、爵位世袭什么的也都是常规操作，商王还不好说什么，也不能撕破脸不是？

"门下小弟"指的是"外服"的那些诸侯国。只要商朝中央稍有风吹草动，小弟们就会蠢蠢欲动搞事情。一句话，人心散了，队伍是相当不好带的。

所以五百年来，历代商王都是小心翼翼地维持着脆弱的平衡，生怕一个搞不好就翻车。

直到有为青年纣王闪亮登场。

首先要明确一点，和小说电视剧里那个只知道搂着妲己花天酒地的纨绔子弟不同，真实历史上的纣王其实拥有非常优秀的硬件条件。

史书中记载纣王长相英俊，身材健硕，天资聪颖悟性高，口若悬河辩论好，日常爱好是打老虎、揍狗熊，绝对的人中龙凤、个中翘楚。

正因为自身的条件足够好，纣王对人生的追求也格外高——他要带领商朝重回巅峰。为此他需要进一步扩大王权，所以神权阶层、宗亲贵族和地方诸侯全都上了他的黑名单，得挨个拉出来放血。

为了打压神权阶层的话语权，纣王废弃了以往的祭祀制度。以后少请示，少汇报，让天帝鬼神都歇一会儿，你们这帮贞人也都闭嘴。

为了不让宗亲贵族把持朝政，纣王另起炉灶，重建了一套新的领导班子，提拔了一大批出身底层的官员，哪怕是有案底的罪犯和奴隶都能在他这儿找到工作。

为了防止四方诸侯不听招呼，纣王针对其中的实力派进行了清除。当时商朝的小弟中，以周国的姬昌、鄂侯、九侯这三位实力最强，在当时被封为"三公"。

后来鄂侯和九侯都被纣王弄死了，姬昌也被他软禁了整整七年。只不过姬昌能服软会来事，主动认怂低头，又送上了宝马美女当赎金，态度好得不能再好。

姬昌在诸侯中威望很高，纣王也不好强行下手。再加上东夷还没有臣服，纣王不想两线作战，这才高抬贵手放了姬昌一马，还封姬昌为"西伯"，就是西部地区的总负责人的意思。

如果纣王能知道后来的事，一定会后悔自己当初这个决定。

当然那都是以后的事了。至少在此刻，纣王正在享受那份属于他的成功。王权获得了极大的提升，国内的整顿已经取得了效果，那对外扩张这事也得马上跟进啊。

之前的历代商王都没有把东南方的"东夷"打服，于是纣王就投入兵力连续进攻东夷，虽然取得了一系列的胜利，但也极大地消耗了商朝的国力。

为了方便就近指挥，纣王还特意扩建了朝歌城。这里原本是商王的"度假村"，现在一顿装修，增添了许多重要设施，也在一定程度上具有了国都的性质，但更多的还是纣王享受生活的俱乐部和指挥战争的指挥部[1]。

但不管打仗还是搞基建都是要花钱的，所以纣王加大了对百姓的盘剥。反正他手下有那么多罪犯出身的官员，干这种刮地皮的事情再顺手不过了。

---

[1] 朝歌在纣王在位初期仍属于"离宫别馆"，但随着不断扩建及功能完善，朝歌也具备了辅都的功能。史籍中虽多将朝歌称为纣王的都城，但目前并没有完整证据说明纣王把首都迁到了朝歌。

这么一套组合拳搞下来，商朝内外民怨沸腾，诸侯离心，人们的不满已经达到了顶点。而面对暗流汹涌的反对势力，纣王的处理方式也很简单，直接大刑伺候。其实这些酷刑也不全是纣王发明的，因为商朝有历史悠久的"人牲"传统，就是把活生生的人花式弄死来祭祀鬼神。甲骨文中就有大量表示酷刑的字，比如"竟""劓""刖""墨""宫"等。而纣王时期最著名的酷刑就是"炮烙"，传说中就是把人绑在烧红的铜柱子上活活烫死。[1]

至此，纣王终于解锁了专属于自己的"众叛亲离"成就。

神权阶层恨他不重祭祀，不敬鬼神；宗亲贵族怪他不念亲情，胳膊肘往外拐；地方诸侯怨他横行无忌，迫害忠良；普通百姓恨他滥用民力，草菅人命。

现在我们知道纣王"不重祭祀""胳膊肘往外拐"和"有暴力倾向"这三条罪名是怎么来的了。

如果说以上罪名是商朝内外的所有受害者都感同身受的，还有两条罪名——"酗酒"和"听信妇言"，则完全是后来的西周给纣王的私人订制。

为什么这么说呢？

因为颠覆传统的纣王，做这两件事反而是在尊重商朝的传统。

有学者考证认为，商朝的祖先是起源自燕山南侧、渤海湾一带的游牧民族，所以生活中保留了很多游牧民族特有的习惯。

在苦寒之地，酒既能在生活中提供热量，又能在战斗中增添勇气。毕竟喝了酒，身子容易热，脑子更容易热。至于女人地位高，也和游牧生活有关。男人长时间外出捕猎或战斗，大部分时候都是女子当家，甚至到了关键时刻，女人也要像老爷们儿一样冲在第一线。比如第二十三代商王武丁的王后妇好，就一人身兼生

---

[1] 另说为在烧红的铜柱上涂满油脂，让人在其上行走，最后跌落火中而被烧死。

活伴侣、政治助手、宗教祭司和军事统帅等身份，历史上的"武丁中兴"也有她的功劳。[1]

但周人却是个重视农耕的民族。他们认为用粮食酿出的酒是神圣且珍贵的，凡人哪能敞开喝？周人也反对女子干政，认为女人就应该是男人的附属品，压根儿就不应该出现在朝堂上。周人还专门为此发明了个词叫"牝鸡司晨"，意思就是老母鸡就应该安心趴窝下蛋，想跨界去打鸣那就是大逆不道。

这两条罪名简单地看，就是周和商之间纯粹的三观不合看不惯。但后来干掉纣王这事是周人牵头的，他们说纣王"酗酒""听信妇言"是罪过，其他人也不会有什么反对意见。

其实周和商之间的矛盾，远比三观不合要严重得多，这两家之间可是有血海深仇的。

周文王姬昌的父亲季历本是一代雄主，东征西讨打下来老大的地盘。但"枪打出头鸟"，季历的崛起引起了商王文丁的猜忌，然后被文丁骗过去杀掉了。

文丁就是纣王的爷爷，而姬昌又娶了文丁的女儿，从辈分上来说姬昌算纣王的亲姑父，只不过是有杀父之仇的那种亲姑父。

更何况姬昌本人也差一点死在纣王手里。那还有啥好说的？这真是不造反都对不起自己啊！姬昌知道周国的硬实力和商朝有差距，所以他选择在软实力上找补。他要做的事也很简单，只需要和纣王反着来就行了。

纣王不重祭祀，姬昌这边重视啊。后来商朝的太师、少师就抱着礼乐祭器投奔姬昌去了，相当于单位的会计把公章给拐跑了。

纣王不给老臣旧人留后路，姬昌这儿却提供完善的养老服务，

---

[1] 殷墟遗址考古发掘中发现了记载着妇好主持祭祀活动、领兵出征的甲骨样本和象征身份的随葬品。

保证让每个人都能干到退休并安享晚年。所以纣王手下的臣子要么选择到西周再就业，要么就一边拿着纣王的工资，一边偷偷地给姬昌干活儿。

纣王打压诸侯，姬昌则暗中收买人心，于是越来越多的诸侯国都选择跟姬昌混了，而少数执迷不悟忠于纣王的也被姬昌给灭了。

面对实力不断壮大的周国，商朝内部仍然有部分人觉得纣王还可以再抢救一下。一个叫祖伊的大臣劝纣王，说老天已经抛弃咱们啦，咱得想点办法啊。

对此纣王的回答是："呜呼！我生不有命在天？"

这句话可以理解为："我难道就没有天命吗？"或者："我还需要天命吗？"

不管怎么翻译，反正纣王没觉得自己有错就是了。

祖伊表示，这个纣王啊，真是块油盐不进的滚刀肉啊，我是劝不了了，你们谁爱劝谁劝吧！

祖伊作为一个打工人已经放弃了，而纣王自己家里人还没死心。纣王的叔叔比干[1]堵着纣王，苦口婆心地劝了好几天，说大王你怎么怎么不对，你得改啊什么的。

纣王听着听着就炸了，表示自己怎么会错？要错也是你们错，于是就把比干给剖腹剜心了。

至此，再也没人劝纣王了，因为所有人都不再对他抱有一丝希望了。

当纣王在这边自我感觉良好时，姬昌治理下的周国已经实力大增，"三分天下有其二"。但姬昌没来得及起兵就去世了，史称"周文王"。他的儿子姬发继承了父祖的遗志，史称"周武王"。

---

[1] 一说为纣王的庶兄。

于是，历史课上要敲黑板的知识点——"武王伐纣"开始了。

在后世儒家的笔下，"武王伐纣"就是周武王率领仁义之师，一路进军抵达朝歌城郊，在"牧野之战"中兵不血刃地获得胜利的正义战争。

但其实"牧野之战"并没有说的那么高大上，高情商的说法是里应外合闪击战，低情商的说法就是不讲武德搞偷袭。

这也没什么不好意思的，战争本来就不是讲究公平竞争的事情。"武王伐纣"是一场纣王反对者们的联合行动。周武王负责正面战场，提供武力输出；而商朝内部的反对派则盯着敌后战场，负责临场搞事。

在开战前的誓师大会上，周武王除了宣读纣王的罪行调动情绪，还特意嘱咐了一句：一旦真打起来啊，千万不要伤害那些主动投降的人啊，他们都是来帮我们的。

这还没开打呢，就考虑起优待俘虏的问题了——倒不是周武王多有先见之明，而是他早就和纣王手下的大臣商量好了，甚至连最后决战的时间、地点都定死了。

纣王主力部队不在家，朝歌城守备空虚的情报是他们提供的。武王起兵后一路狂飙突进，导致纣王被打了个措手不及，也是这帮人阻碍了战场情报的传递，让纣王来不及和主力部队会合，只能临时拉了一群杂牌军来应战。甚至就连最后决战时商军的阵前倒戈，都更像是一场早有预谋的军事政变，而不是临时起意的突发事件。

现代考古研究发现，"牧野之战"的开战时间很不寻常——天不亮就开打，太阳刚出来不一会儿，纣王就战败了。凌晨是人注意力最涣散、情绪最不稳定的时候，面对前锋部队的突然倒戈，纣王根本来不及反应，所以直接就被打崩了。

对于纣王的最终结局，公认的说法是他战败后自焚了，还有观点认为他是当场战死了。但不管是哪种结果吧，纣王还是有他自己的骄傲，至少他战斗到了最后一刻。

这么看来，纣王其实也没有那么不堪。

但到了战国时代，纣王的罪名突然花样翻新，各种"震惊党""标题党"如雨后春笋般冒出头来，什么解剖孕妇看胎儿性别、砍断人的大腿观察骨髓、把大臣梅伯剁成肉酱喂给姬昌吃……

这个时候纣王的形象已经变得越来越反人类了。

到了汉代以后，留给纣王的新罪行已经不多了，毕竟人的想象力也是有限的，所以就只能在具体细节和恶劣程度上下功夫了。

比如被解剖的孕妇其实是忠臣比干的媳妇；喂给姬昌的人肉羹也从同事梅伯变成了亲儿子伯邑考，更加突出纣王的残忍乖张。

同时妲己的戏份变得越来越重要，很多原本是纣王干的坏事，都变成了是妲己撺掇纣王干的。比如"酒池肉林"，不光有装满酒的大池子，还有不穿衣服的男男女女搞坦诚相见，把奢侈浪费和伤风败俗有机地结合起来，突出纣王的淫乱无度。

这些越来越细节具体的罪名之所以会出现，原因用一个词就可以概括：时移世易。

在强调血缘宗亲、尊崇祖先鬼神的商周时代，像纣王那样不重祭祀、不向着自家人的行为才是不可饶恕的罪名。至于花样杀人什么的反而不算事，因为商周的时候哪家杀的人都不少，这也没啥可黑的啊。

而到了战国时代以后，以血缘为纽带的宗法制已经崩得渣都不剩了，骨肉相残反而成了常态；对鬼神的态度也变成了"敬鬼神而远之"，这个时候你再骂纣王不重用自己亲戚、不祭祀什么的就不能引发共鸣了。

与之相反，对人身体和生命的残害就成了那个时代人眼中的大罪，所以这一时期关于纣王怎么变态杀人的记载突然多了起来，对纣王罪行的关注点也逐渐从他的政治行为向个人道德方面转移。

除此之外，后来的人还会把很多自己现实生活中的情绪带到纣王身上，比如对统治者骄奢淫逸、滥用民力、淫乱不堪等罪行的批判，都可以借纣王的故事来影射。那真是黑锅在天上飞，黑粉在地上追，想甩都甩不掉。

其实纣王从来都没变，他做下的事情也好，犯下的罪行也罢，从来都没有变化。

只是读史的人变了而已。

赵氏孤儿：灭门惨案背后的权力游戏

晋景公三年，公元前597年，晋国都城绛城内一片混乱。人们瑟瑟发抖地躲在屋子里，竖起耳朵紧张地听着下宫方向传来的喊杀声，生怕城门失火殃及池鱼。

下宫，是赵氏家族居住的地方。这个曾经执掌晋国朝堂二十多年的超级家族，已经迎来了自己的灭顶之灾。在晋国其他大家族的联合绞杀下，强盛一时的赵氏惨遭灭门。

当然，严谨地说也不能算"灭门"，还有一个赵家人活了下来，是一个刚出生不久的男婴。

这个孩子的母亲叫赵庄姬，是晋景公的亲姐姐[1]。此刻她正抱着襁褓中的儿子躲在弟弟的宫殿里。

赵庄姬知道，自己毕竟是国君的姐姐，外面的人不会拿她怎么样，但怀里的儿子就未必了。那些围剿赵家的人为了斩草除根，哪怕是无辜的婴儿也不会放过的。

这不，怕什么就来什么。

赵庄姬得到消息——晋国司寇屠岸贾，也是这次赵家灭门案的始作俑者，已经带人闯入宫中，目的就是要搜捕自己的孩子。

---

[1] 有争议。《史记·赵世家》记载为"成公姊"。后世多认为应为"成公女"之误。

万般无奈之下，赵庄姬只能把儿子藏在自己的胫衣[1]里。古人的衣服宽松肥大，藏个婴儿还真看不出来。但这孩子又不是块木头，他要是一哭闹，那也就露馅了。

赵庄姬强装镇定，在心里默默祈祷：儿啊，如果老天爷要保全赵家，你就别出声！如果天要亡赵家，那你就扯着嗓子号吧。

结果屠岸贾带人来搜查的时候，这孩子竟然真的一声不吭，成功躲过了搜捕。后来这个劫后余生的孩子长大了，在小伙伴的支持下成功手刃仇人，不但夺回属于自己的一切，还带领赵家实现了中兴，最终奠定了韩赵魏三家分晋的基础。这个故事被称为"赵氏孤儿大复仇"，故事的主角，那个大难不死的赵氏孤儿，叫赵武。

春秋战国时代，在政治斗争中落败被杀光一户口本的家族比比皆是。像赵武这样的"幸存者"实在不多，能在跌落谷底后带领家族逆袭成功的案例那更是绝无仅有。"赵氏孤儿"的故事后来被改编成文学作品，并数次搬上大银幕，成了家喻户晓的经典传说。

但是这桩灭门惨案的背后，却隐藏着更多的谜团。

上面说的是司马迁在《赵世家》中写的版本。但《左传》中却记录着一个从案发时间、作案动机、杀人凶手到受害者名单都不一样的另一个版本。

《左传》版的"赵氏孤儿"发生在晋景公十七年，即公元前583年，比上一个故事的时间推迟了十几年。更诡异的是，这个版本中灭门案的凶手并不是外人屠岸贾，而是赵武的亲娘赵庄姬。

赵武的亲爹赵朔死得早，老娘赵庄姬年纪轻轻就守了寡。当时赵家说了算的是赵朔的三个叔叔——赵同、赵括和赵婴齐。没想到

---

[1] 指没有裆的套裤。

赵庄姬竟然和老公的小叔赵婴齐产生了亲密接触。

这桩侄媳妇和叔叔间的丑事很快被人发现了，赵婴齐被赵同、赵括流放到齐国，不久就死了。赵庄姬听说情夫死讯后恼羞成怒，直接诬告老赵家要谋反，这才导致了灭门案的发生。

一个是舍身救儿的单亲母亲，一个是淫乱歹毒的黑心毒妇。同一个老赵家，同一个赵庄姬，这做人的差距咋就这么大呢？

其实这并不矛盾。

只要我们搞清楚一件事——赵庄姬要护的"赵家"和她要毁的"赵家"，并不是一个概念。

为了搞清楚老赵家这桩扑朔迷离的灭门案，还得从赵氏家族的崛起开始说起。

赵氏和晋国的深度绑定始于晋文公时代。

晋文公重耳是大器晚成的代表，从青年时代开始流亡，到了快退休的年纪才登上晋国的君位。你别看晋文公前半辈子事业运不咋地，但桃花运却是好得可以，基本上每到一个地方就有人给他介绍对象。

他流亡到狄人的地盘时，狄人国君就送给了他一对姐妹花。晋文公娶了妹妹，把姐姐转手送给了自己的得力干将赵衰。这个姐姐给赵衰生下了长子赵盾。

多年后晋文公回国继位，又把自己的一个女儿赵姬嫁给了赵衰，君臣之间从连襟升级为翁婿。赵姬给赵衰生下了三个儿子，分别是赵同、赵括和赵婴齐。

按理说赵姬作为国君的女儿，身份尊贵，理应是正妻，她生的儿子也应该是继承家业的嫡子。但赵姬却让出了正妻之位，把不是自己亲生的赵盾立为嫡子。

不得不说赵姬还是非常有智慧的。当时晋国国内政局不稳，各大家族之间明争暗斗，而赵盾年纪大，有阅历，工作能力强，更适合成为带领家族的那个人。

　　事实证明，赵盾也的确有两把刷子，他拳打脚踢干掉了几乎所有竞争者，很快就成了晋国朝堂上真正的大佬，就连新任国君晋灵公都是他拥立的。

　　可长大后的晋灵公荒唐放纵，极其不靠谱。身为臣子的赵盾只能各种劝谏。晋灵公却是虚心接受，屡教不改，甚至收买杀手去刺杀赵盾，行刺失败后又放狗想咬死赵盾。幸亏赵盾的安保人员比较给力，这才让他逃出生天。

　　面对离谱国君的连环追杀，赵盾只能流亡他国。可他还没走出国界，就得到消息说他的堂弟 [1] 赵穿把晋灵公杀了——他不用跑了。

　　于是赵盾就打道回府，重新执掌起晋国的朝政，并拥立了一位新国君晋成公。晋灵公虽然不是赵盾杀的，但一来杀人的就是老赵家自己人，二来赵盾回来后也完全没有追究凶手的意思，这不就是明显的默许加包庇吗？所以晋国史官董狐非常硬气地给赵盾记下了一笔黑账——"秋九月乙丑，晋赵盾弑其君夷皋"。夷皋就是晋灵公的名字。后世也用"董狐笔"来称赞史官的秉笔直书。

　　但些许黑料并不妨碍赵盾大权在握，很快他就找到了一个让自己家族进一步做大做强的机会。

　　赵盾作为天选打工人，带领家族在晋国混得风生水起是不假，但再风光他也就是个打工仔，干到这种程度已经算是业界天花板了。如果想要更进一步，唯一的办法就是把自己也变成股东。

　　在别的国家可能没机会，但晋国自有特殊国情在。

　　春秋时代的诸侯国好比一个家族企业，国君就是董事长，国

---

[1] 一说为堂侄。

君的家庭成员、同姓亲戚就是持股的董事会成员，这群人叫"公族"。就晋国来说，正常情况下应该是姬姓国君带着一大群姬姓公族干活儿，但晋国历史上发生过好几次"股东内斗"，一家人彼此杀来杀去，最后发现已经不剩几个"公族"了，一开会连会议室都坐不满，简直太冷清了。

"自己人"不够，那就只能找"外人"来凑。

晋成公上台后发布了一个重大福利——朝中卿士家的嫡子可以出任公族大夫，庶子可以出任公车大夫。"公族大夫"就是持股的董事会成员，"公车大夫"就是董事会的安保队伍，这项措施相当于让公司职工持有公司股权，直接由"打工仔"升级为"合伙人"了。

而赵盾作为赵氏家族的掌门人，他的儿子就是嫡子，是大宗；他的三个异母弟弟就是庶子，是小宗。按照宗法制，大宗代表家族，可以领导小宗。这"公族大夫"的福利本应该由赵盾的嫡子赵朔认领，但赵盾却打报告申请把这个福利转让给自己的异母弟赵括，说是为了报答赵姬当年的恩情——当初你把嫡子的位置让给了我，今天我再把嫡子的位置还给你儿子，以后你们那一支血脉就是大宗了。咱们一家人有来有回，恩荣并济，多好。

赵盾这样做既给自己赢得了知恩图报的美名，也极大地团结了赵氏家族，更重要的是将赵氏的势力又提高了一个等级。

原本在晋国朝堂上没多少存在感的赵同、赵括、赵婴齐三兄弟，因为从庶子小宗变成了嫡系大宗，可以享受"公族"带来的身份红利，获得了相应的官职，一下子就变成了高级干部。

而赵盾的儿子赵朔虽然从大宗变成了小宗，享受不到家族嫡子的加成，但别忘了他亲爹赵盾还是晋国的一把手，哪能少得了亲儿子的好处？赵朔的官位也是一路水涨船高，还娶了晋成公的女儿，勉强也称得上是宗室外戚。还有，别忘了赵氏旁系的赵穿——杀过一个国君还啥事没有的狠人，他也是晋国的高级官员。

这么算起来，赵氏无论嫡系旁支，基本上都有一两个人身居高位，赵氏也当之无愧地成了整个晋国最强大的家族。

但在这样你好我好大家好的祥和气氛中，却埋藏了巨大的隐患。

首先是国内的其他家族不乐意了。

赵盾执掌朝政多年，他执法严格，手段狠辣，被他收拾过的人多了去了。曾有人评价过赵衰和赵盾这对父子的做人风格，说父子俩都是如日中天的一把手，但赵衰就像冬天的太阳那样温暖可爱，赵盾却像夏天的太阳那样酷烈可畏。

如此两极分化的评价就能看出赵盾在台上肯定没少得罪人。

当然，赵盾这么做也是为了晋国的霸权。但问题是赵盾把晋国这块蛋糕做大之后，也顺手切走了最大的一块，其他家族肯定忍不了这种多吃多占的行为。

而赵氏家族内部也是暗流涌动。

赵同、赵括、赵婴齐三兄弟是大宗，在家族里地位更高。但身为小宗的赵朔却直接继承了老爹的权力，在朝堂上官位更高，隐隐有接班赵盾继续执掌朝政的意思。

这种宗族身份和政治权力的错位也是种潜在的隐患，这意味着老赵家未来将出现说不清谁才是掌门人的问题。总不能我管你叫哥，你管我叫爸，咱俩各论各的吧？

这一切的问题，在赵盾活着的时候都不是问题。不管是赵氏内部的隐患，还是其他家族的不满，在赵盾的铁腕统治下全都掀不起什么风浪。

但赵盾总归是要死的。

公元前 601 年，赵盾去世。一年后，晋成公去世，晋景公继位，晋国的朝堂上迎来了一次权力洗牌。赵盾虽然死了，但赵朔已经官拜下军将，在晋国的执政团队中排名相当靠前。只要再给赵朔几年时间，他完全有机会成为一把手。

但其他人似乎并不是很想给赵朔这个机会。

对于其他家族来说，晋国也不是你老赵家一家的，凭啥好事都是赵氏占大头啊？

而在赵氏家族内部，身为大宗的赵同、赵括和赵婴齐也未必乐意。因为赵朔的飞黄腾达意味着他们这个"大宗"还得被"小宗"踩在脚下。

无论在朝堂上，还是在家族里，赵朔都成了别人的绊脚石。而绊脚石，注定要被一脚踢开。

晋景公三年，司寇屠岸贾突然把各大家族的话事人召集起来开会，会议的主题就一个——翻旧账。

屠岸贾曾是晋灵公的宠臣。"屠岸贾"这个名字从字面意义上看，指的是训练猎犬的专业人员。晋灵公曾放狗想咬死赵盾，这个屠岸贾很可能就是当时给晋灵公驯狗的驯犬师之一，而且还是训练水平最好、最讨晋灵公欢心的那个。

不过后来晋灵公被赵家人弄死了，屠岸贾虽然没跟着挨收拾，但仕途坎坷是肯定的了，一直到赵盾去世他才混到一个司寇的官职。司寇，就是主抓治安或司法的执法人员。这个身份给了屠岸贾一个向赵家人报仇的机会。

屠岸贾在大会上提出，晋灵公被杀，赵盾脱不了干系，但他本人不但没受到惩罚，他的子孙还能继续在朝中担任高官，这还有王法吗？咱们应该一起灭了他！

韩氏家族的韩厥表示反对，说这都是过去式了，当初都没处理，哪有隔了这么久再定罪的道理呢？韩厥曾受过赵盾的恩惠，所以极力为赵氏辩护，可惜屠岸贾并不采纳他的辩护意见，执意要对赵氏动手。

韩厥没办法,只能偷偷跑去给赵朔通风报信,告诉他赶紧跑路。但赵朔却不肯逃亡,并让韩厥不要掺和这件事,以后赵氏的复兴还得靠韩厥帮忙。

很快,其他家族在屠岸贾的串联下,对赵氏发起了围剿。

在这里《史记》的记载是:"贾不请而擅与诸将攻赵氏于下宫,杀赵朔、赵同、赵括、赵婴齐,皆灭其族。"

按照这个说法,在晋景公三年的这场"下宫之难"中,老赵家无论是小宗的赵朔还是大宗的赵同、赵括、赵婴齐全都被干掉了,只有赵武一个婴儿逃过一劫。

但问题是,赵同、赵括、赵婴齐这三人在"下宫之难"后还多次出现在史料中,明显没被灭门。所以一直以来,人们都认为是司马迁笔误了,提前把那三位给"写死"了。

但还有一种非常开脑洞的观点,认为司马迁没笔误,是后人把断句和读音搞错了。《史记》中的这句话应该断句为"杀赵朔,赵同、赵括、赵婴齐皆,灭其族"。

皆,可读成"偕",就是辅助、协同的意思。

那这句的意思就变成了——屠岸贾和诸将攻杀了赵朔,赵朔的三个叔叔赵同、赵括、赵婴齐从旁协助,勾结外人灭了赵朔这一支血脉。虽然没有直接证据证明赵同兄弟直接参与了这场大屠杀,但他们肯定从中捞了不少好处。因为只有身居高位的小宗赵朔不在了,他们这一支大宗才能真正地成为赵氏的掌门人,如果按照"谁获利最多,谁嫌疑最大"的刑侦原则来推论,赵同兄弟很明显是具备作案动机的。

好家伙,这也太刺激了吧。难道这是一场针对赵盾直系血脉的精准爆破,而不是对整个赵氏家族的绞杀吗?

恐怕还真就是这么回事。

如果我们把"下宫之难"看作一出持续了十几年、杂糅了赵氏家族内斗和晋国朝堂阴谋的连续剧，就刚好可以解释为什么《左传》和《赵世家》的记载会出现时间、人物和剧情上的矛盾，因为这本来就不是一件事[1]。

司马迁在《赵世家》中记载的其实是"下宫之难 1.0 版"，这场阴谋针对的是赵盾之子赵朔；《左传》《晋世家》中记载的是"下宫之难 2.0 版"，这场阴谋针对的是赵同、赵括兄弟。

从史书上的字里行间，我们也能找到一些蛛丝马迹。

首先，屠岸贾翻旧账时的发言中针对的打击对象就是赵盾的"在朝子孙"，不是兄弟，也不是整个赵家，就是赵盾的儿子赵朔。

其次，屠岸贾是以当年"赵盾弑其君"这件事为理由，号召大家对赵家动手。如果说赵盾相当于买凶杀人的主谋，被追究也符合逻辑，那直接的杀人凶手赵穿不更应该被收拾吗？但"下宫之难"后赵穿一族都活得好好的，甚至还娶了国君的女儿，继续享受着高官厚禄，没有受到一丁点儿冲击。

最后，当韩厥去赵家通风报信时，找到的也是赵朔。按理说如果这场大屠杀针对的是整个赵氏，韩厥应该去找赵同、赵括和赵婴齐三兄弟才对，因为他们才是代表赵氏的嫡子血脉，是决定整个家族命运的第一责任人。

但韩厥却只通知了赵朔，因为这场阴谋就是针对赵朔的。赵穿和赵括三兄弟都不在打击名单上，至于给晋灵公报仇、维护法律的公平正义之类的话，更是糊弄人的借口。

---

[1] 目前对于"下宫之难"史学界并存四种观点：一是全面否定《史记》；二是全面否定《左传》；三是认为《左传》和《史记》的记载可以并存；四是认为《左传》和《史记》所记录的并不是同一件事。如明代王樵《春秋辑传》："人所疑者，以据《左氏》，则赵氏之祸由庄姬；据《史记》，则赵氏之祸由屠岸贾。然尝深考之，则屠岸贾杀赵朔自一事也，赵庄姬谮杀同、括又一事也。"本书采信第四种观点。

此时的赵朔已经陷入了内外交困的绝境当中，所以他连逃亡的机会都没有，只能寄希望于韩厥能在未来的某个时候，找机会延续自己的血脉，为自己报仇。

然后，"下宫之难 1.0 版"就发生了。

虽然表面上看屠岸贾才是"下宫之难"的发起者，但他一个底层出身的小官，要人脉没人脉，要武装没武装，想报复赵氏根本就是痴人说梦。屠岸贾有私心，想报仇，但是实力不够，想要办成事只能搞众筹，拉人拼单，到处找人来帮他"砍一刀"。

而那些看赵朔不顺眼的人等的就是这个机会。这场惨案既是晋国朝廷不同家族之间的权力争夺，也是赵氏内部大小宗之间的家族内斗。最终的结果就是其他家族干掉了一个危险的竞争对手，赵氏家族内部也理顺了大小宗关系。大家各取所需，各有所得，完全是双赢的局面。

当然，这个双赢显然是没把赵庄姬和赵武这对孤儿寡母考虑在内的。

"赵氏孤儿"赵武是如何长大的，司马迁在《赵世家》中写得详细又精彩，还塑造了程婴、公孙杵臼这样的经典形象。

但今天咱们关注的重点不是赵氏孤儿，而是赵氏孤儿的母亲赵庄姬。

不知道从什么时候开始，赵庄姬和赵婴齐搞到一块儿了。但这并不是守寡的侄媳妇和年轻的叔叔之间的狗血伦理剧，更像是一个别有用心的阴谋。

"下宫之难 1.0 版"发生后，赵庄姬并没有留在赵家，而是返回宫中生活。这说明赵朔一脉已经从赵氏家族中除名了，赵朔其他的姬妾子女也被屠杀殆尽，只有赵庄姬凭借国君姐姐的身份幸免于难。但能活下来的只能是赵庄姬，并不包括赵朔的血脉，这也是赵庄姬隐藏儿子赵武存在的原因。

赵庄姬既然是住在宫里，和赵婴齐自然不存在什么低头不见抬头见的暧昧机会。两个人之间想发生点什么，想必是其中一方刻意为之的结果。

相对而言，身为臣子的赵婴齐主动冲到宫里勾引国君姐姐的可能性要小一些，这个事很可能是赵庄姬起的头。但如果赵庄姬真就是个耐不住寂寞的荡妇，以她国君姐姐的身份，找个男宠不是轻而易举的事吗？为何非要去找老公的小叔叔呢？难道就专好赵家人这一口？

除非，赵庄姬另有目的，比如帮儿子赵武夺回家产这种。

从性格上来说，赵婴齐和两个哥哥赵同、赵括不太一样。赵同、赵括属于荷尔蒙爆炸的猛男，动不动就暴走莽一波，说话做事总是不管不顾的。

而赵婴齐反而和死去的赵朔比较像，都属于冷静智谋型人才，为人处世更有大局观。也许赵庄姬就是看中了赵婴齐这一点，希望能通过他为儿子赵武的未来铺铺路。

但这事后来被赵同、赵括知道了。他们火速出手，把亲弟弟赵婴齐直接赶出家族，放逐到齐国去了。

在春秋时代，被逐出家族是仅次于肉体消灭的惩罚。赵婴齐苦苦哀求两个哥哥，说：因为我在，政敌栾氏才不敢对咱赵家动手。我要是不在了，二位哥哥恐怕护不住这个家啊。

当时晋国朝堂上，势力最强大的卿大夫就是荀氏、士氏、栾氏、郤氏、韩氏和赵氏等几个家族。其中的栾氏一直和赵氏明争暗斗，两大家族之间的战争一触即发。而赵婴齐作为三兄弟中的脑力担当，一直努力维持着斗而不破的脆弱平衡。

但赵婴齐的话并没有引起两位哥哥的重视，最终他在被放逐到齐国不久后就客死他乡了。

然后，赵庄姬出场了。

这就是《左传》中记载的"下宫之难2.0版"——赵庄姬跑到弟弟晋景公跟前告了个黑状，说赵同、赵括要谋反！而和赵氏有矛盾的栾氏、郤氏也跳出来给赵庄姬做伪证。

于是晋景公十七年，公元前583年，又一次针对赵氏的屠杀开始了。赵同、赵括兄弟全家被杀，赵氏的封地也被晋景公改封给大夫祁奚。

是的，短短十几年内，赵氏家族就摊上了两次"灭门"，只不过灭的不是一拨人而已。

但这事还没完。

有一天，晋景公生病了，占卜的结果说是嬴姓赵氏的不顺遂的后人在作祟。晋景公很害怕，就问韩厥怎么办。

韩厥表示：好办，只要重新拥立一个赵氏的子孙就可以了。刚好我知道还有个赵氏孤儿活在世上，还是您的亲外甥，咱立他就行。

于是晋景公和韩厥就偷偷把赵武招进宫里来，趁着各大家族进宫探病的时候宣布给赵氏平反。当然是平赵朔的反，而不是刚被灭掉的赵同和赵括。

就这样，赵氏封地和赵氏家族的宗主之位，兜兜转转又重新回到了赵武的手中。

至此，"赵氏孤儿"成功"复仇"，赵氏家族成功"复兴"！仿佛一切都回到了应有的轨道上。

但这看似理所当然的表象背后，还有更暗黑的细节。

赵同、赵括兄弟的灭亡，表面上看是赵庄姬和栾氏、郤氏的联合陷害，其实真正起主导作用的应该是国君晋景公。

对于晋景公而言，和楚国争霸并不是最重要的，打压国内的强势家族、巩固国君的权力才是第一位的。

执掌赵氏的赵同、赵括兄弟行事粗暴，专权擅政，对于晋景公而言已经是一个巨大的威胁。与其让这哥俩继续留在台上碍眼，倒不如扶持自己的亲外甥赵武复位，毕竟甥舅关系肯定比旁系更亲近。

在对赵氏兄弟动手的前一年，晋景公干了一件大事，那就是迁都新绛。这明显是为了远离原有的权力中心，省得日后发生冲突时崩自己一身血。

后面发生的事情就很好理解了。

出面告发赵同、赵括的是景公的姐姐，跟着做伪证的栾氏、郤氏算是国君的自己人。诛灭赵同、赵括后接管赵氏封地的祁奚本就是晋景公的亲戚，还有着"内举不避亲，外举不避仇"的美名，是个完美的临时托管人；事后提议复立赵武的韩厥也和国君关系良好。

这环环相扣的情节，怎么看都像是一出设计好的连环计，就是为了让赵氏孤儿成功复位，实现赵氏家族的权力转移，达到晋景公"君权"压制"臣权"的目的。

所以整件事的核心是"孤儿复位"，而不是"孤儿复仇"。

在"下宫之难 1.0 版"中，真正参与谋划诛灭赵氏的、执行灭门计划的、事后追杀赵武的，从来都是"诸将"，也就是国内的其他家族，他们才是赵武真正的仇人。

但赵武想要拿回赵氏的主导权，自然不能和整个晋国的顶级家族开战，所以在"下宫之难 2.0 版"中，他只能配合舅舅晋景公的表演，放弃复仇的执念，以换取自己这支赵氏血脉的复兴。

这样的权力游戏，实在是太过压抑。就连赵武的后代也觉得不好说不好听，所以他们更侧重记录的是"赵氏孤儿"如何大难不死，英雄母亲如何舍命护子，忠臣良友如何伸张正义等情节，这些资料应该也是后来司马迁创作《赵世家》时的资料来源，并在后世逐渐演变成"赵氏孤儿复仇记"的精彩故事。

而《左传》和《史记·晋世家》则是站在晋国的角度来记录历史，并没有美化赵氏家族的必要，所以记录的侧重点也完全不同，这才给后人留下了另一个不那么流行的"赵氏孤儿复位记"。

　　复仇、复位、复兴，是赵武人生的三个关键词。

　　只不过如何排列三者之间的关系，如何取舍三者之间的真伪，每个人都有自己的理解。

美女间谍的下落：西施和范蠡终成眷属了吗

大约两千五百年前的长江入海口上，江海汇聚之处，一叶孤舟正在扬帆北上，直奔远方的齐国。船上的人不多，而且个个神情紧张，好像生怕后面有人会追上来一样。

怕就对了，那是范蠡带着心腹在跑路。

这位兴越灭吴的功臣之一，曾官拜越国上将军的政坛大佬，在功成名就后连退休金都没领，老婆、孩子也顾不上带，就急吼吼地找了条船出海了，从此再也没有回来。

这般光速撤退，与其说是离职，不如说是逃命更恰当。

对于范蠡的这次"裸辞"，历史也给出了解释——因为他早就看出老板勾践是个"只可共患难，不可共富贵"的白眼狼，所以才选择了远走他乡。他还写信劝同事文种也辞职，但文种没听，结果不久后被越王勾践赐死了。

不过比起范蠡的职场故事，大家似乎更关注他的情感生活。毕竟范蠡和西施的传说实在是太有名了，在古代那是连小孩子都能张嘴就来的经典故事。

美丽的浣纱女西施，被爱人范蠡培养成女间谍，亲手送给了吴王夫差。西施潜伏吴国多年，忍辱负重，最终助越国复兴。在一切结束后，西施和范蠡这对有情人才破镜重圆，携手共度，泛舟江湖。

这剧情简直不要太精彩，集权谋谍战、素人养成、虐恋情深于一身，也难怪西施在民间的知名度这么大了，到了今天人们还把有情人互相欣赏称作"情人眼里出西施"。

但是很遗憾。范蠡逃亡的小船上，并没有西施。

这位传说中影响了吴越争霸走向的美女间谍，最后到底去哪儿了呢？

要想知道西施是怎么没的，得弄清楚她是怎么来的。

西施能名列"四大美女"之首，说起来也是历史悠久。从先秦时代开始，西施就是无可争议的大美女。先秦百家争鸣几乎什么事都要吵，各家各派都恨不得揪着对方的脖领子贴脸输出。但提到西施时，无论是儒墨道法还是兵名农杂，全都会心一笑，竖起大拇指表示：

这姑娘，那是真漂亮。

向来心直口快的孟子尊称西施为"西子"；爱讲故事的庄子一口气贡献了"西子捧心""东施效颦"和"沉鱼"三个典故；道法兼修的慎子称西施是"天下之至姣"……其他诸如《管子》《墨子》《韩非子》等著作中都反复提及西施的美丽。

可惜古代没有照片，今天的我们无法得知西施具体怎么个美法。《淮南子》中提到西施之美，用了一个很妙的形容词，叫"美钧"。钧，就是和谐。意思就是西施是那种普罗大众都认可的美，不管用哪种审美观来评判，都挑不出一点毛病。

不过拥有美丽并不代表着收获幸福。在古代，美丽的女子往往更容易成为牺牲品，尤其是在自家男人顶不住的时候。

公元前494年，吴越两国爆发战争，越军在夫椒之战中惨败。越王勾践带着最后的五千兵马，被吴国大军团团围困在会稽山上，眼看就要全军覆没。

走投无路之下，勾践派大夫文种去吴国求和，表示越国愿意认吴国当大哥，会献上珍宝、美女来赔偿吴国的军费，就连越王本人也会带着妻子和群臣，到吴国当牛做马。如果吴国不同意，那勾践就先杀了老婆、孩子，然后带着最后的兵力和吴国拼个鱼死网破。

吴王夫差听完后，觉得可以答应。吴国重臣太宰伯嚭被越国收买，也向着越国说话，建议见好就收，不一定非得赶尽杀绝。但吴国相国伍子胥不同意，他觉得眼下正是灭亡越国的最好机会，如果给了他们喘息的机会，以后一定会后悔。吴王夫差则表示，以后的事我不知道，我只知道眼前这仗已经打不下去了。

没错。吴国虽然是胜利的一方，但劳师远征，后勤紧张，兵力损失已经过半。俗话说强的怕横的，横的怕不要命的，真要拼个鱼死网破，也难保不会翻车。吴王夫差不是不想赢得彻底，而是没法彻底地赢。

吴王都点头了，伍子胥也没办法，只能同意了越国的求和。[1]

于是勾践就带着老婆、孩子，以及大夫范蠡等大臣踏上了吴国的土地。他们是来当人质，也是来服侍吴王夫差的。小弟嘛，自然得鞍前马后端茶倒水地伺候大哥喽。

和勾践一起被送往吴国的，还有大量的越国女子，而且还不是普通的女子，都是王室重臣家的千金。

因为当初文种提出的求和条件之一就是"愿以金玉子女赂君之辱。请勾践女女于王，大夫女女于大夫，士女女于士"。

翻译过来的意思就是把越国君臣家里的女儿全献出来，按级别高低，配套地送给吴国上下，全面承包吴国朝堂的婚恋市场。

这是古代战争中的常规操作，精壮的男人、漂亮的女子，本就是胜利者战利品的一部分。勾践不只往吴国送，更是豪迈地搞起了越国新娘大批发，对当时的晋、楚、齐等强国也是格外巴结讨好，

---

[1] 据清华大学收藏战国竹简《越公其事》。与《史记》中的记载略有不同。

送钱送物送美女，努力地刷好感，争取潜在盟友。

你还别说，以当时的人的审美眼光来看，越国女子的确有种别样的美。

我国著名人类学家林惠祥先生曾提出过一个观点，认为春秋时代的越人在长相形体上和中原各国迥然不同：中原人人高马大，而越人身材娇小；中原人多是狭长眼、单眼皮，而越人多是圆眼睛、双眼皮；中原人脸型较长，毛发旺盛，而越人脸型较短，毛发不多。

也就是说，当时的越女大多身材小巧、体态婀娜、娃娃脸、大眼睛、双眼皮，还皮肤光滑。这样精致可爱又有异域风情的美女杀伤力实在太大，自然迅速俘虏了广大中原男同胞的心。

一时间，越国女子在各国后宫中刷屏霸榜，并逐渐被视为美女界的标杆。

在海量美女和无数金银财宝的冲击下，越国终于争取到了一个苟延残喘的机会。三年后，吴王夫差放勾践回国。他觉得越国彻底臣服，南线已经稳了，他要调转方向，集中全力北上中原，与齐、楚、晋等传统强国掰一掰手腕。

但其实回到越国的勾践无时无刻不在想着向吴国复仇。只是战败后的越国国力大损，还要当小弟给大哥吴国各种上贡送礼，吴越两国的实力对比可谓悬殊。勾践的复仇之路注定漫长。

当务之急，是要重振越国，毕竟战场打不赢，一切等于零。

勾践在大夫文种和范蠡的辅佐下，制订了两个"十年计划"，打算"十年生聚"提升国力，"十年教训"锻炼团队，然后再和吴国秋后算账。

这样的长期计划，执行起来困难重重，而且还存在很多不确定因素。比如越国复兴到一半，引起了吴国的警惕怎么办？又或者越国复兴了，但吴国的实力也跟着野蛮生长，那最后还是打不过人家怎么办？

对于勾践来说，他一方面要演好"小弟"的角色，给"大哥"吴国上贡讨欢心，另一方面不能让自己的"贡品"成为吴国国力起飞的推动力，如果再能给吴国制造点麻烦，搞出点内耗来就更好了。

于是，"美人计"就成了唯一的选择。

越国美女虽多，但这个美女却并不好选。要想发挥"美人计"的最大功效，就得直接把美人送到吴王夫差身边。但按照当初吴越两国谈好的投降条件，送给吴王夫差的必须得是勾践的女儿，这才能算得上是门当户对，也能让夫差相信勾践当小弟的诚意。

史书中记载勾践有个女儿嫁给了楚昭王，不过那是在吴越开战之前的事。越王被困会稽山时，应该是没有适龄的女儿可以嫁过去的，不然应该当场就送过去了，又怎么会在回国之后好几年才想起这件事来？

于是"美女间谍"西施就出场了。

说实话，西施还真很有间谍范儿。因为她的个人信息保密级别极高。主流说法认为西施姓施名夷光，但也有人认为她应该姓"西"名"施"，还有人觉得西施就是她的代号，根本就不是名字。除此之外，她的出身籍贯、个人经历等全都是众说纷纭，神秘得不得了。

传说中西施是苎萝山下的"鬻薪之女"。是的，你没有看错，最开始西施不是美丽的浣纱女，而是和白居易《卖炭翁》里那个烧火老头儿一个工种，属于能源密集型产业的从业者。

你一定觉得，这么一个绝世美女成天干重体力劳动，实在是不够优雅啊。巧了，古人也是这么认为的。所以南朝的时候才给西施换了一个工作——从卖柴火的小女孩升级为洗布头的小姑娘。

但不管是鬻薪还是浣纱，西施都属于勤劳质朴的劳动人民，跟贵族没一点关系。为了扮演好自己的身份，西施和另一个女间谍郑旦从头开始学习贵族礼仪、化妆技巧、高端才艺，等等。经过三年的刻苦训练，西施和郑旦终于脱胎换骨，演起公主来那真是一点都不违和。

一切就绪，任务开始，目标——吴王夫差！

等一下，说了这么半天，怎么一直没有范蠡的戏份啊，他和西施的感情线呢？

这个问题吧，也是相当的一言难尽。

《越绝书》中记载选拔西施、郑旦，并护送她们去吴国的是大夫文种。但到了《吴越春秋》里则变成了范蠡，而且在这本书的记载里，范蠡不只是西施工作上的上级，还是西施的初恋情人。

更有甚者，在一本叫《吴地记》的书里，还说到范蠡护送西施去吴国，一走就走了三年，在这过程中两人还生了个孩子，走到嘉兴市附近路过一个亭子时你猜怎么着，这小朋友都会叫爹妈了，所以就把这个亭子命名为"语儿亭"。

这个情节就有点太扯淡了。

从当时越国的行政结构分工上来说，范蠡的确可能和西施有工作上的交集。文种和范蠡都是越王勾践的左膀右臂，但两人的工作重心不同。文种主抓对内生产和建设，而范蠡则负责对外军事和情报，按理说选拔"间谍"搞"美人计"这种事，的确是范蠡的业务范畴。但是并没有直接证据证明两人之间有关系，他们一个是政治家，一个是工具人，没什么关系才是正常关系。

可八卦吃瓜这种事，古往今来的人类全都没法免俗。范蠡是史书中的天才谋臣，西施是传说中的绝世美女，这两人在一起实在是太搭了，所以传着传着就被人"凑"成一对儿了。

西施和郑旦到了吴国之后，吴王夫差很开心，相国伍子胥却并不开心。他一直认为越国才是吴国最大的隐患，应该放弃北上争霸的战略，先把南边的越国给灭了。所以他苦口婆心地劝谏要提防越国送来的美人，但夫差却并没答应。

之后伍子胥和夫差的矛盾分歧越来越大，太宰伯嚭也在旁边煽风点火，最终导致夫差赐死了伍子胥。

伍子胥也是个狠人，临终留下遗言，让人把自己的眼珠子抠下来挂在吴国都城姑苏城的东门上，这样他就能亲眼看到越国灭亡吴国的那一天。

吴王夫差一听更火大了，直接把伍子胥的尸体裹在皮筏子里沉到江里去了。然后他自信满满地开始了北上争霸之路，把整个后背都留给了居心不良的勾践。

伍子胥的预言最终还是应验了。

公元前 482 年，终于憋好大招的勾践一个背刺，打了夫差一个措手不及。吴越之间战事再起，只不过这一次是越国压着吴国打。

公元前 473 年，越军攻陷吴国都城姑苏，夫差投降后自杀。越王勾践终于一雪前耻，取得了吴越争霸的最终胜利，也成了春秋时代的最后一位霸主。

战争结束了，西施的间谍生涯也宣告终结。那任务完成后的她去哪儿了？

一种说法认为吴国灭亡时，因为西施和郑旦长得太漂亮，所以战场上的士兵"望而不敢侵"，两人得以幸存，最后去哪儿了却没说。

初唐诗人宋之问在《浣纱篇赠陆上人》中说她们："一朝还旧都，靓妆寻若耶。鸟惊入松网，鱼畏沉荷花。"

两位美人回到了故乡，依旧光彩照人，沉鱼惊鸟。但是这个说法究竟是青史所记还是民间讹传，那就不得而知了，只能存疑。

流传最广的一种说法是"复归范蠡，同泛五湖而去"。

范蠡退出政坛后，化名"鸱夷子皮"，北上齐宋，弃政从商，终成一代巨富。这个在正史上是有明确记载的。

唐代诗人杜牧在《杜秋娘》诗中写道："西子下姑苏，一舸逐鸱夷。"姑苏是吴国的国都，范蠡离开越国后化名"鸱夷子皮"，这句诗的意思就是西施离开了吴国的都城，坐船跟着范蠡远走高飞啦。

至此，西施和范蠡泛舟五湖的说法就成了大多数人心目中的最终结局。

但是很可惜，西施最可能的结局既不是光荣退休，也不是终成眷属，而是非常凄惨的卸磨杀驴。

是的，西施最终是死了，而且还是死在自己人手里的。

关于西施之死，最早的史料来源于《墨子》，原文是这么说的："是故比干之殪，其抗也；孟贲之杀，其勇也；西施之沉，其美也；吴起之裂，其事也。"

翻译过来的意思就是：比干是因为敢于直谏而丧命，孟贲是因为勇武而被杀，西施是因为美丽而被淹死，吴起是因为功劳而被车裂。

一直有观点认为，这段话并不是墨子本人所写的。因为按照时间顺序，孟贲和吴起都是墨子死后的人，墨子不可能点评到这二位，这段话应该是后人加上去的。

但就算这段话并不是墨子说的，却也从侧面证明了一个问题，那就是西施的确死了，而且还是因为参与了某次政治活动而死的。如果她只是一个单纯的美女，不可能和比干、孟贲、吴起这三位死于政治斗争的人并列在一起。这完全不符合《墨子》这本书的叙事风格，也违背了议论文的基本写作规律。

西施是被越王勾践弄死的，目的是给伍子胥报仇。

等一下，这是不是搞错了？西施是越国的间谍，伍子胥是吴国的忠臣，这本就是敌对关系，越王为什么要杀自己人给死去的敌人报仇啊？

很简单，转移仇恨加收买人心呗。

伍子胥是因为谗言被冤死的，这是吴国上下的共识。忠臣蒙冤是最能引起老百姓同情的情节，吴国人对伍子胥有多同情，对于害死伍子胥的罪魁祸首就有多痛恨。

伍子胥虽然是被吴王夫差赐死的，但一来夫差是吴国人自己的王，而且夫差在临死前也表示很后悔没有听伍子胥的劝告，算是迷途知返，这个怎么说都可以原谅。

吴国人不能恨吴王夫差，那自然就会把仇恨转移到害死伍子胥的帮凶身上。越王勾践想吞并吴国，肯定不想因为这个事而拉仇恨。所以他要帮吴国人出气，这样既能把自己从凶手名单中剔除，还能收获吴国人的感激。

吴国的太宰伯嚭这么多年收了越国无数好处，给越国办了那么多事，在吴国的名声都臭大街了。所以勾践打下吴国后第一件事就是把伯嚭给杀了，理由就是"以为不忠"。

伯嚭是勾践实行"反间计"的关键人物，计策成功了，伯嚭也就没有了继续存在的必要。

那么作为"美人计"道具的西施，同样也是完美的背锅侠，勾践的处理方式恐怕也不会有什么差别。

史料记载："吴亡后，越浮西施于江，令随鸱夷以终。"意思就是把西施也装在皮筏子里，绑石头淹死在江里，就和伍子胥最后的结局一样。

是的，"鸱夷"这个词，就是吴越一带对皮筏子的称呼。伍子胥死后被装在"鸱夷"里沉了江。范蠡离开越国后化名"鸱夷子皮"。西施最终的结局的确和"鸱夷"有关，可惜却不是和化名"鸱夷子皮"的范蠡泛舟湖上，而是和伍子胥一样被装在"鸱夷"中沉江水下。

唐代诗人李商隐有诗云:"莫将越客千丝网,网得西施别赠人。"皮日休也写道:"不知水葬今何处,溪月弯弯欲效颦。"二人都认可西施"死于水"的说法。明代三才子之首的杨慎,就是老版《三国演义》片头曲"滚滚长江东逝水"那首词的作者,也支持西施淹死的说法。今天苏州有一座"带城桥",传说就是古代苏州百姓为纪念沉江的西施而建,原名"袋沉桥",后来讹传为"戴城桥""带城桥"。

很多人无法接受这个过于残忍的结局。毕竟西施怎么说都是越国自己人,是整个"美人计"行动中的关键人物,为越国复兴作出了卓越贡献,这样的功臣怎么着也不应该落得和奸臣伯嚭一个下场吧?

如果你这么想,我只能说,你怕不是对"美人计"这三个字有什么误解?

"美人计"一词,语出《六韬·文伐》:"养其乱臣以迷之,进美女淫声以惑之。"

这条计策从本质上来说就是分散对手的注意力,给自己争取发展的窗口期。

人们总以为是西施乱政,让夫差沉迷女色,才引发了朝廷内斗,消耗了吴国国力,然后就被越国打趴下了。

其实还真不是。

"美人计"在整个吴越争霸中起到的最大作用,就是使吴王夫差产生了严重的战略误判。

收下西施,不是吴王夫差有多好色。他自以为收下的是越王勾践的女儿,是整个越国的臣服。既然南边已经安全了,那吴国接下来就要北上中原,争夺天下霸权。

而伍子胥反对收下西施,是因为他从地缘冲突的角度出发,认为在彻底吞并越国之前,不应该倾巢而出北上,不然很容易被人偷了老家。

夫差和相国伍子胥之间的矛盾，并不是要不要越国美女的问题，而是吴国"争霸北方"与"安定南方"的路线之争。君臣之间对于未来国家战略走向的分歧，最终导致了伍子胥的死。因为他实在是威望太高，能量太大，已经成了夫差北上战略的最大阻碍，夫差只能除掉他。伍子胥死后，夫差就开始疯狂地北上用兵，这才给了越国追赶的机会。

公元前482年越国偷袭吴国，双方正式翻脸。一直到九年后越国才灭亡了吴国。如果说之前的"美人计"还有那么一点点作用，这九年的时间则完全是两国在硬拼综合国力。吴国是因为频繁对外用兵损失过大，才打不过越国的，这和西施没什么关系。

所以在整个吴越争霸的大戏中，所谓实行"美人计"的西施，根本就不算主演，更不是影响大国竞争的决定性因素。先秦关于吴越争霸的史料，还有司马迁的《史记》中都没有提到"西施间吴"的事，或许就是因为这事实在是不值一提。

只不过"美女间谍""虐恋情深""国仇家恨""破镜重圆"一类的桥段，怎么看都比单调枯燥的基建、种田、发展科技来得有趣。再加上古代男权社会里的"红颜祸水"观念，西施才逐渐变成了故事的主角，成了兴越灭吴的最大功臣。甚至西施形象的神话色彩也越来越浓厚。有传说说西施是嫦娥的月宫明珠下凡，出生时彩色的凤凰飞进家门；还有传说说西施全身有奇香，以至于人们都将她的洗澡水当香水来使用。

晚唐诗人罗隐曾在《西施》中写道："家国兴亡自有时，吴人何苦怨西施。西施若解倾吴国，越国亡来又是谁。"

打铁还需自身硬，发展才是硬道理。所谓"美人计"，无非是弱势者的无奈之举。毕竟比起割让土地、上贡钱财这种直接壮大敌人的方式，送上漂亮女人才是最经济适用的选择。即便啥实际作用没有，至少自己这边也不会有什么损失。

比如，后来的六国割地以贿秦，还有两宋给北方游牧大佬交保护费，就明显没捞着好。反而是在今人看来特别屈辱憋屈不做人的西汉，初期给匈奴各种和亲送女人，也不耽误汉武帝时反击匈奴。这再一次证明了：比起土地和财富，美女才是附加值最低的那一个。

美丽的女人，在铁血的君王眼中，说好听了叫花瓶，说难听点就是耗材。既然是耗材，用完了就丢不才是最合理的结局吗？

更何况越王勾践，看起来也的确像是能干出这种事的人。

作为春秋时代的最后一位霸主，灭吴后的勾践面前摆着两个书写历史的方案：一个是卧薪尝胆[1]，知耻后勇，哪里跌倒哪里爬起来的励志逆袭；一个是表面卑躬屈膝、摇尾乞怜，背地里包藏祸心，厚颜无耻地用美人计。

你要是越王勾践本人，你希望哪个版本流传后世？

范蠡为什么说越王勾践只可"共患难"，不可"共富贵"，甚至还劝文种跟他一起跑路？

很简单，因为他们知道得太多了。

在复兴越国、灭亡吴国的整个过程中，范蠡和文种可以说是全程参与、深度绑定，什么丑态都见过，什么无底线的手段都用过，什么隐私秘密都知道。

为了实现目标打倒强敌，君臣之间可以紧密团结，可以无顾忌、无条件地合作。

但现在越国复兴了，越王勾践又支棱起来了，他现在已经不是当初那个为了报仇什么脸都肯丢、什么亏都能吃的可怜虫了。

---

[1] "尝胆"一事首见于司马迁《史记·越王勾践世家》，"卧薪"情节首见于苏轼《拟孙权答曹操书》。

曾经的屈辱和折磨，并不会因吴国的灭亡而消失，反而会在无数次午夜梦回时，不断地提醒他——勾践啊勾践，你当年可的确是够贱啊！

估计越王勾践每次看见范蠡和文种，都会有一种死去的记忆正在攻击我的感觉。所以范蠡知道，自己必须得离开越王的视野，不然他就得离开这个世界。

而当范蠡提出离职申请时，越王勾践的反应是：不许走，你要是留下，我分一半的国家给你！你要是走了，我就把你老婆、孩子全杀咯！

这哪像求贤若渴的领导在挽留业务骨干啊，怎么看都像绑匪劫持人质来恐吓知情人保持沉默吧？

而范蠡最终的选择是净身出户，什么爵位官职、财富房产，甚至连老婆、孩子都不要，就一个人跑了，跑得狼狈不堪却又毅然决然。

你可能会说，抛妻弃子，范蠡太不做人了。

但范蠡当时的情况很可能是家人已经被勾践监控起来了，想带也带不走。而且他知道，自己跑了家人才安全，这就相当于把人质交到了勾践的手里。我的家人在你手里，我自然不会乱说。同理，只要我不乱说，你也就得保我家人平安。

于是我们看到，越王勾践给了范蠡的老婆、孩子一大块封地，并且下了死命令：谁敢打这家人的歪脑筋，杀无赦！

你要说这不是双方达成了一种默契的动态制衡，只要看看留在越国没走的文种是什么下场就知道了。

有一天，越王勾践对文种表示，你说你有七招灭吴的手段，咱这才用了三招吴国就灭了，剩下的四招也别浪费啊；这样，你去死吧，然后到阴间去教教咱越国的先王，让他们去打吴国的先王！

简单来说就是阳间的工作完成了，再麻烦您去阴间加个班。越王勾践就用如此阴间的一个理由，把文种送去了阴间。

以勾践的狠绝，他连范蠡、文种这样的重臣都容不下，又怎么会留着一个工具人"西施"？肯定也是要杀人灭口啊！

当范蠡孤身逃离越国、坐船北上的时候，看着眼前的滚滚长江，滔滔大海，突然想起了因"美人计"而死的伍子胥和执行"美人计"的西施，两人最终的结果都是随"鸱夷"而沉。

他们都是大国争霸大戏中的工具人，是整个灭吴兴越大计中的牺牲品，从某种意义上来说，他们的死亡也都与范蠡有着千丝万缕的联系。

如果抛开国家大事、阴谋算计，范蠡心中对伍子胥和西施也难免会有一丝愧疚。

感慨之下，范蠡也只能摇头苦笑道：罢了，从今日起，鸱夷子皮就是我，我就是鸱夷子皮。

也许是因为亏欠，也许只是一种纪念。

类似这样的情绪，估计每个人都会有。所以自唐宋以来，虽然"西施沉江"和"泛舟五湖"两种说法都有流传，但广大吃瓜群众还是更愿意相信自己喜欢的那个圆满的结局。尤其是自明代梁辰鱼所作昆曲剧目《浣纱记》诞生后，西施和范蠡在吴越争霸后退隐江湖的说法逐渐占据主流，成了大众心中的标准答案。

其实这也正常，毕竟这样的故事更有看点，而且也符合大众好人有好报、破镜重圆、有情人终成眷属的心理预期。

这个时候谁再按着群众的脑袋强行科普西施和范蠡其实没有感情线，最后还被卸磨杀驴淹死江中之类的，也实在是太煞风景了。

西施身上的谜团太多太多。

我们可以确定的是，她是个美女。

我们可以否定的是，她和范蠡有私情。

我们相信，她就是越国派往吴国的美女间谍，最后被杀人灭口。

我们希望，她和范蠡功成身退，泛舟五湖，拥有一个不被人利用、可以自己决定命运的幸福人生。

那该多好啊！

秦始皇身世之谜：爸爸去哪儿了

公元前 260 年，赵国国都邯郸城内的一处豪宅里正在举办宴会。参加宴会的是秦国公子子楚[1]和卫国商人吕不韦。宴会上珍馐美味，歌舞女乐，觥筹交错，气氛热烈。

这是一场庆功宴，庆的是子楚被内定为秦国太子安国君的接班人。

一个是战国时代最强大的国家——秦国的王位继承人，一个是在当时人看来穷得只剩下钱的商人暴发户，按理说这场宴会应该是吕不韦上赶着讨好子楚才对。

但实际情况却完全相反。因为子楚这个"继承人"的身份并不是天上掉馅饼，而是吕不韦拿出全部身家帮他运作来的。

子楚原本只是秦昭襄王庶出的孙子，太子安国君二十多个儿子中最不受宠的一个，所以才被一脚踢到赵国来当质子，也就是人质。

在战国后期，秦赵两国之间多次爆发战争，官方剑拔弩张，民间仇深似海，子楚在赵国的日子自然不好过，甚至连日常的交通费和生活费都没法保障，混得那叫一个惨。

---

[1] 子楚本名异人，又作子异，返秦后改名子楚。杨宽《战国史料编年辑证》考证今本《战国策》作"异人"者两处，做"子异"者七处。《史记·秦本纪》索隐曰："名子楚，三十二而立。"本书统一称"子楚"。

但慧眼独具的吕不韦却认为子楚是个潜力股，未来有巨大的升值空间，于是把自己的全部身家都拿出来帮助子楚。所以对于子楚来说，吕不韦既是自己的投资人，又是经纪人，更是大恩人，自然是要巴结的。

更何况，子楚眼下还有件事想求吕不韦。他相中了一个美女，就是刚才在宴会上献舞的赵姬。赵姬，真实姓名不详。"姬"是美女的意思，赵姬就是赵国的美女。她颜值高又擅长舞蹈，同时还有一个身份——吕不韦的小妾。

当宴会进行到一半时，子楚起身给吕不韦敬了杯酒，开始各种恭维祝福，把吕不韦捧得超级开心。

然后子楚突然话锋一转，表示自己都二十三岁啦，还没解决个人问题，能不能把赵姬送给他当媳妇啊？

此话一出，场面有些许尴尬，气氛也不算融洽。

古代的姬妾属于男人的私人财产，拿来送礼什么的也是常规操作。但即便要送人，也应该是所有者主动提起，哪有客人开口要的道理？子楚的这一做法明显有些无礼。

但吕不韦的怒意也只是一闪而过，总不能为一个女人就让之前的投资都打了水漂儿吧？所以他当场就把赵姬送给了子楚。

公元前259年正月，赵姬生下了一个儿子，这个小朋友出生的这天正好是正月初一，所以父母给他取名叫"政"，并用祖先的封地赵城来作为他的氏，称这个小家伙为赵政。

这个小娃娃就是后来横扫六国、一统天下的秦始皇嬴政。

这本来是一次很普通的赠予行为，但司马迁在《吕不韦列传》中记载的一个细节，突然让一切都变得不普通了：

> 吕不韦取邯郸诸姬绝好善舞者与居，知有身……姬自匿有身，至大期时，生子政。

翻译过来的意思就是赵姬被转送给子楚时，已经怀了吕不韦的孩子，吕不韦也知道这个情况。后来的《汉书》《资治通鉴》等史料也是这么记录的，甚至有的史书里直接管嬴政叫"吕政"，就挑明了说嬴政根本不是秦国王室血脉，而是吕不韦的儿子。

如此劲爆的八卦新闻，哪怕已经过去了两千多年，依然能点燃无数人的吃瓜热情，引发激烈的讨论。

那么，秦始皇的亲爹真的是吕不韦吗？

咱们先要清楚，这件事从客观上能不能实现。

我们总说女子"怀胎十月，一朝分娩"。虽然现在的科学研究表明，怀孕周期是280天，但古代其实没有这么精确，计算方法也和现在有些许差异。但有一点可以明确，古代女性要确定自己怀孕，怎么着都得需要一到两个月的时间。也就是说，如果赵姬嫁给子楚时已经怀有两个月的身孕，那这个孩子肯定会在赵姬嫁给子楚后八个月左右出生。

当然，早产的情况也不是没有，但实际上早产儿和足月儿在发育上存在着明显的差异，专业的接生婆一眼就能看出来。更何况子楚明知道自己是个接盘侠，面对提前两个月出生的儿子难道不会怀疑吗？

但纵观子楚后续的表现，他似乎从来没有顾虑过这个问题，对儿子该亲亲，该疼疼，后来还把王位传给嬴政，看起来父子关系还是很好的。所以在子楚看来，嬴政的血统是没问题的。

关于嬴政的出生，司马迁用了"大期而生"这个词。"大期"有说为十个月，也有说为十二个月。按照一般情况下的表述逻辑，这里的"大期"应该指的是十二个月。因为女子怀胎十月是众所周知的常识，治史严谨、惜字如金的司马迁也没必要重复这个所有人都知道的事情，直接说孩子出生就行了。

那司马迁为什么特意强调"大期"出生这个细节呢？

因为司马迁在整理史料时发现了两个自相矛盾的信息：一个是赵姬嫁给子楚时已经怀孕，一个是子楚对赵姬的怀孕毫不知情，唯一合理的解释就是赵姬的孕期是十二个月，这样才能同时满足知晓已经怀孕的事实，又能隐瞒已经怀孕的秘密。

司马迁既无法否定赵姬事先怀孕的说法，也不能确定怀孕十二个月这种极端情况到底会不会发生，所以他只能把这个自相矛盾的情况完整记录下来，留待后人来考证。

好，司马迁老师解决不了的问题，我们用今天的科学理论来试着破解一下。

孕妇的孕期超过十个月，在医学上叫"过期妊娠"，是一种非常危险的情况。这样的胎儿在降生时，相比正常足月生产的胎儿死亡率要高三到五倍，而且经常会出现巨大儿、痴呆、脑瘫、身体畸形等一系列问题。

所以很多人凭借这个细节断定嬴政并不是吕不韦的儿子。

那古代到底有没有"过期妊娠"的孩子呢？

还真有。

传说中尧是怀孕十四个月才出生的。如果你觉得尧舜禹时代太遥远不算数的话，比秦始皇晚了三百多年的汉昭帝刘弗陵也是怀孕十四个月才出生的，生下来也是正常人一个。

那要这么说的话，吕不韦是秦始皇亲爹的可能性虽然很小，但也不能彻底排除吧？

但在古代，这种涉及皇帝出生的记载一般都存在夸张失实的可能，刘弗陵的身世本身也有争议，所以这些其实都算不得强有力的证据。

所以赵姬能天赋异禀地怀孕十二个月才生出嬴政这事，发生的概率基本无限趋近于零。

说完了"鱼目混珠"的客观可行性，我们再来看看吕不韦有没有"偷天换日"的主观能动性。

作为一个出色的风投专家，一个优秀的商人，吕不韦做事情一定会遵循基本的商业逻辑，那就是追求极致的投入产出比，即用最小的成本和代价，谋求最大的利益。这也是"奇货可居"的底层逻辑，投入成本太高，承担风险太大，预期收益过小，那就不叫"奇货"了。

在投资子楚之前，吕不韦和父亲就曾进行过一次风险评估，最终得出结论：投资农业有十倍利润，倒腾珠宝有百倍收益，而投机政治能获得的回报则是"无数"。这里的"无数"可以有两种解释，一种是巨大到无穷无尽，另一种则指难以预判、无法计算。

吕不韦当时是这么说的：如今努力耕田劳作，还不能做到丰衣足食，要是能通过"拥君建国"跻身政坛，那就可以给子孙后代搞一张长期饭票了。这笔买卖，我做定了！

吕不韦对子楚的投资完全是从利益的角度出发的，他的终极目标是实现吕氏家族的跨界转型和阶层跃升，让家族后代都能享受到这份权力红利。而只要他能把子楚扶上王位，凭借这份"拥立之功"，他的目标是可以实现的，真的没必要节外生枝。

更何况这操作想要实现本身就很难，吕不韦怎么知道赵姬生的就一定是儿子呢？万一是女儿怎么办？他又怎么确定这孩子一定是完美无缺的，没什么先天疾病呢？要知道古代婴儿的夭折率可是很高的。这些道理，吕不韦不可能想不明白。

所以，在吕不韦的心中，真正的"奇货"从来都是子楚。

公元前 257 年，秦赵之间战事再起，秦军围攻邯郸，赵国再一次被逼到了亡国的边缘，就想杀了子楚出气。

危急关头，吕不韦用六百斤"金子"买通了守城的官吏，带着子楚逃到了秦军大营。子楚这才得以顺利回国。

吕不韦带子楚跑路的时候，没带赵姬，也没带小嬴政。幸亏赵姬娘家在赵国颇有势力，这才把他们母子藏了起来，要不然娘儿俩就被赵国人杀了。

从心理学的角度来说，人在最危急时刻会下意识地保护自己最看重的东西。如果吕不韦真的处心积虑布局下大棋，怎么可能把宝贝儿子说弃就弃呢？

退一万步说，即便吕不韦真的异想天开，运气爆棚，成功实现了这个偷梁换柱的计划，就又有一个问题在逻辑上说不通了——这么隐秘的一件事，为什么会流传后世，甚至"人尽皆知"了？

事件中有四个核心人物——子楚、赵姬、吕不韦、嬴政。子楚应该是不知道这事的，前面我们已经说过了。

吕不韦和赵姬肯定是知道的。但是他们俩完全没有理由把这个秘密泄露出去，这样只会让自己辛苦拼搏来的权势和地位化为泡影。

那么嬴政本人知不知道呢？

不好说。史书中虽然没记载，但也保不齐在某个夜深人静的无人夜晚，赵姬或吕不韦向嬴政透露过事情的真相。

但即便嬴政听过这个"真相"，他也不可能往外说啊。

那这个"秘密"究竟是谁泄露的，这个所谓"真相"的情报源头又从何而来？

抱歉，找不到。就跟某些自媒体公众号铺天盖地发的通稿一样，所有人都言之凿凿，但是原始资料的出处却永远语焉不详，全是一个抄一个的复制粘贴。

我们只知道，在司马迁写《史记》的时候，这种说法就已经非常流行了，所以司马迁才会郑重其事地把它记录下来。

能大肆宣扬这种说法的人，绝不会是单纯的吃瓜群众，大概率是嬴政的反对者，或者能从嬴政的倒霉中获得利益的人。

史料中有一处细节。

公元前 239 年，就在二十一岁的嬴政即将亲政的前夕，一场叛乱突然发生。

嬴政的弟弟成蟜原本要带兵进攻赵国，却突然在前线驻军所在地屯留发动了叛乱。不过叛乱很快就被平定，参与的人也全都被处死，而屯留当地的居民则被强制搬迁到临洮。成蟜逃亡赵国，被封为长安君，不久后客死异乡。[1]

这么一条语焉不详的史料，其中隐藏的信息量却非常大。

成蟜的生母是谁史书中没有记载，史料中称他为"王弟"，而不是"异母弟"，以此推测，他可能也是赵姬所生，是嬴政的一母同胞。但也有专家认为成蟜曾出使韩国，让韩国割让了百里的土地，所以成蟜的生母可能是韩国王室之女，是嬴政同父异母的弟弟。[2]

成蟜的突然叛乱，大概率和争夺秦王之位有关。但成蟜为何在攻赵前线发动叛乱，他又是用什么理由说动前线秦军跟着他一起叛乱的？

史料中没有记载，但我们可以开脑洞推理。

赵姬是赵国人，嬴政又出生在赵国，这娘儿俩在赵国流传的故事肯定不少。成蟜带兵攻赵，会不会在赵国听到了一些赵姬之前的感情史呢？又或者会不会是赵国为了瓦解秦军，故意编造出点嬴政的血统谣言，使得成蟜有了起兵叛乱的理由呢？

尤其是叛乱被平息后，参与叛乱的部队全都被处死就算了，为什么要把整个屯留的居民全都远远地搬迁到遥远的西部边陲？这不像是惩罚，倒像是把他们赶到与世隔绝的角落，拔网线封锁消息，省得这帮听到了些不该听的传言的百姓到处乱嚼舌根。

---

[1] 一说为战死在屯留。

[2] 据学者考证，《史记·春申君列传》《战国策·秦策四》《新序·善谋》中所载"盛桥"即为成蟜。

但是把他们赶到角落里，消息就真的传不出来了吗？别忘了，除了国内的反对者之外，关东六国里憋着看嬴政笑话的更是大有人在。

当时秦国的统一趋势不可避免，已经预感到自己要失败的六国之人，想必很乐意接受这样的内幕消息。

哈哈，什么秦灭六国啊，在六国灭亡之前，你秦国就已经灭啦！你们王室的血统都让我们六国人给换啦！

这感觉有点阿Q式的精神胜利那味儿了，但是管他呢，说起来爽就行呗。所以有观点认为嬴政是吕不韦之子这一说法，是"六国好事之人"编造出来恶心秦国的段子。

无论如何，这种说法都对嬴政产生了不小的困扰。

公元前238年，嬴政平定了嫪毐的叛乱。一年后，嬴政免去了吕不韦的相邦职务，把他赶去了河南的封地。

公元前235年，嬴政给吕不韦写了封信，间接逼死了吕不韦。嬴政在信中怒气冲冲地表示："君何功于秦，秦封君河南，食十万户？君何亲于秦，号称仲父？"

翻译过来的意思就是：你对秦国有什么功劳，白赚那么大块封地？你和秦王有什么血缘关系，就敢号称仲父？

尤其是这最后一句话中那浓浓的撇清意味，就差向全世界宣告——什么父子关系，我不是，我没有，别乱说啊！

当然，造谣一张嘴，辟谣跑断腿。嬴政的辩解再大声也没用，因为痛恨他的六国之人会开心地再给他扣上一顶弑父的帽子，想摘都摘不掉。

当然了，要想彻底搞清楚嬴政的亲爹到底是谁，除非把他和子楚、吕不韦拉到一起做个亲子鉴定，用现代科学手段来得出最准确的结论。

不过这种事肯定是做不到的。

我们只能说嬴政是吕不韦儿子这件事，谣言的可能性更大。

这不是结论，而是推论。

历史就是这样，每个人都可以在原始史料的基础上，用自己的思维方式来理解，而前方永远有不一样的答案在等着你。

波谲云诡鸿门宴：项羽为什么不杀刘邦

公元前206年冬天，咸阳城东边的鸿门，几十万大军驻扎的营地中心正在举办宴会。但奇怪的是，这场高规格的饭局上没有人燕舞笙歌，也没有人大吃大喝，所有人都正襟危坐，噤若寒蝉地看着一个老大爷发飙。

别看老人家已经七十多岁了，脾气依然十分火暴。来赴宴的客人离开后派人送了他一对价值连城的玉斗，就是宝玉做成的酒杯。他却往地上一丢，还反手抽出腰间的宝剑，把地上的玉斗砍了个稀碎。

在场没有一个人敢说他的不是。

因为这个老头是范增，被宴会主人项羽尊称为"亚父"。来赴宴的客人叫刘邦，而这场气氛诡异的饭局就是历史上赫赫有名的"鸿门宴"。

范增此刻的心情很复杂，他看着首座上的项羽，叹了口气——带不动，真心带不动啊！

之前明明都已经说好了，要直接出兵灭了刘邦。谁承想项羽突然变卦要请刘邦吃饭。吃饭也行啊，正好在宴会上动手做了那个姓刘的，方便还省事。可刘邦一来，好话一说，项羽就又改主意了，迟迟没有动手的意思。范增不停地给项羽使眼色，连举了三次玉珏——提醒项羽下"决"心赶紧动手，可项羽那个臭小子就是装作看不懂。范增又派项庄舞剑，想趁机帮项羽拿下刘邦，结果被项伯给拦了，项羽还是没有什么表示。范增那个恨铁不成钢啊……

但项羽没有眼力见儿，刘邦有啊。这家伙见势不妙，直接"尿遁"跑路了。

这下范增能怎么办？他只能愤愤地指着项羽说道：你个不成器的玩意儿是真不上道啊！等着吧，以后夺取你天下的，一定就是你放走的刘邦！咱们有一个算一个，全都得让那家伙给收拾喽！

以上这段名场面来源于中学语文教育的经典课文《鸿门宴》。

很多人在学这篇古文时都会想，如果项羽在鸿门宴上直接杀了刘邦，那就没有后面的"楚汉争霸""霸王别姬"和"乌江自刎"的剧情了，直接赢麻了好吧。

那项羽为什么要放过刘邦呢？

鸿门宴，表面上看是一场你死我活的凶险饭局，背后则是一场至高权力的无声暗战。

项羽有杀刘邦的理由，也有不杀刘邦的考量。但至少在鸿门宴的饭局上，项羽认为不杀刘邦才是正确的选项。

我们首先要明白，项羽和刘邦在鸿门宴前最不可调和的矛盾是什么。

答：天下的主导权。

公元前 209 年，项羽跟着叔叔项梁带着"八千江东子弟"起兵反秦。项梁在范增的建议下拥立熊心为楚怀王，自号"武信君"，很快这"八千子弟"就发展成了反秦义军中最强大的武装集团。

但一年之后，秦国名将章邯在定陶大败楚军，项梁战死，原本有名无实的楚怀王趁机上位，成了真正手握实权的楚王。

为了压制项羽，楚怀王任命自己的嫡系宋义为上将军，控制了兵权。然后楚怀王和众将约定"先入关中者为王"，让刘邦率军西进，偷袭秦国的关中老家。项羽却被安排跟着宋义北上救赵，完全捞不到立功出头的机会。

但项羽也不是坐以待毙的人。

他趁宋义屯兵安阳的机会突然发难，亲手击杀宋义，夺取了前线的指挥权，然后带着楚军破釜沉舟，在巨鹿之战中以九战九胜的战绩打垮了秦军主力。

项羽那恐怖的战斗力不但击败了强大的秦军，更吓坏了其他诸侯国派来救赵的盟军。

战斗结束后，项羽在自己的军营中召见这些将领，所有人基本上是一路滑跪着进门，连抬头看一眼项羽的勇气都没有。至此，项羽成了四十万反秦联军的总司令。

公元前 207 年，项羽在洹水南岸接受了秦将章邯的投降，并封他为雍王，史称"洹水之盟"。

雍州是古代九州之一，大致指今天陕西、宁夏一带。秦国也曾定都雍城，所以章邯这个雍王，就是项羽封的关中王。

可问题是另一边的刘邦已经打下了关中。他接受了秦王子婴的投降，和关中父老约法三章，到处宣扬自己是未来的关中王，还派兵封锁了进入关中必经的函谷关。

关中只有一个，现在却冒出来两个"关中王"，这事就不好办了。

刘邦希望按照"怀王之约"，把关中封给自己。而项羽则提出了"洹水之盟"，要把关中封给章邯。关中之争，表面上看起来是项羽和刘邦的冲突，但在这背后还有一个更加不可调和的矛盾，那就是未来的天下究竟是谁说了算。

刘邦要想获得关中，就需要"怀王之约"能发挥作用，也就是说，他必须支持楚怀王等六国后裔主导的权力结构。而项羽既要打破"怀王之约"，更想用军功将领集团来取代六国王室后裔，让自己来主导未来的天下格局。

简单来说就是刘邦希望楚怀王说了算，项羽则希望楚怀王靠边站，这既是现实利益之争，也是权力路线之争，此刻的刘邦就是项羽必须搞定的拦路虎和绊脚石。

于是项羽率军突破了刘邦的防线，一路进军到戏水之西的鸿门，和驻扎在霸上的刘邦部队脸贴脸，面对面，一副剑拔弩张随时准备动手的样子。

而就在这个时候，刘邦团队中出了个叛徒叫曹无伤，他向项羽打小报告说刘邦想独占关中，独吞秦国的金银财宝。而开头咱们提到的那个老头，项羽团队的智囊范增，也适时地站出来提醒项羽要提防刘邦的崛起，最好趁早解决这个隐患。

气氛已经烘托到这一步了，不动手真的有点说不过去了。所以项羽放出狠话，表示明天早上吃完饭就去灭了刘邦。

不过睡了一觉后，项羽突然就变了个主意，从约架改约饭了，这才有了这场鸿门宴。

是什么让项羽突然改变主意的？

事情的转折点就发生在鸿门宴的前一天晚上。

这天夜里，项羽的三叔项伯摸黑去了一趟刘邦大营。项伯的本意是提醒对自己有恩的张良提前跑路，免得打起来被崩一身血。不过在张良的安排下，项伯却成了刘邦给项羽递话的传声筒。

此时的刘邦已经认识到，所谓的"怀王之约"那已经是过去式了，现在掌控局面的就是对面的项羽，自己要是不服软，指定没有好果子吃。

于是刘邦态度诚恳地向项伯表示：我虽然提前入关，但完全没有自己独吞关中的意思。你看我统计人口，封存物资，这些都是为了方便项羽将军以后接手嘛。至于函谷关的守军，那只是为了防范战乱时有盗贼趁火打劫，我可是日夜盼望着项将军赶紧来，哪敢动什么歪脑筋啊！您可一定跟项将军说清楚，臣刘邦绝不敢背弃项氏的恩德。

在这段话中，刘邦重点传达了两个意思。

首先，是对封锁关中这个"误会"的解释。其实这个解释再牵强也无所谓，解释的内容并不重要，认错的态度才是关键。

除了苍白的解释，刘邦还得拿出点实际的好处。他明确表示自己放弃"怀王之约"，转让关中的所属权，并以项氏旧臣而不是楚臣自居，认可项羽带头大哥的地位。

刘邦已经做出了他的选择，现在压力来到了项羽这边。他在夜里听到项伯带回来的口信，会是什么心情？

应该是些许惊喜，一点宽慰，当然更多的还是理所当然。毕竟在他看来，自己干掉刘邦就是分分钟的事，所以刘邦选择服软才是正常反应。

这时项羽就面临着一个左右皆可的选择——是接受刘邦的投诚化干戈为玉帛，还是按原计划动手拼个鱼死网破。

思来想去，项羽发现，自己对刘邦有"三不杀"——不想杀，不能杀，不敢杀。

项羽不想杀刘邦，是因为两人私下里感情很好。

当初刘邦带着沛县老乡造反后发展并不顺利，连起兵的老巢都没保住，多亏了项梁借给他的五千兵马，刘邦才渡过难关。

项梁带主力部队进攻秦军时，曾派刘邦和项羽一起带领一支小分队去开辟第二战场。

项羽是千年一遇的战神，史料记载他身高八尺二寸，力能扛鼎，就是身高超过一米九，举重撸铁能破世界纪录的肌肉男，放眼整个中国古代史，说战斗力排前三都毫不夸张。

而刘邦在武力值上虽然不能和项羽相提并论，但老刘也是刀头舔血的社会人，真刀真枪打起来绝对不尿，身边还跟着一群配合默契的沛县老乡团，可以说刘邦当时就是项羽非常可靠的队友。

在半年多的时间里，老大哥刘邦和小兄弟项羽一起行军，一起战斗，一起风餐露宿，一起攻城略地。双方配合默契，取得了一个又一个胜利。

当过兵的人都知道战友情有多可贵，更何况项羽和刘邦还特别对脾气。

刘邦其实比秦始皇小不了几岁，出道时就已经是个四十多岁的油腻大叔，而项羽则是个二十出头的精神小伙，这两人虽然看起来有代沟，但绝对能聊到一起去。

当年刘邦作为亭长，去咸阳出差时偶遇了始皇帝出行的仪仗。别看刘邦只是个最基层的乡镇公务员，但他却非常有气势地来了一句：大丈夫当如此也！

而项羽避难江东时，也曾见识过始皇帝南巡的队伍，并当场发表了观后感：彼可取而代也！

一个"当如此"，一个"可取而代也"，虽然表述内容并不一样，但都体现了刘邦和项羽的格局与志向。同样的英雄气概，肯定让两个人产生了惺惺相惜的感觉。

更何况刘邦是项梁的下属，从某种意义上来说项羽就是他的半个"少东家"，刘邦那么人精的老油条，肯定得把项羽哄高兴了啊。后来刘邦和项羽也在楚怀王的见证下约为兄弟，可见二人的关系铁着呢。

因此，从感性上来说，项羽并不想杀刘邦。

而从当时的实际情况来看，项羽也不能杀刘邦，甚至不敢杀刘邦。

项羽虽手握四十万反秦联军，但其中归他直接指挥的楚军只有十万左右，剩下的都是其他诸侯国的部队。

如果项羽在刘邦已经服软的情况下强行开战，其他诸侯国的将领会怎么想呢？

毕竟当时刘邦也是楚国的武装力量，和项羽同属一个阵营，还立下了这么大的功劳。这样的功臣加同僚说杀就杀，我们这些外人凭什么信任你项羽会在接下来的"分赃大会"上保持公平、公正、公开？

要知道项羽的终极目标是成为主宰新世界的带头大哥，如果因为杀掉刘邦而损失了公信力，会对他之后的计划造成毁灭性的打击。

再说了刘邦也不是那么好灭的。此时的刘邦拥兵十万，是反秦武装中实力第二强的存在。这十万人马中，一部分是刘邦起家的核心团队，对刘邦忠心耿耿，剩下的大多是刘邦入关后收编的秦军，基本上都对项羽恨得不行——因为项羽在接受章邯投降后，一口气坑杀了二十万秦军。

即便能杀了刘邦，也难保这些人不会和项羽死磕到底。一旦打成了持久战、消耗战、游击战，就容易夜长梦多，产生不可控的未知风险。这对于需要快刀斩乱麻，尽快造成既成事实的项羽来说也是不利的。

所以对于彼时彼刻的项羽来说，为了长远的计划，从大局考虑，不杀刘邦才是综合考量下的最优解。

当然，所有后续发展还得看饭局上刘邦的具体表现。毕竟掌握主动权的是项羽，杀或不杀都在他一念之间。

于是，这场气氛尴尬、各怀鬼胎的鸿门宴就开始了。

刘邦摆出了最低的姿态。他只带了很少的随从来赴宴，一副躺倒任捶、咋地都行的模样。一见面刘邦就开始忆苦思甜套近乎，回忆和项羽并肩作战的光辉岁月，表示自己进入关中完全是撞大运的偶然事件，可别听那些小人乱嚼舌根啊。

项羽也回了一句，说还不是你那个左司马曹无伤乱打小报告，要不然咱哥儿俩也不至于闹这一出啊。

关于项羽的这句话，很多人都说体现了他的政治幼稚，把好好的一个无间道卧底曹无伤给卖了。

其实事情并没有那么单纯。

前一天晚上项伯来访的时候，估计就已经把曹无伤的事告诉刘邦了，就算项羽不提这茬，刘邦也得清理曹无伤这个内鬼。但这事不能在见项羽之前干，不然会显得刘邦对项羽有防备，这样的投诚也就变得没有诚意了。

所以项羽刚说完曹无伤，刘邦就立马表示之前的都是误会，项羽也接话表示"啊，对对对"。你看，这就是中国人的社交艺术，不管背地里怎么打生打死，面子上还得过得去。

客套话说完了，接下来就该开席了。

参加过饭局的人都知道，什么人坐什么位置，这里面学问可大了。

在先秦时代，室内以东向为尊，因为出入的门口在东边，正对着门口东向而坐的位置是最好的，其次是南向、北向，西向最卑。

项羽作为请客方，又自许为掌握大局的主人，东向坐在一号位是肯定的。坐他旁边的是叔叔项伯，毕竟不能让长辈座次比自己低，这个也没什么好说的。

而后面的座次安排才是关键。范增南向坐在了二号位，刘邦北向坐在三号位，至于张良则面朝西——其实就是在上菜口的位置伺候局的存在。

按理说，刘邦是主宾，范增是主陪，哪怕范增被项羽尊为"亚父"，从职级关系上来说他也是项羽的下属，但现在却是范增坐二号位，刘邦坐三号位，这就是把刘邦当"臣下臣"的意思。这并不是宴请盟友或同僚的礼节，而是赤裸裸地体现了领导对下属的态度。

所以刘邦从入座的那一刻起，就已经在所有人面前公开承认了对项羽的臣服。至于具体的交出关中啊，支持项羽说了算之类的细节，都完全不需要挑明。大家懂的都懂，一切尽在不言中。

优雅，实在是优雅。

项羽已经心满意足，但范增却明显不满足。所以他先给项羽打暗号，然后又搞出了"项庄舞剑意在沛公"的激情环节。

对于范增的种种表现，项羽既不想配合，又不方便直接反对。正在这时，樊哙的及时闯入打破了尴尬的局面。

樊哙是张良叫来保护刘邦的。他带着兵器闯入宴会现场，一进门就瞪着项羽，一副随时要拼命的样子，情势一度紧张到了极点。

项羽按着佩剑问了一句："客何为者？"——你小子谁啊？

一般来说，对于突然闯入的陌生人问一嘴是很正常的事情。

但很多人似乎都忽略了一个细节——项羽真的不认识樊哙吗？

樊哙作为刘邦起兵的初始团队成员，一直是刘邦直属的身边人，全程参与了刘邦起兵后的所有战斗，这其中也包括了刘邦和项羽联合作战的那半年。这期间，樊哙作战勇猛，屡立战功，项羽不认识樊哙的可能性很小。

那项羽为何要做出一副意外吃惊的样子呢？

答：打岔呗。

接下来项羽又是给樊哙上酒，又是给生猪肘的，这么一忙活，项庄的舞剑就舞不下去了，刘邦的危机也算暂时解除了。

酒足肉饱之后，樊哙又对着项羽一通声辩，听着好像很无礼的样子，其实是把昨天晚上刘邦跟项伯说过的软话又重复了一遍，是用最凶的语气说着最怂的解释。所以向来暴脾气的项羽没有发飙，而是"未有以应"。后来刘邦逃席，他也平静接受。

因为在项羽心里，这场饭局从一开始就已经结束了，后面的环节不过是尬聊而已，樊哙的闯入和刘邦的开溜反而成全了项羽，不然难保他不会用脚趾抠出三室一厅。

而范增和项羽的分歧，是因为双方思考的出发点不一样。

范增想杀刘邦，是以防后患。项羽不杀刘邦，则是着眼当下。

项羽的这一决策，也是一直被后人诟病的地方，说他错过了杀死刘邦的最佳机会，这才落得个"自刎乌江"的悲惨结局。

这么说就有点过于牵强了。我们不能用后人读史的上帝视角去苛责当时的项羽。项羽从来没有轻视过刘邦，他只是认为自己有能力在不杀刘邦的前提下搞定局面而已。

关于这一点，我们只要看看后面项羽的分封就知道了。

公元前 206 年，项羽尊楚怀王为"义帝"，就和有名无实的周天子一样。项羽自封"西楚霸王"，然后主持分封了十八路诸侯。

刘邦虽然被封为汉王，但封地在偏远闭塞的巴蜀，后来才追加了汉中，和关禁闭蹲监狱没啥区别。项羽还把关中一分为三，分别由雍王章邯、塞王司马欣和翟王董翳这三位项羽招降的秦军降将来镇守，他们的作用就是堵死刘邦重返关中的道路。

项羽还在通往关中的主干道上分封了三个亲信——西魏王魏豹、河南王申阳、殷王司马卬，作用是保证道路畅通，方便项羽随时奔袭关中，掐灭任何对自己不利的苗头。

最后，项羽还贴心地帮刘邦搞了一次优化裁员，一口气砍掉了刘邦七成的兵力，规定刘邦只能带三万人上路。

设置了这么多防范措施后，项羽觉得这把稳了，肯定能把刘邦彻底锁死在西边。

但他没想到刘邦团队竟然能创造奇迹，一举突破了所有的封锁线，跟他展开了"楚汉争霸"。

直到这个时候，项羽也没因为在鸿门宴上放过刘邦而后悔，他依然相信自己会是笑到最后的那个胜利者。

但楚汉争霸却以一种项羽完全想不通的诡异画风展开了。

简单来说就是项羽一直赢，刘邦一直输，但刘邦越打越高歌猛进，项羽却越打越力不从心。

最终在公元前203年的垓下之战中，项羽一败涂地，只身逃到了乌江边。

在江边，项羽遇到了划船来接应他的乌江亭长。乌江亭长劝项羽回江东重整旗鼓，可他自觉无颜见江东父老，就放弃了这最后逃出生天的机会，回身和追击的汉军展开了最后的战斗，并最终自刎而死。

项羽为什么不过江，让后人百思不得其解。

有人认为他完全有机会东山再起，比如唐代诗人杜牧曾在《题乌江亭》中写道："江东子弟多才俊，卷土重来未可知。"但也有人觉得项羽已经没机会重来一局。宋代大文学家王安石就在《叠题乌江亭》中反问道："江东子弟今虽在，肯与君王卷土来？"

项羽不过江，的确是因为没过江，但又不仅仅是因为没脸过江而已。

江东，并不是项羽的老家。

项羽是下相人，家族封地在项，曾被封为鲁公。下相是今天江苏省宿迁市，项是今天河南省沈丘县，鲁指今天的山东省曲阜市，这三个地方全在江北，哪个都和江东不挨着。

当年项羽是跟着叔叔项梁避难到的江东，后来在反秦浪潮席卷全国的时候，项氏叔侄说服了江东当地的豪族大家，众筹出一支"江东子弟兵"作为创业的初始资金。这支"子弟兵"中包含大量的江东豪族子弟，他们在项家军中担任各级军官，相当于公司中的中层高管。

所以"江东父老"只是个好听的说法，对于项羽来说，他们其实更像是自己的天使投资人，或者事业的联合创始人。

而项羽折腾了八年，不但创业失败赔光了老本，还把金主家的亲戚子侄全给搭进去了。这换了谁也没脸回去见人。

而比没脸见人更绝望的是不知道怎么卷土重来，想不出如何东山再起。

直到生命的最后一刻，项羽也没想明白自己究竟是怎么输的。只能用"此天之亡我，非战之罪也"这样的虚幻借口来安慰自己。

连怎么输的都搞不清楚，重来多少次都是白搭，所以项羽只能选择放弃治疗。

项羽不明白的道理，今天的我们却知道答案——项羽的失败既是战略的失败，也是战术的失误。

从战略上来说，刘邦追求的是创新的"帝业"，项羽想要的是复古的"霸业"。这两条路线一个是历史的趋势，一个是时代的眼泪，决定了双方底层逻辑的差异。刘邦占据的不只是关中的地利，更继承了秦统一六国的秘密武器，那就是"秦制"。

秦制就好比那个时代的"大数据体系"，能让国家意志渗透到最基层的行政单位，能精准地调动所有的人力和资源，相当于把所有的战争潜力都激发出来。所以刘邦团队进入关中后，第一时间就把秦国的户籍资料抓在了手里。掌握了这些信息，就拥有了赢得战争的大杀器。

而项羽则从一开始就被绑上了"反秦"的战车，所以他选择回归故乡，定都彭城，只能用已经失败过一次的"六国模式"去对抗刘邦手中的"秦制"，这是项羽在战略上的失败。

而在战术的实操过程中，项羽的问题就更大了。

刘邦的团队以丰沛老乡为核心，以四方人才为助力，不但凝聚力强，而且搭配合理。领兵打仗有韩信，后勤保障有萧何，出谋划策有张良，阴谋诡计有陈平，刘邦这个老板只需要把最合适的人放在最合适的位置上，就能让整个体系良性运转。

而项羽团队的构成相对松散，忠诚度不够，经常在关键时刻整幺蛾子。项羽因为太能打，导致他遇到一切问题都想用蛮力来解决，而他的团队成员功能也相对单一，只有范增勉强能算智力担当，后来也在刘邦的反间计之下被边缘化了。

在整个楚汉争霸的过程中，项羽基本上只有在正面战场打打打这一个解决方案。但讽刺的是，因为项羽太能打，总是包办一切，导致他手下的员工既缺乏出奇制胜的主观能动性，又没有独当一面的客观可能性。所以项羽这边赢多少，他那些拉胯的手下就在另一边给他输多少。他像一个救火队员一样满场乱窜收拾烂摊子，打再多的胜仗也赢不下整场战争。

如果我们用主次矛盾的哲学辩证关系来看待楚汉争霸，就会发现项羽在不同阶段面临的主要矛盾是不同的。

在鸿门宴之前，项羽要争夺的是分封的主导权，他和六国王室后裔的矛盾才是主要矛盾，和刘邦的矛盾是次要矛盾。所以项羽不杀刘邦，是团结一切可以团结的力量的正确策略。

在鸿门宴之后，项羽要维护自己主导的分封秩序，他和其他诸侯的矛盾才是主要矛盾。而刘邦只是众多诸侯之一，依然算不上项羽的头号敌人。

一直到刘邦夺取关中，正式东出争霸天下开始，项羽和刘邦之间的冲突才变成了主要矛盾，而这时候考验的是双方的个人领导能力和团队的综合实力。项羽最终的失败是多方面因素共同造成的。

项羽在鸿门宴上不杀刘邦，是那个时候的正确选择，和他最终的失败并没有关系。哪怕人生能重来，恐怕他还是会做出同样的选择。

人们谈起项羽，总是不愿"以成败论英雄"。因为相比于刘邦的功利现实，项羽身上的少年意气和英雄气概，总是更让人欣赏。

但可惜，就算给项羽冠以再多美好的词汇，也无法改变他已经被时代和历史淘汰的现实。

注定失败的英雄，这才是项羽人生最大的悲剧。

巫蛊之祸：谁逼死了太子

公元前91年，汉武帝征和二年，长安城长乐宫南边的博望苑中，一群人正在挖地三尺地找东西，把好好的一座皇家宫苑，翻得跟拆迁现场一样。

突然间，人群中传来一阵欢呼：找到啦！实行巫蛊的桐木人找到啦！

很快这个桐木人就被送到了此次扫巫除蛊专案组组长江充的面前。江充把"罪证"展示给专案组的其他成员一一过目，并扬言要上报给在甘泉宫养病的皇帝陛下，请他来决定太子的罪责。

对，这个博望苑就是汉武帝太子刘据的寝宫。江充带领的专案组就是在追查用巫蛊之术谋害皇帝的罪犯，现在竟然在太子宫里发现了关键证据，这事情可就有意思了。

那么太子刘据到底有没有做出这种大逆不道的事呢？

从逻辑上来说，可能性很小。因为江充的搜查行动已经持续了好一阵子，太子的寝宫是最后被搜查的地方，如果真是太子干的，他完全有足够的时间来销毁证据，又怎么会被江充抓个正着？大多数观点也认为，这个所谓的罪证是江充的栽赃陷害，是他提前把桐木人埋到了太子宫里。

面对江充的步步紧逼，太子刘据本能地感受到了阴谋的气息，所以他赶紧找到自己的老师石德商量对策。此时，三十八岁的刘据已经没了以往的淡定从容，急得一脑门子汗，不停地问老师该怎么办。

石德老师无奈地跟太子说：巫蛊这种事本来就说不清楚，咱现在唯一的办法就是先下手拿下江充。之前说皇上在甘泉宫养病，这么长时间都没有任何消息。说句难听的，现在皇帝是死是活都不好说，咱可不能忘了当年扶苏的惨痛教训啊！

公子扶苏是秦始皇的长子，本来是有机会继承皇位的。但赵高和李斯隐瞒了秦始皇病死的消息，假传圣旨要赐死扶苏。而扶苏也没反抗，竟真的自杀了。

刘据听完石德老师的分析后，发现自己所面临的处境和扶苏简直一模一样。

如果皇帝已经死了，那面对奸臣的陷害，他根本就没有申辩的机会，只能和扶苏一样含冤而死。如果皇帝还活着，那更可怕，等于所有这一切都是皇帝的安排，所谓"奸臣"的陷害不过是奉命行事而已，那自己还是个死。

既然横竖是死，还能怎么办？所以刘据反了。

一场皇帝与太子、父亲与儿子之间的内战就此爆发，最终刘据战败逃亡，并在追捕中绝望自杀。他的母亲、妻子、儿女几乎全都死于非命，除此之外还有数万人死于这场祸乱引发的动荡中。这件事直接影响了整个西汉政局的走向，史称"巫蛊之祸"。

既然"桐木人"是栽赃陷害，那到底是谁把它埋到太子院子里，从而逼反了太子，最后导致他自杀而亡的呢？

首先我们有请一号嫌疑人——汉武帝刘彻登场。

没错，最有嫌疑干掉太子的，正是皇帝本人。

汉武帝最开始是非常喜爱和看重太子刘据的。刘据是汉武帝盼了十几年才盼来的儿子，他的母亲是汉武帝的第二任皇后卫子夫，也是当时汉武帝最宠爱的女人，所以刘据一般被称为"卫太子"。

当时长子的出生让汉武帝乐得不行，他找来最好的写手为儿子的降生写喜报，给全国人民发福利，撒红包，恨不得让所有人都来沾沾喜气。

等刘据到了读书的年纪，汉武帝更是拿出最好的资源，请来最好的老师，倾注所有打造出一支汉代的幼儿教育天团。除了师资教育，汉武帝还特别注重儿子的社会实践能力，他在长安城南为刘据修筑博望苑当寝宫，让他在那里接触社会，招揽人才，搭建团队，可以说妥妥一个望子成龙的鸡娃老父亲。

但人心是会变的，随着太子一天天长大，汉武帝也一天天老去，情况就发生了变化。

皇后卫子夫年老色衰，汉武帝对她的宠爱日益减少。而刘据性格温和，为人宽厚，和杀伐果断爱折腾的汉武帝也完全不同。

于是，雄才大略的汉武帝对太子越来越不满意，他总觉得太子性格太软，能力不够，一点也不像自己。

皇帝的不满让皇后和太子产生了巨大的危机感，在汉武帝面前也表现得很不自然。这样的情绪自然瞒不过精明的汉武帝，他找到太子的亲舅舅——大将军卫青说：大汉有朕一个能折腾的皇帝就够了，再来一个一模一样的，那不成了重走秦朝灭亡的老路？太子稳重，是守护大汉江山的最佳人选，告诉他们娘儿俩，把心放到肚子里吧。

汉武帝真是这么想的吗？大概率是的，因为此时除了刘据，他也没有别的更好的选择了。

然而公元前94年，意外出现了。住在钩弋宫的赵婕妤为六十二岁高龄的汉武帝生下了六皇子刘弗陵。铁树开花，老来得子，可想而知汉武帝对这个幼子得有多喜欢。

更神奇的是，据史书记载，这个孩子是赵婕妤怀孕十四个月才生下来的，传说中上古圣君尧就是十四个月才出生的，所以汉武帝就把赵婕妤生孩子时住的钩弋宫门改名叫"尧母门"。

尧是传说中的天下之主，上古时代最贤明的帝王之一。如果生下六皇子的赵婕妤是"尧母"，那不就是说六皇子刘弗陵就是尧？这把皇后卫子夫和太子刘据放在哪里啊。

此时的汉武帝已经统治大汉近半个世纪之久，不可能不知道"尧母门"这三个字有多不寻常的意义。所以历来有观点认为汉武帝在这个时候就已经动了换太子的念头，这才有了后面的巫蛊之祸，以及针对太子下的套。因此逼死太子的真凶就是汉武帝本人！

这个结论听起来很有道理，但并不是无懈可击，实操环节有很多现实难题。

首先是局势不利。

此时的大汉早就没了汉武帝刚即位时的富足，他多年来的各种折腾，尤其是和匈奴之间几十年的战争已经耗光了朝廷的家底儿，社会秩序动荡，百姓破产逃亡，人口不增反降，汉朝的国力已经大不如前。

这个时候，和汉武帝不像的太子，一个不爱折腾的守成之君才是下一任皇帝的最佳人选。

然后就是时间不足。

一边是年近四十、做了三十二年太子的长子，一边是刚出生还没断奶的幼子。在婴儿夭折率居高不下的古代，汉武帝就算想废长立幼，恐怕也得担心小儿子能不能活到继承皇位的那一天。汉武帝已经是一个六十多岁的老人，身体也没说有多健康，他又剩下多少时间能为小儿子保驾护航，做好相应的儿童教育、队伍配套、权力交接等工作呢？

换太子，对于汉武帝来说，风险还是很大的，所以他只能在犹豫中观望。

不过有些事却犹豫不得，比如干掉太子背后的卫氏外戚。你可能觉得奇怪，换太子，干掉卫氏是提前剪除羽翼，可以理解，如果不换太子，又为什么要干掉卫氏呢？

很简单，避免外戚干政。这个亏，汉武帝自己吃过，当然不会让儿子再吃一次。

那就开整吧。

公元前91年，有人举报当朝丞相公孙贺使用巫蛊之术，公孙贺全家被杀。这个公孙贺就是太子刘据的姨父，也是太子在朝堂中最大的支持者。

公孙贺一死，汉武帝立即任命涿郡太守刘屈氂为新丞相。刘屈氂是汉武帝的侄子，他还和五皇子昌邑王刘髆的舅舅李广利家有姻亲关系。

汉武帝这个操作明眼人都能看懂，他是想用李氏外戚来取代卫氏外戚，为后面的计划铺路。

但计划赶不上变化，他的路还没铺完，就有人已经迫不及待要干票大的了，那就是二号嫌疑人江充，我们前面提到的那个专案组组长。

江充，赵国邯郸人。此人擅长投机，深受汉武帝的宠信。他做事狠辣残酷，明显不是太子刘据喜欢的那种类型，而且他曾经得罪过太子，深知太子上台之日，就是自己下岗之时。所以说他栽赃嫁祸太子，也不是没有可能。

汉武帝晚年身体不好，白天浑身疼，晚上做噩梦，恰好就给了江充借题发挥的机会。当时汉武帝在长安城外的甘泉宫避暑，谁都见不到皇帝的面。江充趁机指使一个胡人巫师欺骗汉武帝说皇宫里有蛊气，不把搞巫蛊的人揪出来，皇上的病就好不了。

汉武帝是个非常迷信的人，日常热衷于求仙问道、炼丹嗑药，为求吉利一生换了十二个年号，甚至曾把亲生闺女嫁给自称神仙的诈骗犯。所以他对巫蛊诅咒这种事深信不疑，立刻指派江充成立专案组，追查谁在用"巫蛊"害自己。

有了皇帝撑腰的江充立刻付诸行动，不过他也很有心机，没有直接把目标对准太子刘据，而是先从皇宫里那些失宠嫔妃的住处开始搜查，然后不断扩大搜索范围，一直搜到皇后与太子的寝宫。

之后就发生了开头的一幕，江充宣称在太子宫中找到了实行巫蛊诅咒的桐木人，"坐实"了太子的罪名。

而被阴谋陷害逼到绝境的太子，也选择了铤而走险，最终自杀而亡。

这么看，江充应该就是凶手了吧？

不完全是。

我们来看江充的身份。他和李广利、刘屈氂其实都是河北老乡，凭借着同乡关系结成了同盟。李广利、刘屈氂背后是李氏外戚集团，他们的终极目标是什么？当然是把五皇子昌邑王刘髆推上太子宝座。所谓的"巫蛊之祸"也可以说是整个李氏集团的阴谋。

可惜，他们只成功了一半。

公元前90年，李广利受命率军出击匈奴，临走前刘屈氂去送行，李广利就嘱咐老刘抓紧行动，拥立刘髆为太子。刘屈氂满口答应，仿佛已经看到了大功告成的那一天。

但神奇的是，李广利出征后不久，刘屈氂就被举报了，有人说他企图拥立刘髆，用巫蛊诅咒皇帝。汉武帝大怒之下，命人用厨房的垃圾车把刘屈氂推到东市腰斩，李广利全家也被逮捕。出征在外的李广利听说后直接投降了匈奴，刚得意了没两天的李氏外戚集团也被汉武帝杀了个精光。就连昌邑王刘髆也在不久后神秘死去，死因不明，史书上对此事也是讳莫如深。

哪怕是在两千多年后，我们依然能从史书的字里行间感受到汉武帝的怒火。

汉武帝为什么如此生气？

很简单，他发现自己被耍了。

当太子起兵造反的消息传来时，汉武帝既意外又生气，他亲自到前线坐镇，指挥对太子的围剿行动。也曾有人上疏为太子喊冤，汉武帝不是没有怀疑，但他的反应是"感寤，然尚未显言赦之也"。

翻译过来就是：有触动，没行动。

站在父亲的角度，儿子一时犯错或许可以原谅。但站在皇帝的角度，任何对皇权的忤逆都是不可原谅的，哪怕是亲儿子也不行。

如今刘屈氂事发，这意味着太子之事另有蹊跷，还意味着汉武帝可能亲手逼死了儿子。你让他如何不生气？所以汉武帝的这一系列雷霆手段，也可以说是在替太子报仇。

对于"巫蛊之祸"发生的原因，大汉朝廷给出的官方说法是"丞相私与太子斗"，就是把整件事的锅都扣在了丞相刘屈氂头上。

这么看来，"巫蛊之祸"应该是李氏外戚集团利用皇帝对太子的不满，精心策划的一场阴谋。只可惜最后玩砸了，反过来又被醒悟的皇帝给铲除了，所以李氏一族死有余辜呗？

别急，事情还没完。

回看"巫蛊之祸"发生的全过程，会发现每一个影响事态发展的关键节点都有一方势力参与其中，那就是宦官。

在巫蛊之祸发生前，刘据还是太子的时候，有个叫苏文的宦官就经常带着自己的手下在皇帝面前说他的坏话，告他的黑状。只不过刘据一直老实本分，没让这帮人抓住什么把柄。

太子的姨父公孙贺被举报，太子宫苑里被埋桐木人，细想一下，最容易做这些事的也是宦官。

调查巫蛊案的江充专案组的重要成员之一就是宦官苏文，而在太子起兵后，最早向皇帝告状的也是他。

当巫蛊案爆发，太子倒台，在李氏外戚看起来即将胜利的时候告发刘屈氂、牵连李广利，导致整个李氏外戚集团覆灭的人——郭穰，他也是个宦官。

还有生下皇子刘弗陵的赵婕好，她的父亲也曾因犯罪被罚为宦官，她本来跟汉武帝是毫无交集的。但有一年汉武帝到地方上视察，有个会占卜的"望气者"说起有位神奇的赵姓女子，天生双手攥拳，谁也掰不开。这引发了汉武帝的好奇心，于是汉武帝找到这个女子，只是轻轻一碰，女孩就张开了手，掌心有一支小玉钩。汉武帝非常喜爱她，把这个女子封为婕好，住的宫殿叫钩弋宫。自此，赵婕好也被称为"钩弋夫人"或是"拳夫人"。

在今天看来，所谓的天生攥拳啊，掌心有玉钩啊，都是装神弄鬼来骗取皇帝宠爱的技巧罢了。

那是谁设计了这个转角遇到爱的情节呢？

大概率还是皇帝身边的宦官们，赵婕好就是他们推出来的代言人。毕竟赵婕好的父亲成了宦官，她也没有别的亲戚，宫里的宦官就是她的坚强后盾。

在太子刘据和李氏外戚倒台之后，赵婕好所生的刘弗陵就成了下一任皇帝的热门人选。

但汉武帝并没有第一时间立新太子，这个皇位继承人宝座就那么空着，让无数人抓心挠肝。

公元前87年，又有个"望气者"说监狱里有"天子之气"。当时监狱里关的都是和"巫蛊案"有关的犯人，前太子刘据的孙子也被关在里面，"望气者"说的"天子之气"，明显就是指这个孩子。这话又触了汉武帝的逆鳞了，于是他就派了一名宦官去处死监狱里的所有犯人——这个宦官不是别人，还是那个告发刘屈氂和李广利的郭穰，你说巧不巧。

而郭穰得到命令之后连一刻都没多等，连夜来到监狱准备动手，仿佛生怕皇帝反悔一样。

幸亏监狱负责人丙吉深明大义，表示普通人都不能说杀就杀，更何况皇帝的曾孙？不管郭穰怎么威胁，丙吉说啥也不开门，双方就这样僵持到天亮，气得郭穰冲到皇帝面前疯狂弹劾丙吉。

看着眼前无能狂怒的郭穰，史书记载了四个字——"武帝亦寤"。

皇帝好像突然明白了什么，没头没尾地说了一句："这可能就是天意吧。"然后就收回了之前的命令，赦免了那些囚犯。

这时候的汉武帝，已经真的没了选择。长子刘据已死，自己也死期将近，中间的几个儿子全都不堪大用，也就小儿子看起来最有希望能接过这个千疮百孔的江山了。

不久后，汉武帝正式册立八岁的小儿子刘弗陵为太子，并安排了最信任的几个大臣作为顾命大臣。刘弗陵就是历史上开创了"昭宣中兴"的汉昭帝。

不过在那之前汉武帝还干了一件事，那就是赐死了刘弗陵的生母赵婕妤。理由也很简单粗暴，为了防止外戚干政，避免重演当年吕后擅权的悲剧，提前下手，立子而杀母。

复盘这场"巫蛊之祸"发生的全过程，我们发现无论是汉武帝本人、李氏外戚还是赵氏外戚，在逼死太子这件事上全都有份。

历朝历代的太子都是高危工种，上有来自皇帝老爹的猜疑防范，下有来自野心家的明枪暗箭。卫太子也没做错什么，他只是不幸成了所有阴谋诡计的天然标靶。

所有对太子不怀好意的势力跟排队打卡一样，你打一下，我推一把，层层积累，不断叠加，最终导致了事态的失控，一场惨剧就此发生。

这就是宫廷斗争最可悲的地方，清白还是冤枉，谎言还是真相，往往不是优先思考的逻辑。

欲戴王冠，必承其重。

所有的算计都有反噬，所有的阴谋都有代价。

这就是权力游戏的底色，谁也逃不掉。

大意失荆州：谁是第一责任人

公元 219 年冬，曹魏设在汉水北岸的军事重镇樊城已经被关羽的荆州军围困了好几个月。

荆州军的大营中，一支曹操军的箭矢静静地放在关羽面前，原本绑在箭杆上的书信也平放在桌案上，上面写着一个真假难辨的消息——孙权将派兵偷袭荆州。

这个消息让关羽陷入了两难的境地。此次他率领荆州军主力北上进攻曹魏，留守后方的兵力并不多。一旦樊城没打下来，孙权再来个背刺，那事情可就严重了。

但这个情报是真的吗？就算是真的，以孙权的能力，他能打下荆州吗？

听说东吴名将吕蒙请病假回后方治病去了，新上来那个叫陆逊的小年轻只会说好话，就凭他能翻出什么浪？更何况后方的江陵、公安是关羽经营多年的大本营，城防体系完整，沿江还设有烽火台预警系统，如果东吴真的出兵，自己接到消息后再往回赶也来得及。

二爷捋了捋自己漂亮的大胡子，还是觉得优势在我。于是他决定无视这个所谓的情报，继续围攻樊城。

然而没多久他就收到了来自后方的三个坏消息：

1. 吕蒙是在装病，陆逊是在装犊，他们果真动手了；

2. 沿江的烽火台被人端了，整个预警系统都失效了；

3. 守卫公安和江陵的傅士仁、糜芳连一秒钟都没抵抗，直接投降了。

概括起来就是一句话：荆州，真的丢了。

再之后就是关羽父子败走麦城，一代武圣殒命，三国鼎立的格局就此奠定，更留下了"关羽大意失荆州"的故事。

但是荆州，真的是因为关羽的大意丢的吗？或者说"大意"的，只有关羽一个人吗？

在襄樊战役期间，曹操派出了曹仁、于禁、庞德、徐晃、张辽等重量级名将，东吴方面则派出吕蒙、陆逊、韩当、蒋钦、朱然、潘璋、周泰等全明星阵容，而蜀汉这边却自始至终都只有关羽一个人孤军奋战。

刘备和诸葛亮在开战前没有提供支援，开战后也没有配合出兵，几乎是眼睁睁看着关羽一步步走向败亡，实在是诡异得令人摸不着头脑。近代著名学者章太炎就曾说荆州之战是刘备和诸葛亮在借刀杀人，故意不派援兵，以达到弄死关羽的目的。

啊，这……难道我们都读了一个假《三国》不成？

别激动，这个说法因为太过离奇，后来连章太炎自己都圆不下去了。所谓的"借刀杀人说"既小瞧了刘关张之间的兄弟情，也低估了荆州的战略重要性。

赤壁之战后，孙曹刘三家瓜分了荆州，曹操占据北部，刘备在西南，孙权在东南，有点像三国鼎立的微缩版。

公元 211 年，刘备受刘璋邀请进入益州，让关羽"董督荆州事"，负责镇守荆州五郡。[1] 后来张飞、诸葛亮、赵云等主力部队陆续入蜀，关羽就成了荆州地区的唯一大佬。

---

[1] 南郡、长沙郡、零陵郡、武陵郡、桂阳郡。

在刘备看来，只有关羽这样政治上可靠、军事上过硬的好兄弟，才是镇守荆州老家的最佳人选。更何况关羽手中掌握着一支强大的水军，在荆州这个水网密布的地方正好有用武之地。

但他忽略了，关羽坐镇荆州的最大隐患不是能力问题，而是性格缺陷。要知道连马超和黄忠这样的当世名将，关羽都看不上，更别说其他人了。史书记载关羽的职场作风也用了"性颇自负，好陵人"这样的负面评语。

翻译过来就是，关羽是那种日常相处时看不起同事，动辄对他人颐指气使、呼来喝去，毫无领导艺术的孤儿型上司。

荆州治中潘濬和关羽关系紧张，南郡太守糜芳和屯驻公安的将军傅士仁也都忍不了关羽的粗暴作风。作为荆州的一把手，能同时把手下最重要的文武官员全都处成仇人，关羽这份得罪人的功力也称得上是超凡脱俗、震古烁今了。

公元 219 年七月，关羽率领主力部队发动了襄樊战役，意图夺取荆州北部。这场战役的发起究竟是刘备的命令，还是关羽的独立行动，史书上并没有详细记载。但从关羽的性格来看，是他自行决定开战的可能性更大。

关羽拥有"假节钺"的头衔，可以不必请示就自行开战。而且此前黄忠在定军山斩杀夏侯渊立下了大功，被封为后将军，和关羽、张飞、马超并列为四大将军。这让关羽十分看不上眼，你这"老兵"[1] 算什么东西，凭什么跟我同一个级别？那二爷我就打一个更大的胜仗出来，让你们都知道谁才是天下第一！

唉，这个该死的胜负欲啊。

当然关羽也不是脑子一热就冲动为之。

入夏以来，襄樊地区连降暴雨，汉水泛滥成灾，淹没了大片土

---

[1] 东汉末年至魏晋，称他人为"老兵"是贬称，因为"士卒"身份卑微低贱。

地。而这场突如其来的大水，恰好可以发挥荆州军善于水战的优势。所以关羽才能以少胜多消灭了于禁、庞德的增援部队，并把曹仁堵在樊城里暴捶。关羽还派人策动曹仁防区内的叛乱，严重威胁着曹操统治中心许昌的安全。

战争的走势对关羽越来越有利，如果他能攻克襄阳和樊城，就能打通荆州和汉中的联系，实现诸葛亮在《隆中对》中提出的战略构想，在三国鼎立的格局中立于不败之地。

但是很可惜，这一切并没有实现。因为关羽空有"天时地利"却没有"人和"。

关羽的水军实力强大，但打攻城战不是他的强项，真正能投入一线作战的兵力也不足，于是关羽赶紧命令驻扎在上庸的刘封、孟达发兵支援自己。

咱也知道二爷那个脾气，让你来给爷打配合是看得起你，史书是这么记载的："连呼封、达，令发兵自助。"就是一副高高在上的命令语气——那个谁谁，赶紧来，记住！这是通知，不是商量！

刘封和孟达本来忙着内斗，没时间更没意愿搭理关羽的"命令"。失去了友军的支援，关羽只能独自支撑。于是他一边抽调后方的守备兵力，一边又给负责后勤的糜芳、傅士仁送去了一封杀气腾腾的警告信：前方战事不利，都是因为你们后勤保障没搞好，看我回去后怎么收拾你们！

关羽的"假节钺"除了可以开战，还可以直接杀人。所以他说要收拾谁，那还真不是说说而已。

生命受到威胁的糜芳和傅士仁一不做二不休，暗中勾结东吴，在吕蒙偷袭荆州时直接开城投降了。

自此，荆州丢了，关羽陷入了被两面夹击的绝境。他只能带着残余部队向西撤退，但这个时候想走也已经晚了。

襄樊战役的惊天大逆转直接影响了整个三国历史的走向。关羽先赢后输，不但没有实现预想的战役目标，还赔上了自己父子的性命，丢掉了荆州这块战略要地，彻底断送了刘备团队统一天下、兴复汉室的可能。

"大意失荆州"这口锅，不能让关羽一个人来背。他的确负有不可推卸的责任，但这只是战役执行层面的操作失误，并不能掩盖蜀汉高层整体战略规划上的严重失误。

坐镇后方的诸葛亮和刘备，才是荆州丢失的最大责任人。

对于远在益州的刘备团队来说，关羽在襄樊的抛物线式崩盘确实有点突然。八月份刚听说二爷"水淹七军""威震华夏"呢，怎么十二月就荆州失守、二爷丧命了？

说到底，荆州出事其实从诸葛亮加入刘备团队的那一天开始，就埋下伏笔了。

诸葛亮为刘备量身打造的《隆中对》中提出了两个堪称神来之笔的战略构想：一是"联吴抗曹"；二是"跨有荆益"。

"联吴抗曹"是指导思想，"跨有荆益"是行动方案。这是时年二十七岁的诸葛亮对未来天下格局的规划和预言，更是刘备最终成就帝业、实现三国鼎立的行动纲领。

这真是听君一席话，思维大爆炸。

《隆中对》让陷入自我怀疑的刘备豁然开朗，瞬间就觉得腰不酸了，腿不疼了，奋斗也有力量了。

但《隆中对》最大的问题就在于"联吴抗曹"和"跨有荆益"在本质上是相互矛盾的。

东汉时的荆州相当于今天湖南、湖北加河南南部，正处在天下之中的枢纽位置，既是南北交通要道，也是沟通长江上下游的关键节点，是魏蜀吴三方的必争之地。曹操团队的郭嘉、孙权团队的鲁肃都提出过抢占荆州、进取天下的战略。

失去荆州，对曹操来说是赢得不爽，对刘备来说是慢性自杀，对孙权来说则是当场暴毙。

因为历史上割据江东的政权一旦守不住荆州，那也就离完蛋不远了。后来的西晋灭东吴、隋灭南陈、元灭南宋就是最好的证明。所以拿下荆州是东吴不可动摇的国策，更是孙权不容侵犯的核心利益。

但《隆中对》却要求刘备在占有荆州的同时，还能和孙权结成同盟，相当于一边在孙权的心理底线上疯狂试探，一边要求孙权选择原谅向前看。

只要是脑回路正常的人都得替孙权问一句：凭什么呀？

其实也不凭什么，一切都是现实利益的考量结果。

《隆中对》的实现必须满足一个条件，即曹操的威胁要大于孙刘之间的矛盾。但三家之间的力量对比和利益冲突是动态变化的，只要来自曹操的压力一减轻，刘备和孙权就必然因为荆州而翻脸。

荆州，是从一开始就埋在孙刘联盟之间的巨雷，被引爆只是时间问题。

赤壁之战后，刘备从孙权手里借来了江陵城所在的南郡，并以此为跳板拿下了益州。孙权派人向刘备索要借出去的南郡，结果刘备直接祭出了老赖嘴脸，竟表示要等到拿下凉州后再说，气得孙权直接出兵攻下了属于刘备的长沙、桂阳、零陵三郡。刘备也带着人马准备和孙权开战。

就在孙刘联盟即将破裂之时，曹操进军汉中了。强者带来的威胁迅速压倒了两个弱者之间的矛盾，于是刘备和孙权展开谈判，以湘水为界把荆州南部一分为二，东边的地盘归孙权，西边的地盘归刘备。

所以不要听歇后语说什么"刘备借荆州——有借无还"，人家刘备虽然没还南郡，但还了长沙、桂阳等地，并不是真的一点没还。

孙刘联盟虽然因为曹操的威胁而暂时维持住了，但双方都心知肚明，他们早晚有一天还得因为荆州打起来，这是利益计算之下不容违背的底层逻辑。这就需要刘备团队尽最大努力让孙刘两家处于一种"斗而不破"的脆弱平衡中，尽可能推迟两家在荆州翻脸的时间。

但是很可惜，最终负责和东吴方面对接的却是关羽。在对待盟友东吴的问题上，诸葛亮是主张合作的温和派，而关羽却是个"不服来战"的强硬派。在二爷看来，我负责"斗"，你东吴负责"不破"，咱俩加起来就是"斗而不破"喽。

也是，关羽连同事关系都处不好，你还能指望他搞好同盟关系？

作为"联吴抗曹"战略的倡导者，也清楚"跨有荆益"行为的危险性，诸葛亮就算不能留在荆州维持孙刘联盟，也应该提醒蜀汉高层重视来自东吴的压力，提出针对性的预警、预判和预案。

但翻遍史书，却找不到诸葛亮在荆州问题上的任何作为。难道"算无遗策"的小亮哥失算了？

恐怕诸葛亮不是不想有所作为，是心有余而力不足。

说出来你可能不信，从赤壁之战到永安托孤的这十几年里，刘备并没有特别重用诸葛亮，至少不像《三国演义》里写的那样言听计从，离了军师就啥也干不了的样子。

虽然史料中说刘备以"诸葛亮为股肱，法正为谋主"，但事实上法正既是和平时期行政系统的一把手，又是战争时期野战部队的参谋长，是真正横跨军政两界的大佬。

而诸葛亮在刘备团队中的功能定位更类似于"汉初三杰"中的萧何，是在二线打辅助的后勤总管，在官员武将任免、对外政策调整、前线军力部署等方面几乎毫无存在感。

所以对于荆州的丢失，刘备才是最应该负责的那个人。

从现实地理环境上来说，处于长江中游的荆州和下游的扬州才处于同一个地理区块，益州和荆州反而是相对隔绝的两个地区，只靠狭窄的长江三峡水道保持最低效度的沟通，像一个两头粗中间细的沙漏。

这就意味着刘备团队必须在益州和荆州之间随时调整战略重心，哪边有事就把力量往哪边倾斜。在汉中战役结束后，刘备应该第一时间补充荆州方面的力量。即便是在关羽出兵襄樊后，刘备也可以选择在汉中方向配合进攻，牵制曹操西线的兵力，或者选择充实荆州的守备力量，防范孙权可能的偷袭。

总之，按道理来说他是应该做点啥的。

但他却什么有用的事都没做。在汉中战役结束后近两年的时间里，刘备在军事上可以说是毫无作为、全程划水，不靠谱到令人发指。

后世很多人读史至此，都恨不得冲到刘备面前，发自灵魂地问上一句：皇叔啊，恁这是弄啥嘞？

如果说诸葛亮是心有余而力不足，那刘备就是彻彻底底的心不在焉。因为他此时心心念念的只有一件事，那就是称王称帝。

刘备的前半生颠沛流离，疯狂跳槽，始终没有在汉末乱世中获得属于自己的一亩三分地，他实在是太渴望成功了。

刚拿下荆州南部的时候，刘备就成立了一个"宜都郡"，表达了"适宜建都"的内心独白。攻占益州后，刘备先是纵容士兵哄抢国库中的现金，然后又鼓励群臣瓜分成都精华地段的不动产。最后是赵云站出来用霍去病"匈奴未灭，无用家为"的例子才劝住了上头的众人。

拿下了汉中后，刘备迫不及待地自称"汉中王"，然后回到成都准备享福。在这一刻，帝王梦、功名心、虚荣感、享乐欲已经占据了他的全部身心。

我刘玄德打了一辈子仗，就不能享受享受吗？

接着奏乐！接着舞！

荆州局势紧张算什么，现在刘备最关心的就是把称王称帝所需的硬件设施全都修起来。所以负责后勤的诸葛亮在短时间内为刘备修建宫殿楼阁、亭台馆舍等四百余所，至于桥梁、道路等辅助设施更是数不胜数。

关羽在围攻襄樊时，有两个襄阳人自称找到了丢失的玉玺，关羽还第一时间给大哥送过去了。这个"玉玺"也不知道真假，但刘备着急称帝的心，很明显一点都不假就是了。

如果我们用上帝视角观察建安二十四年的华夏大地，就会看到一出很黑色幽默的大戏：

当襄樊战役刚刚发动时，曹魏忙着调派援军救援樊城，刘备在忙着称孤道寡，大赏群臣。

当襄樊战役陷入僵持时，东吴开始秘密联络曹魏，紧锣密鼓地部署偷袭荆州的兵力，刘备在忙着建造宫殿搞基建。

当襄樊战役突然逆转时，东吴忙着派兵西进抢地盘，曹魏忙着招降孟达、夺取上庸，刘备在忙着筹备称帝。

公元 220 年十月，曹丕接受汉献帝的禅让，正式称帝。第二年四月，刘备谎称汉献帝已被曹丕害死，于是在成都称帝，改元章武，终于圆了自己的皇帝梦，史称蜀汉昭烈皇帝。

然后，刘备终于想起来：哦，荆州丢了啊，二弟没了啊，那我得替我兄弟报仇啊！于是他举全国之兵，不顾诸葛亮、赵云等文武群臣的一致反对，执意对孙权开战，最终在夷陵之战中被陆逊一个火烧连营打崩了，然后就是永安托孤，刘备谢幕。

就此可以看出，在刘备及其核心团队看来，称王称帝瓜分胜利果实是第一要务，什么开拓进取、布局未来统统靠边站，咱还是先把眼前这点好处分完了再说吧。

魏、蜀、吴这三支创业团队在人员构成、组织架构、业务风格上有很大的差异，借用《三国演义》里常说的三个关键词——天时、地利、人和：

曹操有天时，他的团队以沛国谯县宗族为纽带，以颍川士族为骨干，以"奉天子以令不臣"为号召，是组织架构完善且正规的国家队。

孙权有地利，他们家"据有江东，已历三世"，早就洗白了外来户的身份，和江东世家豪族结为一体，是进可攻退可守的地头蛇。

而刘备既没有曹操那样的官方头衔加持，又缺乏孙权那样的基层组织支撑，所谓的"皇叔"身份不过是说着好听。这就决定了他凝聚团队的方式只能靠"人和"，要么是私情恩义，要么是现实利益。简单来说就是好兄弟，讲义气，跟着大哥混饭吃的有组织社团。

无论曹魏国家队还是东吴地头蛇，都能让团队的整体利益覆盖成员的个人利益，以达到求同存异的效果。

所以曹操手下的张辽和李典互相讨厌，但这并不妨碍他俩精诚团结，在合肥城下"八百破十万"，教孙权做人，止江东小儿夜啼；东吴这边的凌统和甘宁有杀父之仇，可这也不耽误他们在逍遥津并肩作战，保护孙权逃出生天。

孙权：咱能换个人举例子吗？

……

这种以大局为重，不因私怨而坏公义的事在蜀汉这边就很稀罕了。前面提到的刘封和孟达的争斗，糜芳、傅士仁对关羽的背叛，包括后来李严给诸葛亮拖后腿，杨仪给魏延扣谋反的罪名等，全都说明了刘备团队内部山头林立，派系众多，内耗严重。

安于现状，不思进取，疏忽大意，主次不分，各怀鬼胎，是蜀汉丢失荆州的根本原因。这不是关羽一个人的"大意"造成的，而是整个刘备创业团队的先天性不足所导致的。

甄宓之死：曹丕为何要杀正妻

公元 221 年，邺城魏王宫中，魏文帝曹丕的正妻甄氏跪拜于地，平静地聆听着皇帝赐死自己的诏书。没有害怕，没有惊恐，她选择坦然接受自己的死亡。无论是鸩酒一杯，还是白绫三尺，总归是皇帝开恩，留自己一个全尸。

但甄氏不会想到，自己的皇帝丈夫远比她想得还要狠毒。

按照皇帝的旨意，甄氏死后不但不能举行高规格的葬礼，甚至还要"被发覆面，以糠塞口"，就是用头发盖住脸，再用米糠把嘴给堵上。

古人相信死后有灵，也遵循死者为大的观念，曹丕赐死正妻不说，还对其尸体百般侮辱，究竟是什么仇什么怨啊？！

甄宓被赐死的原因说法众多，一般认为可能是以下三个：

1. 甄宓的儿子不是曹丕亲生；

2. 甄宓和曹植有暧昧关系；

3. 甄宓这个"旧爱"得罪了"新欢"郭女王。

这三点到底靠不靠谱呢？我们先来看看子嗣问题。

甄氏，真实姓名不详，史称甄妃或甄夫人，但后世讹传为甄宓，咱们姑且就这么称呼她。甄宓原本是袁绍次子袁熙的妻子。公元 204 年八月，曹军攻陷了袁家在河北的大本营邺城。曹操的二儿子曹丕带兵冲进袁家后宅时，对甄宓一见钟情，然后就自己笑纳了。

这一年，曹丕虚岁十八，甄宓二十二。

不知道三国时代有没有"女大三，抱金砖。女大四，福寿至"的顺口溜，反正曹丕本人不介意甄宓嫁过人，一心想搞姐弟恋。当时的曹丕已经有了正妻任氏。只不过曹丕不喜欢这个正妻，所以甄宓一过门，他就把任氏给休了。

甄宓自幼博览群书，见识广博，婚后和曹丕有很多共同语言，倒也是恩爱，不久后她就给曹丕生下了长子曹叡，也就是后来的魏明帝。

然后，就出事了。

因为这个儿子的身世，有那么一丢丢蹊跷，也有那么一丝丝悬疑。

《三国志》中有这么一段记载："（景初）三年春正月丁亥……即日，帝崩于嘉福殿，时年三十六。"这说的是魏明帝曹叡去世于公元239年1月22日，享年三十六岁。

嗯，不到四十就去世了，的确是走得早了点。但这句话有什么问题呢？

问题大了。

因为如果按照曹叡三十六岁去世往回推，他就应该出生在公元204年。但曹操是在这一年的八月才攻陷了邺城，曹丕八月才遇见甄宓，四个月的时间也生不出孩子啊。那这孩子到底是怎么来的呢？

后世主要有以下三种观点：

1. 陈寿算错了数。古人计算时间比较烧脑，需要把这个年号多少年、那个年号多少年复杂相加，难免会有重复计算。比如历史上的建安二十五年、延康元年、黄初元年，其实都是公元220年，只不过是连换了三个年号。

2. 后人抄错了书。有人认为曹叡的实际岁数应该是三十三岁，而"三"字上面的横写得短一点，第三道横写得断开一点，看起来还真有点像"六"，兴许是后人抄写的时候笔误了。

3. 曹丕喜当了爹。有人认为这是陈寿有些话不敢明说，只能暗戳戳地用"曲笔"来告诉大家事实的真相——甄宓在嫁给曹丕前，就已经怀孕了。曹叡实际上姓袁！

你还别说，从曹叡长大后的表现来看，还真有点像。

曹操一代奸雄，雄才大略，文采卓然，但颜值气质这一块却没有拿捏住，史称其"姿貌短小""自以形陋"，就是长相非常对不起观众，到了自己照镜子看自己都闹心的程度。

史书中对曹丕的外貌虽没有具体记载，但按照古代对皇帝的各种吹捧神话的习惯来说，但凡长得还行都得大夸特夸一顿，之所以一个字都没写，估计是因为曹丕的长相也实在是拿不出手、夸不出口，所以干脆跳过这一部分。

但是曹叡完全不同。史书记载其"天姿秀出"，就是长相秀气、外形柔美，很明显，他的颜值是在线的。

我们再看老袁家的长相。

《三国志》中记载，袁绍"有姿貌威容"，袁绍的儿子也以"貌美"著称，倒是和曹叡看着像一家人。

除了长相之外，曹叡对老曹家的祖上似乎也有点意见。

简单来说就是之前的曹操、曹丕都把周武王的弟弟曹叔振铎当祖宗，包括曹植也是这个观点。到曹叡这却把祖先改成了舜帝有虞氏。但问题是舜帝根本就没有曹姓后人，反而是袁姓的祖先。

得嘞，破案了。曹叡就是袁熙的儿子吧？许多历史大咖也都是这么认为的。[1]

---

[1] 卢弼《三国志集解》、冒鹤亭《疢斋日记》、金性尧《三国谈心录》等。

奸雄曹操泉下有知一定会流下鳄鱼的眼泪：完了，这辈子白折腾了，还不如官渡之战让袁绍直接灭了省心！

有人说，这就是曹丕痛恨甄宓的理由，所以才会对甄宓痛下杀手。而且曹丕始终看不上曹叡这个长子，一直不肯立他为太子，直到临死前实在拖不下去了，才勉为其难地把皇位传给了他。这些都说明了曹叡的血统有问题啊。

事实真的是这样吗？

当陈寿写下"三十六"这个数字时，究竟是算错、笔误还是暗示，只有他自己才知道。

但历史研究强调"孤证不立"，就和刑侦剧里破案一样，必须有多重证据构成完整合理的逻辑链。我们再仔细翻看其他证据细节，就会发现曹叡是袁熙之子的说法很难成立。

首先在《三国志》中关于曹叡年纪的记载还有一处，说他延康元年（220）被封为武德侯时是十五岁，不管这个十五岁是虚岁还是周岁，反推可知曹叡出生的年份最早也是公元205年，这就前后矛盾了。

其次就是曹操围攻邺城是从公元204年的二月一直打到了八月，这期间甄宓老公袁熙在幽州，两人也没可能见面。如果甄宓在攻城战开始前就怀孕，城破时她应该怀孕六个月了，曹丕不会看不出来，曹操也不会允许自己家的儿媳妇怀着别人家的孩子进门。

所以曹叡的血统大概率是没有问题的，这并不是曹丕赐死甄宓的理由。

我们再看第二种推测：关于甄宓和曹植的绯闻到底是真是假？

曹植和甄宓，一直是老百姓茶余饭后的谈资，话题内容经常不外乎如下：我告诉你啊，曹植最开始写的明明叫《感甄赋》，那就是向甄宓告白啊。后来是魏明帝曹叡忍不了，所以才把《感甄赋》改名叫《洛神赋》的。这不是不打自招，此地无银三百两吗……

你看，《洛神赋》、曹植、甄宓，这三个关键词凑在一起，一个男才女貌、求而不得的凄美爱情故事就呼之欲出了。

还有传说曹植曾想娶甄宓，但是曹操没同意，反而把甄宓嫁给了曹丕。曹植看着已经变成嫂子的甄宓是各种意难平，多少年都过不去这个坎。甄宓被曹丕赐死后，曹植进京朝见，曹丕就把甄宓贴身用过的枕头送给了曹植。

本来就心有所属的曹植睹物思人，在返回自己封国的途中经过洛水，遇到了甄宓的灵魂，有感而发写下了《感甄赋》。[1]唐代李商隐著名的《无题》诗中就曾写过"贾氏窥帘韩掾少，宓妃留枕魏王才"，说的就是这段绯闻。

抱歉，必须要给诸位的八卦之魂降降温了。

古代男子以女性视角创作，借此抒发内心情感，表达政治观点是常有的事。比如，唐代诗人朱庆余非常有名的那两句"妆罢低声问夫婿，画眉深浅入时无"，表面上看写的是新婚小两口在撒狗粮，其实这首诗的名字叫《近试上张籍水部》，是朱庆余在考试前写给主考官张籍的行卷诗。

朱庆余把自己比喻成新婚小媳妇，把主考官张籍比喻成丈夫，表面上问的是眉毛画得好不好看，其实是在询问自己这次考试能排多少名。

弱者或者下级，自喻为女子以表示恭敬，在文学创作中是很常见的事情。现存涉及女性角色的汉赋作品约六十五篇，其中六十篇的作者为男性，可见这个事有多普遍。

曹植的这篇《感甄赋》未必是写给甄宓的，却可能是因为甄宓才写的。

因为曹植和甄宓在命运上是有相似性的。

---

[1]《感甄赋》故事出自南宋尤袤刻本《文选》卷十九《洛神赋》题下李善注，有争议。

他们都文采飞扬，心思细腻而感性；他们都曾拥有万千宠爱，却卷入了至尊之位的争夺，被人误解陷害，生命堪忧；他们也都或多或少不赞同曹丕的代汉建魏。

这诸多的共鸣叠加在一起，很难不让人产生同病相怜的感觉。所以当甄宓被曹丕残忍赐死之后，感同身受的曹植仿佛看到了自己的未来，他用文字为甄宓抱不平，实际上是在为自己的无辜和委屈而辩解，借此叹一叹命运的不公，写一写自身的苦闷，不是很正常的事情吗？不一定非得扯到男欢女爱上面。

整件事最有意思的是，就连"甄宓"这个后世家喻户晓的名字，也是后人强行开脑洞说《洛神赋》里提到的"宓妃"就是甄氏，所以才给本来不知道真实姓名的甄氏安了个"甄宓"的名字，一直以讹传讹到现在。

更有观点认为《感甄赋》其实应写作《感鄄赋》。鄄城是当时曹植的封地，而"鄄""甄"两个字在当时是同音字，可以通用。这是曹植针对自己的封地写的，被后人讹传成给甄宓写的了。

归根到底就是一句话，所谓的"绯闻"，不过是后人的脑补。

最后回到了第三点原因，甄宓之死是不是因为和郭女王之间宫斗失败呢？

是，也不是。

官方史书中对甄宓之死记载得非常简单，大意就是曹丕称帝后，后宫里塞满了美女，甄宓失宠后口出怨言，曹丕一生气就把她给赐死了。

就这么简单，恰恰说明了事情不简单。

以曹丕的品性来说，干出这种事倒不奇怪，因为他本来就是个报复心贼强的人。

曹丕没上位之前，有一次手头不宽裕，就找到叔叔曹洪想借点钱周转一下。但曹洪是个吝啬鬼，说啥也不借，这下子就被曹丕给记恨上了。

曹丕当上皇帝后，找了个罪名小题大做就要把曹洪抄家法办，最后还是他的亲妈卞太后出马，曹丕才勉强网开一面，只是剥夺了曹洪的官职和爵位"而已"。

曹洪不仅是曹丕的亲戚，还对魏国有功，更救过曹操的命，属于最应该被优待的元老宗亲。不过就是一次拒绝借钱的小事而已，就能让曹丕记恨那么久，更别说其他人了。什么"七步诗"迫害曹植，下毒害死另一个弟弟曹彰，虽然这些事件的真实性存在争议，但曹彰在夺嫡大战中倾向于曹植是真的，曹丕上台后曹彰死得不明不白、曹植被折腾得半死不活也是真的。

总之，得罪了曹丕的人通常都没有好下场。

但是说甄宓口出怨言，就有点"欲加之罪，何患无辞"的意思了。

史书中记载的甄宓为人温婉，从不嫉妒，还经常劝丈夫多纳贤淑美好的女子，多生儿育女，开枝散叶。曹丕赶走原配正妻任氏时，甄宓哭着劝阻，完全没有争夺正妻之位的想法。曹丕出征在外时，甄宓就在家养儿育女，侍奉婆婆卞夫人，婆媳关系特别好。

无论怎么看，甄宓都称得上是一个合格的妻子、出色的母亲、优秀的儿媳妇。这样的人怎么会突然变身怨妇，说话难听到丈夫要弄死自己的地步呢？

最合理的解释就是，变的不是甄宓，而是曹丕的心。

曹丕当年娶甄宓，就是见色起意，而当甄宓年老色衰后，曹丕又找到了新的心头好，就是前南郡太守郭永次女郭女王，后来的文德郭皇后。

郭氏叫什么名，史书没有记载。因为这姑娘从小就机灵，有领导力，父亲郭永觉得"此乃我女中王也"，所以就给她取了这么一个霸气侧漏的字。

郭女王原本是东宫的侍女，比曹丕大两岁，然后被热衷于姐弟恋的曹丕给收入后宫了。

对于年轻时的曹丕来说，甄宓很好，长得漂亮，孝顺婆婆，能在爹妈面前给自己增添不少好印象，是个良配。

但那都是过去的事情了。

人到中年的曹丕最紧迫的就是拿下继承人宝座，为此他可没少耍心眼、搞事情。而甄宓走的是温婉可人的好媳妇路线，在你死我活的夺嫡大战中，这样的甄宓的确能给曹丕加分，但没法做到给曹植减分，功能太单一，帮助太有限。但郭女王就不一样了，史称她"有智数"，是个眼珠一转就有主意的聪明人，这样的人才能想得出阴谋诡计，帮曹丕争夺权位。

所以后来甄宓失宠，郭女王成了曹丕最喜欢的、最离不开的女人，经常是曹丕和郭女王整天出双入对，而甄宓则只能窝在邺城独守空房。

曹丕宠爱郭女王，想弄掉甄宓。但问题在于甄宓没犯过什么错误，还生下了长子曹叡，无论从礼法还是情理上来说都找不到整她的理由。

曹丕只能先把甄宓丢在一边不管，他继承魏王的时候没有立王后，而是让郭女王掌管后宫事务。但是称帝后就不能再拖了，皇后怎么说都应该是正妻甄宓来当。

于是曹丕下诏封甄宓为后，但没想到甄宓却连连推辞，并明确表示皇后的人选必须严格筛选，必须得是贤淑有德之人来当，自己是不配的。

表面上看这是甄宓的谦虚，其实这是她在表明态度。

在代汉建魏的关键时刻，所有人都在帮着曹丕摇旗呐喊、添砖加瓦，而作为皇帝制度的标配——皇后，却因为甄宓的拒绝始终无法确定。哪怕甄宓再清心寡欲，也不应该在这个时候泼曹丕的冷水，让所有人都下不来台。

她只是在用自己的方式告诉丈夫：这个"皇后"之位我不稀罕，但是那个郭女王嘛，她也不配！这说明甄宓既在政治上不认同丈夫代汉建魏的行为，不以成为新朝皇后为荣，同时她在私下里也不认为郭女王是当皇后的料。

这才是甄宓真正惹毛曹丕的原因，再加上郭女王在旁边煽风点火，她的死亡也就变成了顺理成章的事情。

甄宓一死，曹丕就不顾群臣的反对立郭女王为皇后，因而甄宓之死看起来就是为了给郭女王腾地方，史书也认可甄宓是死于郭女王的宫斗手段的结论。

而且甄宓的失宠还连累了儿子曹叡。在甄宓被赐死后不久，曹叡也从齐公被贬为平原侯，并被过继给郭女王抚养。

曹丕并不喜欢曹叡，一直迟迟未立太子，就是想在其他儿子里找继承人。

只不过人算不如天算，曹丕活下来的儿子本来就不多，他最宠爱的郭女王又一直没有生育，所以曹丕直到生命进入倒计时，才心不甘情不愿地立了曹叡当太子。而曹叡也一直对母亲的死耿耿于怀，经常逼问养母郭女王，自己母亲是怎么死的。

有一次，郭女王被逼急了，脱口而出道：杀你母亲是你父亲的主意，和我有什么关系？难道你还能找你父亲报仇？还能为了生母逼死我这个养母吗？

你别说，还真能。

公元235年，时年五十一岁的郭女王病逝，有史料记载她就是被曹叡逼死的，甚至郭女王死的时候也是"被发覆面，以糠塞口"，熟悉的配方，相同的味道，和冤死的甄宓如出一辙。

郭女王在甄宓之死这件事上的确扮演了不光彩的角色，但她对曹叡说的那句话并没有错——真正杀死甄宓的是曹丕。在男权社会里，后宫的争斗波谲云诡，就算你清白无辜，也敌不过枕边人的忘恩负义。

所以什么血统悬案啊，不伦绯闻啊，都不过是后世讹传的艺术加工。甄宓，不，历史上的甄夫人，就是古代皇权之下的无数牺牲品之一，哪有那么多有的没的？

总不能因为她死后被"以糠塞口"，瞅准人家不能出来辟谣，就玩命地消费死者，使劲地编排吧。

人不能，至少不应该，这么欺负人。

"背叛"的名将：魏延真的有"反骨"吗

公元234年，蜀汉建兴十二年秋，成都城内的皇宫里，皇帝刘禅接到了一个坏消息和一个更坏的消息。

坏消息是——从今天开始，刘禅这个皇帝将正式上岗，亲自处理国家大事了。因为蜀汉政权的顶梁柱——丞相诸葛亮在第五次率军北伐时病逝于五丈原。

对于一般的皇帝来说，朝廷大权都被臣子拿走是一件很痛苦的事情。但对于刘禅和诸葛亮这对亦君亦臣、亦师亦友、亦父亦子的特殊组合来说是不存在的。

刘禅安于"政由葛氏，祭则寡人"，诸葛亮也"鞠躬尽瘁，死而后已"，正因为这对君臣的默契配合，这才让三国中地盘最小、实力最弱的蜀汉成功地生存下来，甚至能和强大的曹魏打得有来有回。

但是这一切都是过去式了。从今往后再也没有"相父"[1]为自己遮风挡雨、为蜀汉殚精竭虑了，所有的难题和困难都得刘禅自己面对。

比如，眼前这个比诸葛亮去世更糟糕的消息。

---

[1] 特指国君对丞相的尊称。《三国志·蜀书·诸葛亮传》载，刘备诏敕后主曰："汝与丞相从事，事之如父。"《三国演义》中刘禅称诸葛亮为"相父"。

诸葛亮尸骨未寒，北伐军孤悬前线，随时都有全军覆没的风险。此时北伐军高层内部却发生了严重的内讧。

大军的临时统帅杨仪和总参谋长魏延打起来了。

杨仪表示：魏延违反命令，烧毁栈道，让主力部队陷入危险，是谋反！

魏延声称：杨仪假传命令，阴谋夺权，让北伐大业毁于一旦，是谋反！

杨仪：你谋反！

魏延：你才谋反！你全家都谋反！

刘禅：啊，这……到底谁在谋反啊？

正当刘禅一头雾水时，留守成都的侍中董允和丞相府留府长史蒋琬站了出来，他们全都支持杨仪，认为谋反的是魏延。

董允是皇帝的贴身助理，蒋琬是诸葛亮的亲密伙伴，这两位的表态刘禅当然得重视。所以刘禅罕见地调动守卫成都的禁卫军，让蒋琬带领部队北上平乱。

当然，这个被平的"乱"，指的就是魏延了。

其实不用刘禅出手，魏延就完蛋了。

魏延率军在南谷口进攻杨仪的北伐主力，结果仗还没打，讨寇将军王平冲着魏延的队伍喊了一嗓子：丞相刚死，尸骨未寒，你们就要闹事，对得起丞相吗？

诸葛亮虽然死了，但他在蜀汉军中的威望实在是太高。魏延的士兵一听这话全都放下了武器，秒变光杆司令的魏延只能选择逃往汉中，结果在半路上被杨仪派来的马岱追上，寡不敌众的魏延被当场斩落马下，身首异处。

事后杨仪不但把魏延的脑袋当球踩，还诛杀了魏延的三族，彻底坐实了魏延"谋反"的罪名。

如果今天我们到成都的武侯祠参观，会发现其中供奉的蜀汉文武官员塑像中并没有魏延。按照当地导游的说法，魏延是叛徒，所以推崇忠义文化的武侯祠里没有他的塑像。《三国演义》里更是把魏延描写成"脑后长有反骨"的逆贼，当众高喊"谁敢杀我"这种中二口号的脑残。

但在真实历史上，魏延是和关羽一样独当一面的军区司令，是诸葛亮北伐的重要助手，更是蜀汉后期当之无愧的军界大佬。向来忠诚可靠、功勋卓著的魏延为什么要谋反？而且就算他要谋反，为什么不北上投奔曹魏，或者拥兵自重、割据汉中，反而是一边为自己喊冤一边往成都跑？那不是自投罗网吗？

其实魏延的所谓"谋反"，不过是蜀汉内部的权力斗争，一场自己人之间的内讧罢了。

说魏延要"谋反"，恐怕刘备第一个就不同意。

魏延投奔刘备的时间的确比较晚，但他是以"部曲"身份加入的。所谓"部曲"，类似于刘备最贴身的警卫部队，这不只是职场上的上下级关系，更是一种具有人身依附性质的主仆关系，只有最亲近、最信任的人才能担任。

所以魏延是刘备亲信中的亲信。如果魏延真有"反骨"，阅人无数、精明无比的刘皇叔怎么可能把他放在身边？

公元 219 年，建安二十四年，刘备称汉中王。汉中既是进取关中的前进基地，也是守卫四川的门户之地，更是诸葛亮《隆中对》中兴复汉室的主攻方向，战略位置十分重要。

当时所有人都以为刘备会把镇守汉中的重任交给张飞，就连张飞自己也是这么认为的。但刘备却越级提拔魏延为汉中都督、汉中太守，并将魏延从牙门将军升为镇远将军，让所有人都大吃一惊。

在魏延就任时，刘备当着文武群臣的面问魏延打算如何守卫汉中这块战略要地。

魏延的回答就一句话：若曹操举天下而来，请为大王拒之；偏将十万之众至，请为大王吞之。

翻译过来的意思就是，敌人来得多，我就挡住他；敌人来得少，我就灭了他。

总之一句话：我办事，您放心；有我在，没问题！

在魏延独立镇守汉中的七年里，他充分利用当地的地形特点，采用"御敌于国门之外"的战略，构建起完整的防御体系，既挫败了敌人对汉中的进攻，又保障了汉中盆地内正常的社会生产与生活，这套行之有效的防御体系也被后来的历任汉中都督所继承。蜀汉内部也给予了他"折冲外御，镇保国境"这样的高评价。

刘备去世后，诸葛亮主持蜀汉国政，任命魏延为丞相司马兼凉州刺史，督前部军马，魏延一跃成了北伐军司令部的总参谋长，同时也是开路先锋。

此后魏延一直作为诸葛亮北伐的重要助手，参与了无数场战斗。尤其是在公元230年，面对曹魏方面的反扑，魏延受命率领一支部队深入羌中地区，大败曹魏雍州刺史郭淮和后将军费曜。后来魏延又会同友军大破司马懿率领的曹魏主力，斩首三千级，缴获大量物资，取得了丰硕的战果。

魏延因功官拜前军师、征西大将军，假节，领汉中太守，受封南郑侯——前军师仅次于诸葛亮所担任的中军师；南郑侯，相当于县侯，也是蜀汉侯爵系统中的最高级别。

翻开魏延的履历就能发现，他一直奋战在抗击曹魏的第一线，对蜀汉的忠诚向来无可置疑，什么"脑后有反骨"完全是胡编乱造。所以哪怕魏延恃才傲物，谁也不服，同事关系处得一塌糊涂，很多人还是认为他就是诸葛亮的接班人。

但很多人，并不代表所有人。

比如同为诸葛亮左膀右臂的杨仪，就和魏延势同水火。

杨仪做过关羽的功曹、刘备的尚书，后担任诸葛亮的丞相参军，主要负责筹备北伐的后勤工作。杨仪办事能力强，把后勤安排得明明白白，是诸葛亮最信任的幕僚官员之一。

杨仪自认为资历老，能力强，觉得应该由自己来接诸葛亮的班，所以他可从来不惯魏延的毛病。那真是一见面就掐，不见面也骂，你看我来气，我瞅你着急。

每次这二位凑到一块儿，肯定是吵个没完没了。激情对线到高潮时，魏延就拿着刀剑在杨仪脑袋上比比画画，杨仪打不过魏延，就只能蹲在墙角哭得鼻涕眼泪一大把。每次都是费祎坐在两位冤家中间，左边劝右边哄，这才不至于让局面闹得太难看。

杨仪和魏延的矛盾在当时几乎是家喻户晓，甚至都传到东吴孙权的耳朵里了。诸葛亮也是一直到死都没能成功调解他俩的矛盾。对于诸葛亮而言，他既需要杨仪的后勤调度，又离不开魏延的前线指挥，只能化身端水大师，哪边也不偏袒，哪边也不得罪，只求这两位活宝不耽误北伐就行。

但一切都因为一场诡异的秘密军事会议而改变了。

公元 234 年，蜀汉建兴十二年秋，传说中"六出祁山"的诸葛亮病逝于五丈原。[1]

临终前，诸葛亮秘密召集长史杨仪、司马费祎、护军姜维等人安排撤军问题，却单单把冲在战斗第一线的魏延给落下了。

诸葛亮留下了一个很神奇的遗命，简单概括就是两句话。

第一句，传令先锋魏延断后，主力撤退。

第二句，如果魏延不听话，主力照样撤退，在事实上造成魏延的断后。

总而言之就是，无论如何主力都是要撤的，至于魏延嘛，你爱

---

[1] 史书记载诸葛亮从祁山出兵伐魏仅有两次，而"六出祁山"的说法出现于小说《三国演义》，但实际上诸葛亮对魏发动的进攻战是五次。由于《三国演义》在民间的影响力较大，"六出祁山"也渐渐成为诸葛亮北伐的代名词。

咋咋地。

这就很奇怪了。此时无论是杨仪、费祎还是姜维，在官阶地位上都不如魏延高，事关北伐主力撤军的重大问题，为什么魏延这个军界二号人物会被排除在参会名单之外？甚至连魏延抗命不遵的预案都安排好了？难道诸葛丞相神机妙算，已经预料到了魏延有"谋反"之心？

其实诸葛亮也不想这样，可他却必须这么做。

因为在这一刻，诸葛亮的主观意愿和蜀汉的客观实际产生了严重的错位——从资历、军功、地位上来说，魏延都是最有希望继承诸葛亮权力的人，但诸葛亮却从来没把魏延当作自己的接班人。他心目中的合格接班人是蒋琬、费祎、姜维那样能领会自己战略意图，能体会自己良苦用心的人。

魏延，从来就不是诸葛亮战略路线的追随者，甚至可以说两个人的思路完全就是南辕北辙。

最能说明问题的案例就是诸葛亮第一次北伐时，魏延提出的"子午谷奇谋"。

当时从汉中北伐曹魏要穿越秦岭，其中最东边的一条路线叫"子午道"，是通往关中政治、经济中心长安最便捷的一条路。

魏延主张率领精兵五千快速穿越子午谷，长途奔袭，夺取长安，然后诸葛亮带领主力部队跟进，进而占领关中西部。

但身为主帅的诸葛亮却认为魏延的提案太过凶险。子午谷虽在长安的正南方，但山路狭窄，路况堪忧，非常容易遭遇意外。不如老老实实走西边的祁山，平推陇右地区，这样"十全必克而无虞"，稳扎稳打才更安全。

大领导否决了自己的提案，这要是换作一般人，肯定举双手赞成，再也不提这茬了。但向来自视甚高的魏延，却始终认为自己的策略才是正确的。

之后的每次北伐，魏延都想带领一支偏师搞一波闪击战，但每次都被诸葛亮给否了，对此魏延也是诸多怨念，多次对诸葛亮的"过于谨慎"表达了自己的不满。

嗯，敢喷诸葛丞相打仗不太行的，也就只有魏延了。

其实在这一刻，魏延的"反"就已经注定了。只不过不是谋反，而是相反、逆反和违反。

魏延啊，终究是不懂丞相的心。

后世也有很多人认为，如果一开始就听魏延的"子午谷奇谋"，大汉没准早就复兴了。

其实诸葛亮不用魏延的"子午谷奇谋"，并不在于这个冒险的计划能不能实现，而是即便"子午谷奇谋"成功了，北伐也不会成功。

这就是战役目标和战略目标的区别了。

诸葛亮的北伐，是以弱攻强，以外安内，以攻为守，甚至说得难听一点，就是为了北伐而北伐，不北伐都不行。

蜀汉不但国土狭小，而且内部派系林立，矛盾丛生，想靠被动防御是守不住的。与其抱头挨打，不如主动出击，总比让敌人打进来划算。

北伐是诸葛亮最后的旗帜和口号，能最大限度地强化蜀汉立国的正统性和合法性，将所有人都调动团结起来。

蜀汉真正能用来北伐的兵力大概只有八万。这八万人，就是诸葛亮手中唯一的，也是最后的筹码。魏延的"子午谷奇谋"对他来说太冒险，就这五千人他也损失不起啊。

而且即使魏延赌成了，长安拿下了，那又怎么样呢？

这意味着诸葛亮将不得不带着蜀汉最后的八万主力，在一马平川的关中平原上迎击曹魏的主力兵团，胜算基本上无限趋近于零。

如果采用魏延的"子午谷奇谋"，失败了，赔的是魏延的五千精兵；成功了，赔的是诸葛亮的主力部队。

这笔稳赔不赚的买卖，是个人都不会同意啊。

如果我们梳理诸葛亮的五次北伐路线就会发现，他几乎总是往西边走，以夺取陇右高原为首要目标，就是想利用陇右高原的地形优势，最大限度地抵消曹魏的兵力优势。

先保证自己"不败"，然后再去考虑"获胜"的问题。

强者可以犯错，而弱者却没有选择。这才是"诸葛一生唯谨慎"的原因，也是弱者最大的悲哀。

魏延的军事能力的确一流，但在政治上显然有点幼稚。在诸葛亮活着的时候，自然不担心魏延擅自行动，破坏大局，但到了诸葛亮生命的最后时刻，他心里估计只有一个想法——必须把全部的北伐军安全地带回去，必须让自己为蜀汉制定的战略延续下去。

显然，魏延就成了整个目标的最大阻碍。

这就是关于撤军问题的秘密军事会议没叫魏延的原因。因为诸葛亮清楚魏延不会同意，所以他只能逼魏延就范。

只能说在生命的最后时刻，号称"不偏不倚"的诸葛亮还是将权力的天平倾斜到了杨仪一边。为了蜀汉的未来，为了坚持已有的国策，诸葛亮只能选择杨仪。

但杨仪和魏延这对八字不合的冤家，怎么可能合作呢？在诸葛亮明显拉偏架的情况下，魏延的最终结局也就注定了。

诸葛亮去世后，杨仪等人秘不发丧，派遣费祎去魏延那传达命令。费祎此前多次调解过杨仪和魏延的冲突，也算得上是两边都信得过的人。

果然，魏延是反对撤兵的。

魏延当仁不让地表示：丞相死了不还有我吗？你们该怎么治丧我不管，北伐还是要继续的啊。再说我魏延是什么人，他杨仪也配让我给他断后？来，咱俩联名发一个公告，把指挥权转移给我，你看我怎么暴揍曹魏。

费祎则非常鸡贼地表示自己先回去劝劝杨仪，魏延就答应了，结果费祎跑回大营就帮着杨仪张罗撤军，把对魏延的承诺丢到了一边。

魏延还在前线傻等呢，后来才发现主力部队已经准备撤退了。魏延一气之下先撤了，他带的前锋部队人数少，动作快，反而跑到主力部队前面去了。

这时候魏延做了件非常不理智的事情，他来了个过河拆桥，直接把撤退用的栈道给烧了。这个做法相当于陷蜀汉主力部队于危险境地，这也成了后来判定魏延谋反的重要证据。

当皇帝刘禅陷入杨仪和魏延的相互指控中不知所措时，是董允和蒋琬的关键发言坐实了魏延"谋反"的罪名。

有人说这是因为魏延平时人缘太差，所以在关键时刻没人替他说好话。这就有点想当然了，要知道无论是留守成都的董允、蒋琬，还是随军出征的杨仪、费祎，他们都属于后勤外交型技术官僚，他们才是和诸葛亮一个阵营，能体会诸葛亮精神，坚持诸葛亮战略的同路人。

董允、蒋琬认定魏延"谋反"并不是出于私人恩怨，而是为了国家战略，这是路线之争、未来之争，所以魏延这个"谋反"的帽子是戴定了。

其实当时的人都清楚，魏延只是争权而已，所谓"谋反"不过是内讧失败的副产品罢了。魏延至死都没有背叛蜀汉的念头。反而是大义凛然指责魏延"谋反"的杨仪，最后却因为疑似谋反被拿下了。

因为诸葛亮指定的继承人是蒋琬，而杨仪却什么好处都没捞到。这让向来以诸葛亮继承人自诩的杨仪非常不满。有一次，杨仪跟费祎抱怨说：当初我要是在诸葛亮刚死的时候，直接带着大军投降曹魏该多好啊！真后悔当时没这么做啊！

于是，他就被费祎举报了。杨仪被免职，流放到汉嘉郡，最终因满腹牢骚而入狱并自杀。

等一下，怎么又是费祎？

当初调解杨仪、魏延矛盾的是费祎，在前线忽悠魏延的是费祎，事后让杨仪身败名裂的也是费祎。

仔细回想杨仪和魏延的这场内讧，魏延固然没有好下场，但杨仪作为北伐军的临时领导、处理魏延的主要行动人，最终却变成了给别人作嫁衣的工具人，岂不是白忙活一场？

所以也有一种观点认为，诸葛亮临死前其实根本就没有留下什么遗命，是杨仪、费祎、姜维等人伪造命令，目的就是除掉魏延。而这一切的背后主导者就是费祎、蒋琬和董允这些后勤派技术官僚，而杨仪不过是被推出来干脏活儿的替死鬼罢了。

当然，这种观点并没有确凿的证据，只是一种猜想。

但不管怎么说，魏延并不是叛徒，这位蜀汉后期功勋卓著的一代名将，不应该被贴上一个"脑后有反骨"的标签。

诗仙身世之谜：李白为什么不考科举

唐玄宗开元初年，一个十八岁的少年溜达到四川梓州长平山安昌岩，拜访了一位叫赵蕤的隐士。

赵蕤是蜀中有名的杂家，写过一部叫《长短经》的书。这是一部集纵横家之大成的谋略书，内容涉及内政、外交、军事等各个方面，非常具有实用性。

而这个少年从小就有济世安邦的理想，特喜欢《长短经》这个调调的奇书，所以他慕名而来，想要拜赵蕤为师。赵蕤也喜欢年轻人的洒脱直率，两个人虽然年纪差了二十多岁，但处得像同龄人一样，算是亦师亦友的忘年交。

少年跟着赵蕤一起学习，一起修行，一起搞行为艺术——在山沟里找棵树搭了个树屋，一住好几年，连城都不进。他们还驯养了上千只不怕人的飞鸟，最喜欢的就是站在人身上要吃的。

在今天的人看来，这不就是类似广场上喂鸽子的投喂行为吗？但在古人眼里，飞鸟和人如此亲近是非常神奇的事，所以广汉太守听说后第一时间赶来参观，并且强烈表示愿意推荐二人报考制举"有道"科，就是针对有道行、会道术的人所举办的考试。

年近半百的赵蕤是出了名的隐士，每天的日常就是躺平、抚琴、遛鸟、看风景，故有"赵征君"的雅号，意思就是连朝廷招聘都敢撅的牛人，所以他淡定地拒绝了广汉太守的推荐，这倒也算是常规操作了。

但这个少年竟然也下巴一抬，潇洒拒绝了这个一般人求都求不来的考试名额。

要知道广汉太守说的制举考试是由皇帝本人亲自主持的招聘会，称得上是唐代版的"BOSS直聘"。一旦顺利通过了制科考试，就可以直接获得大唐的公务员身份，还是有正式编制的那种。

今天的人或许对考试这个发明深恶痛绝，但对于古人来说，这已经是能通过个人奋斗改变人生命运、实现阶层跨越的最佳选择了。

这个少年为什么要拒绝这么好的机会？他到底是谁？

此人就是后世大名鼎鼎的诗仙李白。

在灿若繁星的大唐诗人圈里，有王维那种随手一考就考出个状元的科举大神，也有孟郊那种考了几十年依然初心不改的逆袭达人。不管考得上考不上，至少大家都去考过。

但李白却是唯一的那个例外，文采风流、诗情万丈的他就是一辈子都没进过考场，这到底是为什么呢？

很多人第一反应一定是诗仙"不屑"于参加考试。毕竟他写过"安能摧眉折腰事权贵，使我不得开心颜"。

做人哪，开心最重要。

其实还真不是。

所谓"不屑"，是一种站在鄙视链顶端瞧不起别人的心态。李白的确没参加过科举考试，但他也没有瞧不起参加科举的人。

李白最推崇的孟浩然就报名考过进士科，可李白依然疯狂表白孟浩然——"吾爱孟夫子，风流天下闻"。李白的好友高适，觉得以自己的水平参加常科是欺负人，却也参加了制科考试，并就此成功出道。这也没耽误李白和高适做朋友啊。

不仅如此，李白还会赞赏那些应考的举子，"我非弹冠者，感别但开襟"——虽然我和你不是一起去考试的同路人，但也因为你的赴考而感到开心；或者是送上最美好的祝福，"欲折一枝桂，还来雁沼前"——等你考中了，哥们儿我负责带你嗨个够！

可以看出，李白对科举考试和参加科考的人并没有瞧不起的意思，所谓"不屑"完全站不住脚。

那是李白不敢考，怕考不上吗？

这个可能还是存在的。毕竟也有很多诗人才华横溢，但就是死活考不上，或者经历了无数次复读才考上，如杜甫、贾岛、韩愈、温庭筠，等等。

唐代的科举考试分常科和制科两大类。常科是朝廷定期举办的大型考试，一般以进士科和明经科的报名人数最多。尤其是进士科，那可是所有读书人的终极梦想，一旦考中那绝对可以吹一辈子。进士科竞争相对激烈，录取率一般在2%左右，明经科的录取率则高达20%，所以才有"三十老明经，五十少进士"的说法。

就算考不上常科也不用灰心，还有制科这条路。

作为唐代针对特殊人才举行的招聘考试，制科考试科目往少了说有七八十种，往多了算得有近百种，几乎涵盖了德智体美劳所有领域，无论你是业务好还是德行高，不管是能带兵打仗，还是会炼丹修道，只要有一技之长，都能找到适合自己的那条赛道。而且你还可以同时报考多个科目，广泛撒网，重点培养，总有考中的那一天。

这么看来，科举之路虽然人山人海，但并不是毫无希望。而且以李白的惊世才华，考中是大概率事件。

那为什么我们的诗仙大大，连下场试试水的意思都没有呢？

如果我们仔细看一下李白童年的成长经历就明白了。

李白曾经写过一份个人简历，是这么说的：

"五岁诵六甲，十岁观百家。"——六甲指用天干地支计算时间的一种算法，百家则指的是诸子百家的著作。也就是说，李白小朋友的启蒙教材不是儒家经典，而是初级代数和先秦诸子散文，这个虽然有点非主流，倒也说不上多奇葩，但之后李白的画风就有点奔放到狂野了。

"十五观奇书，作赋凌相如。""十五游神仙，仙游未曾歇。""十五好剑术，遍干诸侯。"——今天十五岁的学生在忙着中考，而当年十五岁的李白也很忙，忙着看课外闲书，忙着学习剑术，忙着隐居，忙着修仙，忙着旅游，忙着追星，忙着不务正业……

一言以蔽之，除了正事啥事都干。

为什么李白小朋友这么特立独行呢？很简单，科举这条路对他来说根本就走不通。

是的，李白不能参加科举。因为他是个户籍不明、身份成谜、家庭关系含混不清的"黑户"，既不具备科举的报名资格，也不符合考试的审核流程。

唐代科举考试为广大读书人提供了一个阶层跃升的渠道，但这个赛道也不是每个人都能跑的，至少有两种人是明确被禁止报名的，一个是"刑家之子"，一个是"工贾异类"。

简单来说就是罪犯以及某些受歧视职业的后代都不能报考公务员。

罪犯的后代不能报考，这个很好理解，属于一人犯法，全家倒霉。就像今天谁犯法留下了案底，也会影响子女的前途一样。

当时受歧视的职业主要指"商人"和"吏员"。

古代商人在"士农工商"的四民体系中排名垫底，一方面是以读书人为主的官僚阶层觉得浑身铜臭的商人不配成为"士大夫"，另一方面也是为了避免官商勾结、权力寻租等腐败现象的出现。所以在古代一般都限制从政者参与商业活动，也不允许商人通过科举打入公务员队伍。

"吏员"指朝廷里的事业编临时工，在当时也受到身份歧视，不但自己不能参加科举，就连后世三代子孙都不能走科举之路。

而李白同学的身世和这几条全沾边。

按照李白自己的说法，他的先祖是汉代著名的"飞将军"李广，属于陇西李氏。后来到了十六国时代，陇西李氏又出了一位牛人，就是西凉的开国国君，武昭王李暠。

巧合的是，李暠也是唐朝皇室认定的先祖。唐朝开国皇帝李渊自称是李暠的七代孙，而李白则自称是李暠的九世孙，相当于李白和李唐皇室都是亲戚。

不过虽然都是亲戚，后来的境遇可不一样。在隋末的天下大乱中，李渊这一支乘势崛起，建立了李唐王朝；而李白的祖上则犯事了，以至于"一房被窜"，被流放到遥远的西域碎叶。

这种直接把一家子男女老少全都打包赶走的罪名，可不是个小罪过，基本得是"谋反""谋大逆"这种级别的大罪。犯了这种大罪的人，家里的亲戚有一个算一个，全都按"反逆缘坐罪"处理，会被流放到边疆地区，未经允许不能返回。

惨遭流放、背井离乡的李白先祖只能在丝绸之路沿线辗转求生，甚至被迫改名换姓，连"李"这个姓都不用了。碎叶一带不具备发展农业的条件，想要养活家人最好的办法就是经商。所以很多人都认为李白他们家就是经商的，甚至在哪里有开过分店，哪里有经销部都推测出来了。

好家伙，一次性就凑齐了"刑家之子"和"工贾异类"这两个负面标签，铁定是要影响后人科举的。

多年之后，大唐的政局风云突变。曾经代唐称帝的女皇武则天退出了历史舞台，唐中宗李显重登皇位。在这新旧政权交替的特殊时期，由于局势不稳，各地对人口流动的管理和限制也出现了暂时的松动。李白的父亲趁机带着家人跨越万里，从西域回到了中原。不过他们没有回到祖籍所在地陇西成纪，而是转头南下进入了四川，定居在四川绵州昌隆县青莲乡。

回到四川后，李白的父亲才抛弃了原来的姓名，恢复了"李"这个姓氏，并给自己取名叫"客"，大概是为了贴合自己"异乡客"的身份。而李白母亲怀李白的时候，梦见金星钻进了自己的肚子里，所以才给孩子起名叫"白"，字太白，就是太白金星的那个太白。

此时距离隋末已经过去了几十年，就算李白他们家祖上犯的是"十恶不赦"的大罪，也在无数轮的赦免中慢慢淡化了，从这个角度来说李白已经不算是罪犯的后代。而且李白本人又不经商，他求学访友，炼丹修道，怎么看都是个文化人，似乎他报名科举的障碍已经不存在了啊。

可惜，李白还是不能考科举。

因为旧的罪名没了，新的罪名却又出现了——李白的父亲李客未经允许私自返回中原，这个在当时也是犯罪。

按照唐代的户籍管理制度，地方政府每隔三年就得搞一次人口普查和户口整理，以确定所在地的人口居住情况。这关系到朝廷的税收，半点都马虎不得。李白祖上离开陇西那么多年，原有的户口早就注销，碎叶就成了他们家的新户口所在地，这个是不能随便更改的。如果擅自逃离户籍所在地，就会被当成"逃亡者"或"逃户"，要判三年以下有期徒刑。

而李客是"潜还""逃归"中原的，很明显是在没有合法手续的情况下偷跑回来的。所以他不敢回到祖籍所在地陇西，只能南下四川绵州。

之所以选择这个地方，是因为四川相对封闭偏僻，躲在这里不容易引起朝廷注意。另外，李氏的重要先祖之一，唐高祖李渊的爷爷、被追封为唐太祖的李虎就埋在这里。此地有很多李氏族人居住，李客带着家人来投奔这些亲戚也是再正常不过的选择。虽然血缘离得有点远，但俗话说一笔写不出两个"李"字，大家好歹都是一个祖先的子孙，互相帮扶一下也是正常的。

李客到了四川后，各种低调做人，隐藏得非常好，没有引起不必要的法律麻烦。但他违规返回这件事始终是个隐患，成了李白从政道路上躲不掉的一个定时炸弹。

还有史料记载，李白在离开四川前，似乎曾经当过一段时间的"吏员"，这段临时工经历也可能影响李白的考试报名。[1]

李白的"历史遗留问题"，虽然并不会影响他大部分的日常生活，但却在底层逻辑上决定了他的人生选择。

比如，李白曾两次入赘宰相之家，虽然当赘婿在当时是件非常不光彩的事，但对于李白来说这却是快速提升自己社会阶层的好方法。唐代讲究"同类相求，不得抑取"，就是禁止不同阶层的人之间通婚。李白当了宰相家的赘婿，变相证明他已经打入了上流社会的外围圈子。

可能有人会问，既然李白能入赘宰相之家，那报名科举应该也不是啥难事吧？或者找找人，办个假证、撒个谎什么的，古代又没有今天的大数据联网功能，我就睁眼说瞎话，只要能报名成功就行呗。

如果你这样想，只能说你既低估了李白的人品，也小瞧了古代科举制度的严谨性。

骄傲如李白，怎么可能通过伪造身份的方式来换取仕途？更何况古代人也不是傻子，对这种违规违纪行为查得非常严。

比如在报名的时候，要查验考生的户籍。如果是客居他乡的

---

[1]《唐诗纪事》引《彰明逸事》。有争议。

人，也要有户口原籍所在地的证明文件。这个可能类似于今天防止"高考移民"的意思，因为各地的教育水平不一样，录取名额不一样，竞争压力就有大有小。为了防止有人故意跑到录取率高的地方挤占正常考生的名额，所以才要强调原籍所在地。

考生申报的个人信息，还要经过各级政府层层核实，一旦发现户籍信息有问题，即便是考上了也会有成绩作废的风险。

即便能在报名环节侥幸蒙混过关，李白还缺一样重要的证明文件，那就是"家状"，也称"谱牒"。类似于个人档案中的家庭成员调查表，需要把考生家祖孙三代、家庭成分、个人情况之类的信息都交代清楚。有点像学生时代入团入党，或者参加工作入职前的背景调查。

这个文件非常重要，不但填写的信息要准确无误，就连范文格式也有严格要求，一旦填错了就会被直接取消考试资格。

而李白则完全拿不出户口原籍文件，因为他就没有正经户口，只有四川绵州的暂住证。他也不敢拿什么"谱牒"，因为他们家祖上是被流放碎叶的罪犯，他亲爹是潜逃回国的嫌疑人，他要是有啥说啥那就相当于实名举报自己亲爹。

想象一下，如果你是负责高考报名信息登记的工作人员，面对的是一个需要核实身份信息的考生。你跟他要身份证户口本他没有，唯一能证明身份的只有所住小区的门禁卡；你问他家庭情况，他说自己的爸爸现在的名字是假的，真名字不能告诉你；你又问他祖上是谁，他说自己是炎黄子孙、龙的传人。

只要是脑回路正常的人，都会觉得面前这货肯定有问题。还报名呢，不报警就不错了。

而且李白的家世之谜，似乎远比人们想象的更复杂。

比如，他们家如果是在隋末犯罪被流放的，那在唐朝建立的时候，这个罪名不应该就此翻篇儿吗？

李白总强调自己是飞将军李广之后，却对隋末以来的先祖闭口不谈，你问他要身份证明、户籍原件，他就说时间太长，弄丢了找不到了。李白活着的时候自称"布衣""逸人"或"山人"，也就是普通人的意思，却在临死前透露自己和皇帝有亲戚关系。

李白一生都在拜码头，求推荐，如果他真和当今皇帝沾亲带故，这么好的身份标签他为啥不用？你倒是学学刘备刘皇叔啊。唐玄宗在位时曾发布诏书，专门补录了一批遗漏的皇室宗亲，李白为啥不趁机恢复自己皇室血脉的身份？

这实在是反常，非常反常。

李白说得不清不楚，逼得后人只能拼命脑补。

一般认为，李白先祖犯罪的时间并不是"隋末"，而是"唐初"。在唐朝建立后还得在碎叶蹲着，是因为整他们的不是已经灭亡的隋朝，而是刚刚建立的唐朝。

至于李白先祖具体犯了什么罪，大家也是各开脑洞。有人说李白的祖先是曾和李渊争夺天下的凉王李轨，有人说是在玄武门之变中被唐太宗干掉的太子李建成，还有人说是曾起兵反对过武则天的某个李唐王爷，等等。

虽然具体人选有不同，但大家都认同一点，那就是李白的先祖一定是把唐朝皇帝得罪惨了，所以哪怕这么多年过去了，这个身份之谜还是不能曝光，是字面意义上的"见光死"。

这样的隐秘家世决定了李白只能当一个身份信息缺失的"黑户"，唐代的科举考试覆盖面再广，选择自主性再大，录取率再高，对他来说都是"死路一条"。

所以李白才会在《蜀道难》中慨叹："大道如青天，我独不得出。"

翻译过来就是，别人都有路走，只有我无路可走。

其实不只是李白，就连李白的子孙后代也没有参加科举的记载，可见这个身份问题带来的影响有多巨大。

李白从一开始就知道，想要入仕为官，唯一的办法就是走流量巨星路线，由皇帝亲自给自己安排工作，这样就不需要查户口本、走政审环节了。

这个方案并不是李白的异想天开。

在古代，因才华或名声被帝王赏识并越级提拔的成功者一抓一大把。比如开元二十二年，唐玄宗在封禅泰山的路上曾两次派专人"恭请"方士张果入宫，还差一点把妹妹玉真公主嫁给他。只不过张果一心修道，既不想当官，也不想结婚，这事才没办成。但玄宗还是下旨封张果为从三品的银青光禄大夫，赐号玄通先生。

这个张果，就是传说中"八仙过海"里的那个张果老。

除了这些神神道道的宗教人士，读书人中也有不经过考试就被皇帝相中的案例。比如精通《老子》的尹愔、文字双优的李邕、博古通今的吕向，他们都是和李白同时代的人，也都是没经过考试就被直接授予了官职。

所以对自身才华足够自信的李白，认为只要有足够大的流量、足够高的关注度，就必然能引起皇帝的兴趣，进而获得入仕的资格。

现在你能明白他为啥从小爱看课外书，还对赵蕤的《长短经》特别有兴趣了吧？因为这才符合李白对自己人生道路的规划。

李白的前半生过得相当单纯，要么隐居修道攒名声，要么干谒名人求推荐，要么呼朋唤友到处走，要么挥毫泼墨发微博。他的惊世才华带来的超高的流量和关注度，让他获得了"谪仙人"的称号，这名声大到一定程度的时候，自然就传到了皇帝的耳朵里。

天宝元年，唐玄宗召李白进京"待诏翰林"。这一年，李白已经四十二岁了。他用了二十多年才终于摸到了入仕的门槛。

玄宗皇帝是个颜控，对长得好看的人没什么抵抗力。而李白不但文采风流，辩才无双，还一副仙风道骨、世外高人的造型，可以说是结结实实地击中了玄宗的审美点。

在李白待诏翰林的这段时间里，唐玄宗对李白礼遇有加，恩宠无比，甚至打算任命李白为中书舍人，也就是皇帝贴身的文字秘书。这个职位负责起草诏令、传达皇帝旨意，虽然品级不高，但是职责重大，很多当过宰相的名人都干过。

但李白并没有就此封侯拜相，走上人生巅峰。很快他就被"赐金放还"，说白了就是拿遣散费走人了。

对于李白这次失败的从政，一般认为他是被小人所陷害。当然这个"小人"不是段子里说的给李白脱靴子的高力士，所谓"贵妃捧砚，力士脱靴"本来也不是事实。李白的才华太过惊艳，被妒忌的同事所构陷是正常现象。甚至不排除有人拿李白的身世问题做文章，借机清除异己，党同伐异。

但更应该注意的是皇帝的态度。李白想当一个经天纬地的治国之才，但唐玄宗似乎只把李白当成一个搞宣发工作的文字工作者。而且多年来李白自由散漫惯了，没什么劳动纪律和保密意识。偶尔的旷工、翘班，皇帝还能忍，但李白爱喝酒，更爱喝多，喝多了就什么都敢往外说，这样的人放在中央政府里实在是不太稳妥。

李白是真想当官，但也真不适合当官，这个事从一开始就注定了。

即便唐代的科举教育再灵活、再自由，依然会禁锢人的思想，限制人的个性，规训人的行为。

李白扑朔迷离的身世逼着他逃离了科举考试和儒家经学的束缚，可以充分发展自己的个性。他可以"读奇书""观百家"，可以学剑术、求仙道，可以标新立异，可以洒脱不羁。他是贺知章口中的"谪仙人"，是杜甫最崇拜的"饮中八仙"，是光耀千古的"诗仙"，却唯独不是精密运作的政治体系中一个"合格"的零件。

这是李白个人最大的不幸，却是整个中国文学史上最大的幸运。

马嵬之变：杨贵妃身死之谜

公元 756 年，大唐天宝十五载[1]六月十四日，马嵬驿大门口。

一个须发皆白、身形佝偻的老人，拄着拐杖缓缓走出大门。他的衣着华丽却污渍满身，神情威严，眼神中却又透着惊恐。

因为此刻门外站着里三层外三层的禁军士兵，个个眼露凶光，杀气腾腾，很多人的盔甲、兵器上都沾满了鲜血——那是被士兵杀死的前宰相杨国忠留在这世界的最后痕迹。此刻杨国忠的脑袋正挂在大门外，用自己的死亡宣告了兵变的发生。

就在此时，就在此地。

而这个老人正是执掌天下三十多年的唐玄宗李隆基。

唐玄宗本人就是搞兵变的高手，只不过以前都是他搞别人，现在轮到他被别人搞了而已。精通此项业务的皇帝太清楚兵变的可怕了，这些造反的士兵一旦杀红了眼那是什么事都能干得出来。所以唐玄宗第一时间选择承认既成事实，表示杨国忠我早就想杀啦，你们这是帮我省事了哈。既然如此，大家就散了吧。

没人接茬，也没人说话，气氛有点尴尬。

上千人粗重的呼吸，伴随着兵器的撞击、盔甲的摩擦，隐隐汇

---

[1]《尔雅》："夏曰岁，商曰祀，周曰年，唐虞曰载。"唐玄宗自认为可比肩尧、舜等上古贤君，所以就在天宝三年，改"年"为"载"，直到唐肃宗继位后才恢复旧称。

聚成有规律的噪声，像一道道涌浪，不断拍击着逼仄的驿站，也一下下撞击在老皇帝的心上。

这只能说明一件事——士兵们的要求并没有被满足，这场兵变还远没有结束！

饶是经验丰富、见识过无数大风大浪的唐玄宗此刻也有点慌了，他赶紧让心腹宦官高力士去问：为什么皇帝都发话了，大伙还拒绝执行命令啊？

不一会儿，高力士就替皇帝找到了答案，四个字——"祸本尚在"。

翻译过来的意思就是，引发这场兵变的罪魁祸首还活着。

此人是谁？正是鼎鼎大名的杨贵妃杨玉环[1]。

不得已，唐玄宗只能命高力士将杨贵妃勒死在驿站佛堂前的梨树下，一代绝世美人就此香消玉殒。贵妃死后，兵变平息，仿佛一切都恢复了正常。这场深刻改变唐玄宗个人命运和大唐王朝历史走势的离奇兵变，史称"马嵬之变"。

白居易的《长恨歌》里说："马嵬坡下泥土中，不见玉颜空死处。"

泥土中为何不见"玉颜"，是因为后来唐玄宗派人改葬杨贵妃时，不见完整尸骨，只有一个香囊犹存。

所以这两句诗，就引发了后世的无限遐想。

民间传说当时死的其实是杨贵妃的侍女，真正的杨贵妃出家当了道士；甚至有人说她一路东行，最终到了日本。[2]20世纪80年代有一位著名的日本影星山口百惠就自称是杨贵妃的后代。

那么，杨贵妃有没有死在马嵬之变中呢？

---

[1] 新旧《唐书》及《资治通鉴》里并未记载杨贵妃真名。《明皇杂录》称："贵妃小字玉环。"后人沿用至今。

[2] 见南宫博《杨贵妃》、渡边龙策《杨贵妃复活秘史》等。

答案是肯定的。

马嵬之变是必然中的偶然，但杨贵妃的死却是偶然中的必然。

公元755年，唐天宝十四载十一月初九，身兼范阳、平卢、河东三节度使的安禄山，以"讨伐杨国忠"为借口在范阳起兵，迅速攻占了东都洛阳等大片地区，兵锋直指大唐都城长安东面的门户潼关。

杨国忠，是杨贵妃的远房堂哥，靠着裙带关系上位。此人是太子李亨的铁杆反对派，也可以说是逼反安禄山的催化剂。

盛唐的崩塌当然不是杨国忠一个人的责任，但从安史之乱爆发到马嵬之变发生，他就是公认的罪魁祸首。

本来安禄山被挡在潼关之外，只要大唐的边防军及时回防，还是有希望在短时间内扑灭叛乱的。但守卫潼关的老将哥舒翰是杨国忠的政敌，所以杨国忠就怂恿唐玄宗逼哥舒翰主动出击，宁可败坏整个平叛战争的局面，也要实现他借刀杀人的私欲。

最终的结果就是，哥舒翰败了，潼关失守了，长安也保不住了。这种拉着所有人一起倒霉的混账操作，让朝中上下都对杨国忠恨得牙痒痒。

负责唐玄宗安保工作的右龙武大将军陈玄礼早就看杨国忠不顺眼了，恨不得杀之而后快，只不过还没来得及动手，他就被另一项紧急工作给耽搁了，那就是护送皇帝跑路。

没错，唐玄宗虽然表面上装得英勇无畏，高喊着要御驾亲征与叛军决一死战，其实却瞒着所有人，秘密调动禁军护卫自己逃亡四川。

虽然唐玄宗提前派人通知沿途官员准备接待，但皇帝都跑了，还能指望着底下的官员能尽忠职守地在原地待着吗？

所以从六月十三日离开长安，到十四日抵达马嵬驿，短短两天时间，平日里养尊处优的那些皇室成员、高官显贵、禁军将士，那真是全方位无死角地体会了一把什么叫人间疾苦。

吃的是不管饱的杂粮糙米饭，睡的是梆硬的大野地，那真是狼狈如丧家之犬，惨得不能再惨。于是大家把自己遭遇的所有不如意都算在了杨国忠的头上，这仓皇出逃的一路上，恨杨国忠、想杀他的人与日俱增。

尤其是负责安保的那几千禁军士兵，他们本来就因为家人和产业被丢在长安而怨声载道，这两天，一路走来又累又饿，愤怒和不满已经到了爆发的边缘。

统领禁军近半个世纪的陈玄礼敏锐地发现了军队的骚动。这位经验丰富的老将迅速做出了判断——兵变是必然要发生的事情，无非就是在什么地方发生、在什么时间发生的区别而已。

既然无法避免，唯一能做的就是给士兵们找一个情绪发泄对象，这样才能最大限度地减少附带伤害。

这个目标很好找，眼下还有谁比杨国忠更适合来当这个活靶子呢？

但陈玄礼身为禁军将领，还是担不起挑动兵变、诛杀当朝宰相这么大的罪名。俗话说天塌下来有个儿高的顶着，陈玄礼也需要找一位大佬为自己背书。于是他秘密联系太子李亨的心腹宦官李辅国，向太子传达了自己的意思。而太子李亨对此的反应很有趣，史称"太子未决"。

未决，就是没有决定，没有回应。表面上看似乎是太子拒绝了陈玄礼。

但政治上的事并不是非黑即白、非此则彼的。看破不说破，朋友还能做。太子的确没同意，但是他也没反对啊。

默认，也是一种态度。

陈玄礼当下心领神会，立刻开始引导情绪带节奏，表示咱们今天混成这个惨样那都是杨国忠的锅，是男人就应该有怨报怨，有仇报仇！

士兵们一听，纷纷表示同意。至此，陈玄礼成功地把士兵的怒火指向了杨国忠，尽可能地避免了让皇帝唐玄宗陷入危险之中。

杨国忠并不知道，自己的生命已经进入了倒计时。

当时正好有几个吐蕃的使节拦住杨国忠投诉待遇问题，这时突然有人喊了一嗓子："杨国忠勾结胡人谋反啦！"

当年是谁在马嵬驿喊出了这句话，现在已经没人知道。唯一可以明确的一件事就是——喊出这句话的人真的太懂拿捏人心了。

安史乱起，马嵬驿中，此时此刻，此情此景，还有什么比"胡人""谋反"更炸裂的关键词呢？

这就像是一颗火星掉入了火药桶，瞬间就引爆了所有人的情绪，士兵们一拥而上，把杨国忠砍头分尸，甚至连杨国忠的肉都被割下来吃光了。同时被杀的，还有杨国忠的儿子、姐妹、情妇和一众党羽，可以说是一锅端。

对于马嵬之变是否有人主使，史学界历来有争论。陈玄礼、太子李亨、宦官高力士，甚至皇帝唐玄宗本人，都成了被怀疑的对象。

一般认为，这是陈玄礼和太子李亨达成默契后，在明知兵变不可避免的情况下，顺水推舟，因势利导地将兵变的矛头对准了当时的全民公敌杨国忠。

这是面临突发状况时的紧急应对，而不是什么深谋远虑的精心策划。

既然如此，杀了杨国忠之后这事不就结束了吗？为什么还要包围驿站，逼皇帝杀死杨贵妃啊？

只能说，杨贵妃虽然有点躺枪，但也不是完全无辜。

在传统史书里，杨贵妃被描述为败坏大唐江山的"红颜祸水"，她死于马嵬之变不能说罪有应得，也算是死有余辜。

到了近现代，随着史学理念的更新，男女平等观念的普及，人们对杨贵妃的评价又走向了另一个极端——认为她只是古代男权社会的牺牲品，是一个从不干政的无辜女子。

很遗憾，这两种观点都不够准确。

杨贵妃的确没有政治野心，但不代表她没有干政行为。

杨国忠这么一个人品败坏、无德无才的小人能当上一朝宰相，固然和他会溜须拍马、讨皇帝欢心有关，但全天下会钻营、不要脸的人多了，杨国忠要不是靠着杨贵妃的裙带关系，恐怕就是想当奸臣也轮不上吧。

所谓一人得道鸡犬升天，杨国忠的发迹，就是杨贵妃参与政治的体现。

也因为杨贵妃集"三千宠爱在一身"，那些想要升官发财的人都想方设法地讨好贵妃，也因此获得了梦寐以求的高官厚禄。所以当时老百姓都传唱歌谣："生男勿喜女勿悲，君今看女作门楣。"意思就是生儿子有啥用，你看老杨家不就是因为生出杨贵妃才飞黄腾达的吗？

还有著名的安禄山，为了讨皇帝欢心各种装傻充愣，卖力表演。年长十几岁的他甘愿认杨贵妃为干妈，而杨贵妃还真配合他，甚至整出了一场婴儿"洗三"[1]的仪式。

你想想安禄山一个二百多斤的胡人大胖子，浑身横肉，满脸褶子，毛发浓密，却被包在锦缎制成的襁褓里，嘟着大嘴捏着嗓子学小孩哭闹，那画面要多辣眼睛有多辣眼睛。

安禄山这么做无非是想借讨好杨贵妃来博取皇帝的宠信，实现个人的野心。但杨贵妃如此配合安禄山的表演，从某种程度上来说也助长了安禄山的势力扩张，这难道和政治无关吗？

---

[1] "洗三"，指古代婴儿出生后第三日，要举行沐浴仪式来祈福。

如果说以上行为还可以解释为杨贵妃的无心之举，那她深度介入杨国忠和太子李亨的权力斗争，怎么也不能算是"毫不干政"了吧？

　　自从太宗李世民搞出了"玄武门之变"后，大唐宫廷内各种父子相残、兄弟反目的皇室内斗就没停过，兵变夺权之类的戏码也跟连续剧一样演起来没完。

　　人都说"虎毒不食子"，但对于唐玄宗来说，儿子再亲也亲不过皇帝宝座。他废过一个太子，还在一天之内弄死过三个亲儿子。现任太子李亨也被他无数次地敲打过，以至于李亨不得不两次主动离婚来自保，人到中年就满头白发，未老先衰，精神头儿比七十多的唐玄宗还萎靡。

　　在安史之乱前，唐玄宗对太子李亨非常防范。但随着战局恶化，他不得不放权给儿子。毕竟还有一句俗话叫"打虎亲兄弟，上阵父子兵"嘛。

　　安禄山刚起兵时，唐玄宗的打算是自己御驾亲征，让太子李亨留守长安监国。但这让一直和太子李亨有矛盾的杨国忠如临大敌。杨国忠清楚自己已经把太子得罪惨了，如果太子掌权，那自己的下场恐怕比安禄山打进长安来还惨。

　　所以杨国忠立刻找到妹妹杨贵妃去做公关，最终杨贵妃"衔土请命于上，事遂寝"。翻译过来的意思就是杨贵妃嘴里含着泥土去求皇帝，唐玄宗这才收回了让太子监国的命令。

　　"衔土"在古代是臣下请求死罪的一种表态，就像负荆请罪是请求他人原谅的道歉一样。杨贵妃"吃土"，就是用自己的性命相威胁，那意思就是您要是不改主意，我今儿就死给你看。

　　此前有关太子监国的任命已经正式颁发，这不仅是涉及平叛战争的重大布置，也是有关大唐最高权力归属的严肃问题。但这么重要的政治决策，却在杨贵妃的以死相逼下被取消，朝令夕改，如此儿戏，可见杨贵妃的政治影响力有多巨大。

这件事太子知道，百官知道，天下人都知道。

杨国忠是祸害，但他之所以能获得荼毒天下的权力，恰恰是因为杨贵妃。如果杨国忠是病症，那杨贵妃就是病根，只杀杨国忠，那就是治标不治本，所以兵变士兵们在杀死杨国忠这个祸首后并不能安心，他们还必须除掉杨贵妃这个祸本。因为这些士兵也害怕，他们害怕遭报复，被翻旧账。

聚众哗变，以下犯上，不经请示就诛杀当朝宰相和皇亲国戚，无论哪一条拿出来都是谋逆大罪。就算皇帝迫于现实，亲口认可了兵变的合法性，但只要杨贵妃还留在皇帝身边，一旦风头过去，她凭借着自己的宠信吹点枕边风，分分钟就能翻案。到时候杨国忠就成了为国捐躯的烈士，参与兵变的人谁也活不了。

这是事关所有人身家性命的大事。所谓斩草除根，除恶务尽，哪怕杨贵妃没有主观上作恶的意愿，但只要她具备客观上作恶的条件，那她就必须死！

唐玄宗虽然是皇帝，但此刻的他已经别无选择。无论是禁军统领陈玄礼，还是服侍自己多年的老奴高力士等人，全都劝他答应士兵们的要求，那话说得都已经不能再直白了。

杀贵妃，意味着最大限度地避免了事后追究的可能性，士兵们也能相信皇帝翻篇儿的诚意；不杀贵妃，那就代表皇帝在未来依然有可能旧事重提，士兵们又怎么可能老实听话，继续效忠？到时候，被逼到绝路的士兵们只剩下一种选择：

换一个不会追究的皇帝。

太子李亨在镜头外默默地点了个赞。

贵妃有没有罪重要吗？不重要。

安抚将士们的不安才重要。否则，不"安"的可就是唐玄宗自己了。

要么舍了贵妃，要么把自己和贵妃一起舍了，就这么简单。

杨贵妃是被唐玄宗亲口下令勒死的，行刑的就是高力士。然后皇帝把以陈玄礼为首的禁军士兵叫进来验尸。不久后传来消息，说杨国忠其他逃走的亲属和党羽也都被诛杀，兵变的禁军这才跪倒请罪，高呼万岁，重新恢复了应有的秩序，继续护卫着皇帝西去。

三十八岁的杨贵妃，就这样殒命于马嵬驿，被草草埋葬于路边。

两年后，随着局势的好转，唐玄宗一行人踏上了返回长安的路途。当又一次路过马嵬驿时，唐玄宗睹物思人，令人祭奠杨贵妃，还下令要为她改葬。

毕竟当初掩埋得太匆忙，该有的哀悼环节和丧葬仪式全都没有，现在也该补上了。

但礼部侍郎李揆立刻表示了反对：当初杨国忠谋反，被禁军将士诛杀，现在要是大张旗鼓地改葬贵妃，恐怕将士们会有别的想法啊。

简单来说就是，改葬杨贵妃很容易被人理解为要对"马嵬之变"翻案，别忘了当初搞兵变的那群人，和现在护送咱们回家的可是同一群人啊！

这说明哪怕杨贵妃已死，有关她的问题仍然是极度敏感的政治事件，处理不好就会导致政局动荡。

贵妃都死了两年多了，这事的后劲儿还这么大。这说明了杨贵妃之死不是对不对的问题，而是该不该的问题。也可见在马嵬之变时，如果唐玄宗等人敢在杨贵妃生死这件事上搞小动作，将面临多大的风险。

在贵妃不死、兵变不止的情况下，有没有可能发生奇迹呢？

要弄清这个问题，就要从两个角度来思考。

首先，唐玄宗爱杨贵妃吗？

当然爱。

原本唐玄宗的后宫中有一项持续多年的博彩游戏，那就是大家下注赌皇帝今天会宠幸哪个妃子，就跟今天买彩票一样，有庄家，有赔率，有人输，有人赢。

但自从杨贵妃入宫，这个娱乐活动就取消了。因为没什么可猜的，每次都是杨贵妃陪皇帝，连个意外爆冷都没有，那还赌什么啊？

但唐玄宗最爱的是杨贵妃吗？

未必。

唐玄宗一生中最爱的女人应该是武惠妃。武惠妃死后，唐玄宗郁郁寡欢，高力士把当时的寿王妃杨玉环推荐给唐玄宗，而唐玄宗也就臭不要脸地收下了自己的儿媳妇，从此才又振奋了精神。

从某种意义上来说，杨贵妃有点武惠妃平替的意思。当然，在武惠妃死后，唐玄宗的后半生中，最爱的女人无疑就是杨贵妃了。

唐玄宗爱杨贵妃不假，但他却更爱自己。

今天的文艺作品中描绘杨贵妃死前夫妻俩又是难舍难离，又是撕心裂肺的，什么"君王掩面救不得""不忍见其死，反袂掩面"，各种生离死别，感人至深。

其实史书里的记载超级简单，就六个字——"不获已，与妃诏"。

皇帝不得已，所以贵妃您就老实去死吧。

所谓的夫妻深情，所谓的神仙眷侣，应该只存在于文学描述里。唐玄宗对杨贵妃的爱，没有超过对帝王权力的眷恋，也没能超越对个人生命的贪求，远没浓烈到能冒着把自己搭进去的风险去搞小动作的地步。

其次，在当时的情况下，杨贵妃有机会假死逃走吗？

很遗憾，没有。

有史料记载，杨贵妃被勒死后并没有死透，而是陷入了一种类似昏迷的假死状态。当缠绕在脖颈处的锦帛松开后，气道重新打开，杨贵妃又恢复了呼吸。

然后，她又被勒死了一次。

从现代医学的角度来说，人在窒息后的确有小概率能恢复呼吸。但这么小的概率下，就算恢复了呼吸，再被勒一次，你觉得她再复苏一次的概率有多大？更何况，第一次没勒死，第二次难道不应该下手再利落点，确定对方没有生还的可能吗？

至于杨贵妃东渡日本的说法，也只能说是胡扯。要知道著名的鉴真东渡，耗时十多年，东渡六次才成功，那真是九死一生，差点把命都搭上，足见当时海上交通的危险。杨贵妃就算活了过来，一个弱女子要如何跨越千里、远渡重洋呢？

所以杨贵妃应该是死了，死得透透的。

民间之所以有那么多她假死的说法，其实更多的是人们出于对杨贵妃的同情而产生的联想。在唐朝时，杨贵妃就已经成了故事传说中的热门人物，自带流量和吸引力。

据说马嵬驿的一个老妇人曾捡到了杨贵妃穿过的一只花袜子，她就靠出租这只花袜子给过路游客参观发家致富了。可见杨贵妃在百姓心目中的知名度有多高。

而杨贵妃的形象也随着各种诗歌文艺作品的流传，逐渐从一个在乱世中无辜殒命的薄命红颜，变成了后人追忆大唐盛世的精神象征。甚至不只是中国人有这种情怀，就连一衣带水的日本人也对杨贵妃的故事产生了共鸣。

人们用最乐观的态度、最善意的想法，传唱着杨贵妃逃出生天、远走天涯的故事。

虽然可能性不大，但还是有很多人希望她真的在某个不被人知晓的角落，安静从容地度过了自己的余生。

因为这个天下的苦难，不应该由她来承担。

千古疑案陈桥驿：
是谁导演了这场"温柔"的兵变

公元 960 年，后周显德七年正月初一，刚欢度完除夕的开封市民就感受到了新一年的暴击：前线发来紧急军报——契丹人即将大举南侵，盘踞在河东的北汉小朝廷也将联合出兵。

面对这样一份"亡国灭种"的拜年大礼，后周朝廷立刻召开紧急会议，宰相范质、王溥决定派遣检校太傅、归德军节度使、殿前都点检赵匡胤率军北上，迎击即将南下的契丹—北汉联军。

军情紧急，正月初二一大早，赵匡胤便派自己的副手、老将慕容延钊带领前锋军北上，为主力部队开辟北上道路，探查前方敌情。

但诡异的事情发生了。城内突然出现一个传言："将以出军之日，策点检为天子。"翻译过来的意思就是大军出发时将发动兵变，拥立赵匡胤当皇帝。

五代十国时期兵变频发，老百姓几乎每隔几年就要经历一波乱兵的烧杀抢掠。尤其开封城里的居民，很多人都经历过十年前后周太祖郭威发动的兵变，对当年的惨状记忆犹新。

所以当传言在朋友圈里疯狂转发后，心有余悸的开封人立刻开启了逃难模式。但奇怪的是老百姓哭爹喊娘闹出了这么大的动静，后周朝廷却毫不知情，还是按照原计划准备出兵。

正月初三，赵匡胤亲自率领禁军殿前司主力出发。临行前朝廷赐予赵匡胤金带、银器、鞍马、铠甲等出差补助，又派大臣在开封城郊外为老赵举办隆重的欢送会，这福利待遇简直不是一般的好。

但就在仪式快结束时，怪事又发生了。

吏部侍郎兼翰林学士承旨陶谷突然拽住了老赵的衣角，非要给赵匡胤行大礼。都是同殿称臣的同事，赵匡胤当然受不得陶谷的大礼参拜，所以就再三推辞。

但陶谷却坚持要行礼，还莫名其妙地来了一句：您先受我两拜吧，等您回来，咱再想彼此作揖行礼，坐一块儿喝酒可就难了。[1]

兄台，话里有话啊。

气氛已经烘托到这个地步了，好像不出点什么事都有点说不过去了，所以这次出兵就不出意外地出意外了。

赵匡胤率军行进到开封城东北的陈桥驿，准备过夜，没想到手下的士兵突然发生了兵变，把一件"黄袍"披在了醉得不省人事的老赵身上，"逼"着赵匡胤做了皇帝。这就是改变中国历史进程的"陈桥兵变"，民间俗称为"黄袍加身"。

赵匡胤从受命出兵到改朝换代，一共只用了四天时间，但在这四天里却有许多难以解释的谜团。比如契丹军到底有没有南下？后周朝廷为何对兵变剧透无动于衷？赵匡胤为何恰巧喝醉？关键道具"黄袍"又是谁准备的？

所有的疑点全都指向了一个核心问题：这场"黄袍加身"的大戏，究竟是临时起意，还是蓄谋已久？

---

[1] 见《画墁录》《瓮牖闲评》。有争议，有观点认为是后人为突出陶谷的见风使舵而附会。

宋代官方史书给出的解释是这样的——老赵有功劳，有人缘，有威望，所以大伙才真心实意、发自内心、不约而同地"逼"他当了这个皇帝。哎呀，俺们的宋太祖有什么办法呢？他也很无奈啊。

这个说法是事实，但却不是全部的事实。

在赵匡胤之前，类似的兵变已经发生了不知道多少次。无他，唯手熟耳。但并不是说每一个"被迫造反"的上司都会选择就范，也有坚持原则拒绝合作的案例。

比如后晋大将杨光远率军到滑州时，有将校跳出来想要推举他为帝，杨光远暴怒，大声呵斥："天子岂汝等贩弄之物？"把这些企图裹挟自己的手下给骂回去了。

而后唐大将符彦饶则更狠。他驻守瓦桥关时有部将怂恿他称帝，符彦饶先假装同意，转头就招呼手下把这些造反者全给杀了。

所以即便赵匡胤事先不知道兵变会发生，他也可以选择拒绝啊。

宋朝人会告诉你，俺们太祖拒绝了啊，他狠狠地骂了兵变的人，但是没有用啊，大家实在是太热情、太有诚意、太让人无法拒绝了啊。

这个说法也有问题。

赵匡胤的确有军功，也有自己的支持者，但他的功劳既没大到"功高不赏"的地步，他的势力也没强到"大权独揽"的程度，比起篡位界的前辈大佬那差得都不是一星半点。

就比如魏武帝曹操"奉天子以令不臣"，一统北方，封魏王，受九锡；晋太祖司马昭出兵灭蜀，封晋王，加九锡。就这样曹操和司马昭都没敢在生前称帝，而是把改朝换代的任务交给了后人。

代汉建新的王莽和开创南朝的宋武帝刘裕倒是亲自操刀完成了篡位大业。但王莽是欺骗了天下人的超级影帝，摄政天下，加号宰衡，加封九锡，万人景仰。而刘裕虽然出身不高，但他平南燕，亡谯蜀，灭后秦，封宋王，加九锡，名震天下，专治各种不服。

相比之下，你老赵有灭国之功吗？有封王之爵吗？有九锡之礼吗？什么都没有也好意思上位，你行不行啊？

要放在别的朝代肯定不行，但放在五代十国却行得不能再行。

因为这是一个秩序崩塌、道德崩盘、底线崩坏的超级乱世。乱世之人活得现实又直接，就是简单粗暴的一句话："天子，兵强马壮者当为之，宁有种耶！"

通俗的说法就是：皇帝算个啥，这年头谁拳头大，谁当老大。硬生生把以往需要卧薪尝胆、苦心经营的高端烧脑篡位局，玩成了不服就干的街头斗殴。

没有秩序，全凭大力出奇迹。没有规则，崇尚绝对硬实力。这就是五代时期的权力游戏。在这样残酷的黑暗森林里，光有一个皇帝的头衔可镇不住场子。

周世宗柴荣[1]这位五代时期最有作为的明君什么都好，就是死得太早，不到四十岁就英年早逝，只留下一对字面意义上的"孤儿寡母"。

周世宗死于显德六年（959）。正常来说继位的小皇帝柴宗训应该改个新年号，但后周却选择继续沿用"显德"这个年号，恐怕就是希望能借周世宗的余威来营造一种天下无事的氛围，尽量把权力交接的负面影响降到最低。

当然，那并没有什么用。

---

[1] 柴荣为后周太祖郭威养子，正式的称呼应为"郭荣"，但习惯上多称其为"柴荣"。

比如，当时驻扎在上党的昭义节度使李筠，在周世宗活着的时候就"倔强难制"，擅自截留赋税，招揽亡命之徒，谋杀朝廷派来的监军，图谋不轨的事干了不是一件两件。可就算是周世宗也只能下旨把他骂一顿而已，你还指望后面继位的七八岁小皇帝能把他怎么样？野心家那么多，哪是用一个旧年号就能唬住的呢？

其实周世宗针对"主少国疑"的危险局面也做了相应的预案，他在生命的最后时刻为儿子的皇位设置了三重保险。

第一重保险是寻找外援。

周世宗在临死前十天立第三任妻子符氏为皇后，她是周世宗第二任妻子（大符皇后）的亲妹妹，更是后周名将、时任天雄军节度使符彦卿的女儿。这样符彦卿就成了小皇帝的姥爷，当然要为自己外孙的皇位保驾护航了。

第二重保险是分割军权。

周世宗把中央禁军分成殿前司和侍卫司两套系统。两支部队的指挥官都是周世宗信得过的自己人。殿前司战力强，侍卫司地位高，两边互不统属，谁也管不了谁，正好可以相互制衡。

第三重保险是托孤宰相。

在周世宗的设想中，要用王著、范质、王浦、魏仁浦四人组成一个"辅政团队"。这四个辅政文臣都不完美，但组合在一起却很完美。周世宗就是需要他们相互配合，互相牵制，既防止某一个人大权独揽，又能形成一套相对稳固的决策机制。

当然，这四个人总得有一个人来当领头羊。周世宗心目中的首相是王著，所以他在临死前对范质等人说，等我死了，就让王著来当首相吧！

周世宗的安排很周密，唯一可惜的就是在执行的时候，出了那么一丢丢的小偏差——王著并没有当上首相。

因为范质也想当首相。他对另一位顾命大臣表示，王著一个酒蒙子，怎么能当首相呢？皇帝最后的遗言，千万别告诉别人啊！

然后，周世宗就死了。范质当上了首相，赵匡胤的权力得到了进一步提升。

等等，这跳跃幅度是不是有点大？范质顶替王著当上了首相，和赵匡胤有什么关系啊？

关系可大了。

帮范质保守秘密、没有泄露皇帝遗言的那位顾命大臣是谁？北宋司马光在《资治通鉴》里没敢写，可元朝人写的《宋史》却没有这方面的顾虑，直接给出了一个关键信息："及世宗疾大渐，（宋）太祖与范质入受顾命。"

没想到吧，替范质保守秘密、共同谋取首相之位的那个关键人物，正是赵匡胤。

赵匡胤顶着"矫诏"的罪名帮了范质这么大一个忙，范质自然也要投桃报李，付出相应的回报。

于是在周世宗去世后不久，后周禁军高层的人事安排就发生了变动。

显德六年七月十七，周世宗去世仅二十八天，侍卫步军都指挥使袁彦就被外放为陕州节度使，原有职务由霸州部署张令铎接任。两天后，侍卫司都指挥使李重进外放为淮南节度使，虽然名义上依然是侍卫司的一把手，但实际上的指挥权已经移交给副都指挥使韩通。除此之外，原马军都指挥使韩令坤官升一级，担任侍卫司三号人物都虞候，空出来的马军都指挥使由高怀德接任。

而赵匡胤所在的殿前司内，慕容延钊升任殿前副都点检，殿前都指挥使石守信职位不变，王审琦升任殿前都虞候。

如果我们把这些人事调整都汇总到一张表里就是这样的。[1]

禁军系统	具体职务	周世宗去世前	周世宗去世后
殿前司	殿前都点检	赵匡胤	赵匡胤
	殿前副都点检	空缺	慕容延钊
	殿前都指挥使	石守信	石守信
	殿前都虞候	不详	王审琦
侍卫司	都指挥使	李重进	李重进（名义领导）
	副都指挥使	韩通	韩通（实际领导）
	都虞候	空缺	韩令坤
	马军都指挥使	韩令坤	高怀德
	步军都指挥使	袁彦	张令铎

这张表里所涉及的人事变动，其背后的信息量可是非常有讲究的。

赵匡胤作为殿前司的一把手，副手慕容延钊是他"兄事"已久的故交，三号人物石守信和四号人物王审琦是他"义社十兄弟"的核心成员。也就是说，整个殿前司的高级将领都由赵匡胤本人，以及他的好兄弟们担任，这支部队已经牢牢掌握在赵匡胤的手中。

和殿前司实力相当的侍卫司中，李重进和韩通是赵匡胤的政敌，袁彦也和赵匡胤没啥交情，甚至很可能也是赵匡胤的反对者，只有韩令坤是赵匡胤的人。按理说侍卫司原本应该是赵匡胤搞事最大的障碍。

---

[1] 整理自王育济：《世宗遗命的废匿和陈桥兵变》，《史学月刊》1994 年第 1 期。

但神奇的是，李重进和袁彦突然被外放出去当节度使了，这摆明了是调虎离山。

虽然李重进还保留着侍卫司都指挥使的头衔，但毕竟人不在朝中了，于是韩通就成了侍卫司的实际领导者。韩通是忠心后周的老将，无论从军功还是资历上都压老赵一头，是禁军中真正说话好使的大佬，而且韩通和赵匡胤的关系非常紧张。

但光有韩通一个人有啥用？

侍卫司中的韩令坤、高怀德、张令铎都是赵匡胤的人，韩通已经成了被架空的光杆司令，整个禁军系统都成了赵匡胤的势力范围。这明显有利于赵匡胤提升权力地位的人事安排，很明显是在首相范质的纵容或默许之下发生的。

既然如此，那老赵为何不在城里就把事给办了，非得把队伍拉出城去晃一圈再回来？这不是画蛇添足、多此一举吗？

还真不是。

因为无论是殿前司还是侍卫司，平时都分散在各自的岗位上，并不是所有人都聚成一堆。所以赵匡胤团队需要一个合情合理又合法的理由，把手中的部队集结起来。

那么，还有什么比敌军入侵更好的理由呢？

于是，契丹人就非常配合地入侵了，然后赵匡胤就取得了军队的指挥权，然后他就遇到了陈桥兵变，然后他就开创了新王朝。

诶？说好要入侵的契丹人呢？

答：契丹人退兵了。这样恰到好处地出现，又悄无声息地消失，如此配合又善解人意的存在，放在今天有个专门的称呼，叫"托儿"。

宋代的史书都言之凿凿地说当时契丹人的确是入侵了。不过后来元朝人修的《辽史》里却并没有契丹南下的记载，反而说这一年契丹内部叛乱频发，局势一塌糊涂，无暇他顾。

你品，你细品。

放出假情报，触发紧急军事动员，进而掌握部队的指挥权，这么大的动作，根本不可能是有人瞒着赵匡胤做的。还有一个细节可以证明赵匡胤才是幕后总导演。

就在大军出发前，兵变的计划不知怎么就在民间传得沸沸扬扬。这把赵匡胤也吓得够呛，忙问家里人该咋办。这时老赵的大姐正在厨房做饭，直接拎着擀面杖就把赵匡胤一顿捶。赵大姐边打边骂：大老爷们儿要办大事，办不办自己说了算！跑来吓唬我们妇道人家有什么出息！

赵匡胤顶着满头包，默不作声地走了。是啊，要办"大事"的是自己，问别人又有什么用？

补充一下，此时赵匡胤的家人并没住在自己的房子里，而是寄宿在仁和门附近一座叫定力院的寺庙里。[1] 赵匡胤之所以把家人安排在寺庙里，就是因为兵变在即，需要提前把家人保护起来。而赵大姐知道弟弟要做什么，所以才用擀面杖帮弟弟下定决心。

接下来的剧情就很顺理成章了。

大军行进到陈桥驿，这是北上途中的第一个休息点，类似于高速上的服务区。陈桥驿距离开封约二十公里，刚好是半天就能走到的距离，在这里搞事既可以摆脱城内的监控，又可以在最短时间内回军。

然后，赵匡胤按照剧本把自己"喝"断片了。现在还不到他这个主演上台的时候。

配角一号苗训，日常喜欢占卜观星，在士兵中很有威望。他故

---

[1]《挥麈后录》记载杜太后等人寄居在内城东北角的封禅寺，《曲洧旧闻》中则记载为内城东南角的定力院。查当时内城东南仁和门为赵匡胤心腹所控制，安置家人必在附近，所以本书采信"寄居于定力院"一说。

意指着天上说有两个太阳，引起大家的注意。然后配角二号楚昭辅马上捧哏说一日克一日，这是要出新天子啊。

两人一唱一和，一问一答，既形象又生动，很快士兵们就开始议论纷纷。然后就有人开始带节奏，说皇帝太小，我们立了功劳他也不知道，不如拥立赵匡胤当皇帝，咱也能跟着升官发财！

如果说到这一步，还看不出人为操弄的痕迹，接下来的一幕就真心有点过于刻意了。兵变的士兵冲进赵匡胤的大营，给他披了件黄袍，"逼"他当皇帝。

这一幕其实是在致敬后周太祖郭威的澶州兵变，当时士兵给郭威披上了一面撕下来的黄旗，而赵匡胤就是那场兵变的见证者和参与者。

不过让你致敬，也没让你超越啊。

郭威扯的是旗子，而此时士兵给赵匡胤披的竟然是一件军中日常根本不应该有的黄袍子，你要说这个不是提前准备好的，那实在是有点太把人当傻子了。

不只是今天的我们觉得有问题，明代诗人岳正就曾发出过相关的灵魂拷问："黄袍不是寻常物，谁信军中偶得之？"

算了，剧情上的逻辑问题不重要，赶紧办"大事"才是关键。赵匡胤率军返回，准备完成改朝换代的最后步骤。

然后就尴尬了——他发现自己进不去城。

开封城共有三层城墙，最里面的是皇城，皇城外是内城，内城外是外城。每层城墙上都开着数量不一的城门，有点类似于俄罗斯套娃。对于赵匡胤来说，最节省时间的方法就是从外城、内城、皇城的北门走一个直线，尽快拿下宫里的小皇帝。

从陈桥驿回开封，距离最近的是外城的陈桥门。可老赵带着大部队来到陈桥门时，守门的士兵却拒绝开门。老赵不得已带着大部队赶到了旁边的封丘门，封丘门的守军比较有眼力见儿，直接开门投降，放赵匡胤进了外城。

进入外城后，赵匡胤没有走最近的内城北门，而是带着大部队沿着内城顺时针绕了大半圈，从东南角的仁和门进去。这次进门非常顺利，因为赵匡胤的铁子王审琦就是仁和门的负责人，赵匡胤家人避难的定力院也在这附近，王审琦既负责保护赵家人，也负责开城门，立下了大功劳，所以在北宋建立后也是升职加薪，备受恩宠。

从仁和门进入内城后，眼前就是皇城南边的左掖门。巧了，左掖门的负责人是老赵的另一位铁子石守信，所以赵匡胤又顺利通过左掖门，进入了皇城的核心办公区。

穿过宰相办公的外朝区域，赵匡胤直奔小皇帝所在的内廷，在这里他才算是遇到了一点抵抗。守卫宣祐门的士兵用弓箭逼退了赵匡胤，赵匡胤只能又从北边绕了个路，这才彻底控制了整个皇城。多说一句，后来宣祐门守军的正副领导全都自杀殉国，以此来表达对后周的忠心。

可惜个别守军的忠于职守，并不能改变兵变的结果。

直到这时，得到消息的宰相范质才如梦初醒，发现自己犯下了大错。他虽然有私心，但并不想背叛后周。他只是把赵匡胤当成自己人，默许了赵匡胤的很多小动作，没想到最后却断送了后周的江山。

范质只能用力抓住王溥的手说了句：仓促之间派兵出征，是咱们的错啊。说这话的时候，范质把王溥的手都给抓出血了。范质是悔恨的，但他也只能承认现实。后来范质还在北宋干了几年的宰相，并总结出了一条当宰相的秘籍——"人能鼻吸三斗醋，斯可为宰相矣！"

鼻子呛水有多难受，不少人都有体会。更何况呛的还是醋，那滋味有多酸爽真是难以想象，可见范质的悔恨与自责了。他甚至在临死前叮嘱儿子不要请谥号，也不要刻墓碑。因为他觉得自己不配。

范质、王溥是手无缚鸡之力的文官，小皇帝和符太后是没存在感的孤儿寡母，唯一有能力反抗的韩通，也在赵匡胤入城的第一时间被诛杀，而且是全家成年男子被定点清除的那种有预谋杀害。此时的开封城内已经没有人能阻挡改朝换代的发生，接下来就是走程序，让小皇帝退位让贤，由赵匡胤接手政权了。

这时大家才发现，事情办得太快，小皇帝的禅位诏书还没写呢，总不能现场脱稿即兴发挥一段吧？

莫着急，有人想到前头了。

吏部尚书兼翰林承旨陶谷第一时间从袖子里抽出一份墨迹未干的禅位诏书，替老赵补上了这个关键文件。对，就是出兵前坚持要给老赵"磕一个"的那位陶谷。陶尚书这堪称顶级预言家的神操作，再次说明了老赵要兵变这事早就有迹象，根本就瞒不住聪明人。

总的来说，陈桥兵变在五代多如牛毛的政变中显得格外温柔。退位的小皇帝、太后得到了优待，高级官员都留任原职，开封城的市民也没有遭殃，似乎一切都井然有序，波澜不惊。哪怕之后有一些后周的残余势力跳出来反抗，也被宋太祖轻松搞定。似乎是一夜之间，五代十国的乱世就结束了，新的秩序就建立了一样。

所以后人读史时，往往把这种顺利过渡解读为宋太祖的"天命所归"。

其实这并不是历史的全部，借用京剧中的一句名言："台上一分钟，台下十年功。"

"陈桥兵变"是一场节奏紧凑、剧情连贯的三幕剧，分为"筹备宣发""被迫营业"和"成功出道"三部分，每个环节都是精心策划、事先筹备，提前写好剧本的。

这场大戏要想演好，真正的功夫都在戏外。

从大幕拉开的那一刻起，历史的走向就已经发生了不可逆的改变。

烛影斧声：北宋版"密室杀人案"

公元 976 年 11 月 14 日，北宋开宝九年的第一场雪，比以往来得要早一些。

宋太祖赵匡胤夜里睡不着，跑到阁楼上看夜景，对着漫天飞雪突然来了兴致，把自己的弟弟、时任开封府尹的晋王赵光义叫进宫里来喝两盅。

亲兄弟的酒局不希望有外人叨扰，所以宋太祖就把所有人都撵到屋外去了。站在外面的宫女太监离得远，也听不清屋里的哥儿俩在唠啥。只是隐约透过映在窗户上的影子，看到晋王赵光义好像离开了桌子，挥舞着双手，在推辞什么一样。

雪越下越大，在地上堆了厚厚的一层。赵匡胤不知道是喝嗨了还是怎么的，竟然跑到门外，拿着柱斧戳雪玩，还边戳边说道："好做，好做！"

这句话明显是对弟弟赵光义说的，可以理解为"好好干啊"，也可以理解为"干得好啊"。说完赵匡胤困劲上来了，回屋倒头就睡，呼噜声打得震天响。

兄弟间喝顿酒本来是再普通不过的事情，但这顿酒却注定要载入史册。

因为就在喝完酒的几个小时后，刚满五十岁的宋太祖赵匡胤突然死亡。然后赵光义就继承了哥哥的皇位，成了北宋的第二位皇帝宋太宗。

而那一夜的酒局也被称为"烛影斧声"，在后世引发了巨大的争论。元代诗人张宪就在诗中写道："深宫烛影夜无人，漏下严更天四鼓。寡妇孤儿不敢啼，戳地有声金柱斧。"《辽史》中也说："宋主匡胤殂，其弟炅[1]自立。"

诡异的酒局，隐秘的谈话，摇曳的黑影，手中的柱斧……这些关键词凑到一起，很难不让人联想到密室杀人案的情节。也正是因为"烛影斧声"这件事本身就有太多说不清道不明的地方，所以宋太宗继位的合法性一直被人质疑。

那么，宋太祖赵匡胤到底是怎么死的，赵光义真的是杀兄夺位的凶手吗？

明眼人一看，赵光义的杀人动机简直不要太充足，毕竟哥哥一死，大宋的皇位就归他所有，还能有比这更大的好处吗？

还真未必，毕竟哥哥不死，这个皇位也可能是赵光义的。

自唐末五代以来，大家都默认一个"潜规则"——如果哪位宗室能同时凑齐开封府尹加亲王爵位这两个头衔，那他就是皇位的继承人。

巧了，赵光义的头衔就是晋王兼开封府尹，是字面意思上的"一人之下，万人之上"，更是习惯上默认的下一任皇帝。

但赵匡胤为什么放着亲儿子不传，偏要把皇位传给弟弟呢？

这也算乱世的特殊国情，动荡的局面需要成熟的继承人来保证权力过渡的稳定。所以以五代中的皇帝选择立弟弟、立侄子、立养子的案例比比皆是，立儿子的反而不常见。

赵匡胤称帝后也延续了这个传统，他一开始就是把弟弟当继承

---

[1] 宋太宗原名赵匡义，宋太祖登基后为避兄长之讳被赐名赵光义，继位为帝后改名赵炅。但后世习惯上仍称其为赵光义。

人来培养的。

有了这个前提，不管赵光义怎么积攒力量，招揽人才，组建团队，赵匡胤都听之任之。也曾有人给赵匡胤打小报告，说应该提防赵光义过于做大做强。但赵匡胤的反应却是勃然大怒，说你怎么敢离间我们兄弟的感情？然后直接把打小报告的人给宰了。

按现在的标准，赵匡胤绝对算是个"弟控"。弟弟的房子供水困难，他亲临施工一线，监督工程进度；弟弟生病卧床，他亲自给弟弟做艾灸理疗；弟弟喝醉了，他特许弟弟在宫中骑马，还亲手把弟弟"扶上马""送一程"，甚至逢人就夸弟弟"龙行虎步"，一看就是"太平天子"……各种暗示明示的迹象都让人觉得赵匡胤是要把天下传给弟弟的。

但是，人是会变的。

血缘继承的特性，人性自私的本能，都必然导致皇帝更倾向于"父死子继"，而不是"兄终弟及"。赵匡胤也是人，必然无法逃脱这个基本规律。

当王朝初立、危机四伏之时，选择弟弟当然是最优方案。但随着北宋局势逐渐稳定，各项制度逐步确立，赵匡胤已经看到了结束乱世的曙光。既然如此，一个念头就不受控制地在他的脑海里疯狂滋生——似乎，大概，也许，把皇位传给儿子，也不是不行吧？

虽然史书里盛赞赵匡胤是多么毫不利己、专门利人，兄弟俩是如此感情深厚、兄友弟恭，但那都是官方的通稿，并不能代表事实的真相。

实际上，兄弟俩之间的明争暗斗一点都不少。

比如，赵匡胤小时候有个启蒙老师，被称为"陈学究"。赵匡胤对这位老师不太感冒，而赵光义却偷偷把陈学究招揽到自己的业务团队，很多事情都让陈学究参与决策。赵匡胤知道后非常生气，把弟弟臭骂了一顿，逼着他把陈学究给撵走了。

还有一次，赵光义的贴身宦官申请把宫中储备的大块木料拿来做小家具，赵匡胤直接在批语里飙脏话：破大为小这个馊主意你也能想得出来，信不信我分分钟砍了你的狗头啊？

有的官员在工作上犯了大错，眼看就要被皇帝处理，但只要找到赵光义出面，就能把事情摆平。甚至就连赵匡胤下旨要逮捕的罪犯，赵光义也敢庇护，完全不把皇帝的旨意和律法的尊严放在眼里。

这些虽然都是小事，但某种程度上可以证明赵匡胤和弟弟的关系并没有说的那么融洽。

多年来，赵光义利用手中的权力和海量的资源，招揽了一批文武幕僚，其有名可考的核心团队成员就有六十六人之多，整个团队每年的活动经费更是高达"数百万计"。

史书上有这么一个段子，非常能说明情况：

太尉党进是赵匡胤的爱将，平时嚣张跋扈，谁都不放在眼里，最大的爱好就是放生猛禽。有一次，党进看到一个下人正在调养一只鹘鹰，冲上去就要继续自己伟大的慈善事业。

但那个下人却说：这是晋王（赵光义）养的，你要是敢乱动我就去告诉晋王！

一听说是晋王的，党进的态度立马来了个一百八十度转变，自掏腰包给了那个下人一笔钱，让他赶紧去市场上给这只鹘鹰买点肉吃，并细心嘱咐他千万得好好养啊，可别被猫啊狗啊给伤着了哟！

看看，这一国军队总司令，还有两副面孔呢。

事实上，当时的北宋已经形成了赵匡胤和赵光义两个政治中心。赵匡胤发现弟弟的实力已经壮大到无法随意拿捏的程度，自己想改弦更张也不是那么容易的事情。老赵说到底也是个重感情的体面人，让他亲自下场和弟弟撕破脸，这个他是做不出来的。

但老赵做不出这种事，不代表别人不能。当朝宰相赵普就是个心思通透的"体己人"。

作为一起创业的元老重臣，赵普和赵匡胤、赵光义兄弟都非常熟悉，他一早就看出了赵匡胤心里的别扭，所以"善解人意"的赵普自然要替皇帝分忧，强烈反对传位给赵光义了。[1]

朝堂上，他和赵光义互为政敌，没少给赵光义上眼药。赵光义想任用亲信，赵普就给他拆台；朝中谁和赵普关系好，赵光义也是各种打击报复。他们之间的矛盾已经到了不可调和的地步。就连赵光义都承认，只要赵普在宰相的位置上坐一天，自己就没希望继承皇位。

可是，赵普虽然是当朝宰相，但赵光义羽翼已成，他的支持者不断攻击赵普，最终逼得赵匡胤不得不拿掉赵普，以此来缓和与弟弟的关系。

公元973年，开宝六年八月，赵普被罢相外放，被踢出了中央决策层。

也就是在这件事发生的一个月后，赵光义封晋王，获得了大家心中默认的"储君之位"。其亲信卢多逊升参知政事，楚昭辅升枢密副使，他的势力已经开始控制中枢。

此时距离赵光义担任开封府尹已经过去了十二年。如果没有他十二年来的苦心经营，这个"储君之位"又怎么可能落到他头上？史书中总是强调赵匡胤传位弟弟的主观意愿，却忽略了赵光义这个弟弟实际上已经强大到继承人非他莫属的地步。

对于赵匡胤来说，正面压制弟弟已经不可能，只能侧面迂回，培养自己儿子的势力。

就在赵普罢相、赵光义封王后不久，赵匡胤也一改之前对两个儿子的"吝啬"，封长子赵德昭为兴元尹、山南西道节度使、检

---

[1]　明末清初学者王夫之在《宋论》中提出：身为宰相的赵普正是因为看出了皇帝不愿传位给弟弟的心理，所以才强烈反对赵光义上位。

校太傅、同中书门下平章事，封次子赵德芳为检校太保、贵州防御使，让两个儿子正式参与政务。

尤其是进入开宝九年（976）后，赵匡胤明显加大了动作。

二月，他派长子赵德昭出面接待了来访的吴越王钱俶。这种高规格的国事访问，以往都是赵光义负责的，但这次赵匡胤却把这个露脸的活儿交给了儿子赵德昭，分明是有意地抬高儿子，打压弟弟。

三月，赵匡胤带着赵光义巡游洛阳，突然提出想迁都洛阳。而洛阳的最高地方长官正是赵匡胤次子赵德芳的岳父。

虽然赵匡胤为"迁都洛阳"找了一大堆国防军事、政治民生之类的理由，但明眼人都看得出来，这就是赵匡胤想脱离赵光义经营多年的开封，为后续可能的动作提供一个相对宽松的环境。

赵光义当然也看得出来。所以他强烈表示反对，最终逼得皇帝哥哥放弃了这个想法。精明如他，又怎会察觉不到气氛的微妙变化？

借用一句经典台词就是：留给赵光义的时间不多了。

除非，哥哥赵匡胤剩下的时间更少。

所以是时候做点什么了。

就在"烛影斧声"发生的前一天，一桩灵异事件引起了赵匡胤的注意。有个叫张守真的道士称自己得到了"神谕"，赵匡胤派心腹宦官王继恩去找张道士，却得到了这样一句话："天上宫阙已成，玉锁开。晋王有仁心。"

这话什么意思呢？

高情商说法：恭喜陛下拎包入住天上宫阙，人间的闹心事交给有帝王仁心的晋王就好啦！

低情商说法：陛下您赶紧死吧，好给你弟弟腾位置……

赵匡胤：？！

后人普遍认为，这个张守真是赵光义的人，企图用神鬼预言为赵光义的上位制造舆论。也就在这个所谓的"神谕"出现后，赵匡胤就把弟弟叫进宫里来喝酒了。

在那个兄弟密谈的大雪之夜里，到底发生了什么呢？

首先要明确一点，那个引人遐想、怎么看怎么像凶器的"柱斧"，它就不是个斧头，而是用水晶或金属做成的摆件装饰品。还有观点认为所谓的"柱斧"，其实是"柱拂"。对，就是道士手里的拂尘，是古人用来驱赶蚊虫的，反正和"凶器"就没有一毛钱关系。

而赵匡胤是在喝酒几个小时后，在睡梦中突然死亡的，连遗言都没有留下。这样的猝死通常只有两个可能：一是中毒身亡，二是突发急病。

如果赵光义想在酒桌上给哥哥下毒，从操作层面上来说是完全可以实现的，因为宋代已经出现了相应的作案工具——一种设有机关的"阴阳酒壶"，一半装毒酒，一半装正常的酒，可以神不知鬼不觉地给受害者下毒。据说赵光义的二儿子就是这么被人毒死的。而赵光义又有疑似下毒害人的"黑历史"——南唐后主李煜过生日，赵光义给李煜送了杯寿酒，当晚李煜死了；吴越王钱俶过生日，赵光义派人陪钱俶喝酒，然后钱俶也死了。

咱也不知道为什么，反正和赵光义喝过酒的人，特别容易把生日变成忌日就是了。

但考虑到赵匡胤的身体情况，也不能完全排除疾病的原因。

看流传下来的皇帝画像就能发现，北宋的前六位皇帝——太祖、太宗、真宗、仁宗、英宗、神宗全都是大胖子。现代医学已经证明，肥胖人群是心脑血管疾病的高危人群。北宋九位皇帝中的四位——真宗、仁宗、英宗、神宗都确诊了脑血管疾病，从家族遗传的角度来说，赵匡胤也患有遗传性高血压和脑血管疾病的可能性非常高。

再加上赵匡胤当上皇帝后还有一个奇葩爱好，就是半夜不睡觉，到处瞎溜达。

比如被当成美谈的"雪夜访赵普"和被当成疑案的"烛影斧声"，全都是发生在三更半夜。这很可能就是心理压力过大导致的神经衰弱，不然正常人谁半夜不睡觉总往外跑啊？甚至不能排除赵匡胤患有恐惧症、抑郁症或狂躁症之类疾病的可能。

赵匡胤爱喝酒，年轻的时候喝断片是经常的事，称帝后虽有所节制，但没事也总是爱喝两口。在"烛影斧声"发生的当天，老赵拿着柱斧跑到门外戳雪的童真行为，怎么看都有点喝多了耍酒疯的意思。人在喝酒后吹冷风，酒劲会上头得特别快，所以他立刻就回屋睡着了，并且"鼻息如雷"。

爱喝酒，身体肥胖，神经衰弱，有家族遗传病史，睡觉打鼾严重……如果你去医院跟大夫如此描述自己的身体状况，估计大多数医生都会怀疑你有高血压或脑血管疾病，建议你做个详细的体检了。

但在赵匡胤猝死前的一个月里，他看起来又精力充沛，到处出访，频繁参加各种公开活动，并没有留下任何身体不适或者求医问药的记录，也不像是个要病死的人。

这是怎么回事呢？

结合现代医学去考虑，脑血管疾病的特点就是事先没有明显征兆，发病突然，病程发展迅速，致死率极高。就在赵匡胤去世前一年，即开宝八年（975）九月，向来弓马娴熟的赵匡胤在一次狩猎活动中突然遭遇意外——赵匡胤胯下的御马"马失前蹄"，把赵匡胤甩到了地上。这给老赵气得不行，抽出佩刀就把马给杀了。

但是当气消了之后，赵匡胤立刻开始了反思，他表示这次意外和马没有关系，是我身为天子却玩心太大导致的，从此以后老赵就把打猎这个爱好给戒了。

这个故事听起来完全是一个明君圣主知错能改的典型案例。

但《邵氏闻见录》在此处却比官方史书多记了一笔，那就是赵匡胤抽刀"杀马"前脱口而出的一句话："吾能服天下矣，一马独不驯耶？"

翻译过来就是，老子连天下都能搞定，还摆不平你这匹臭马？

一个人下意识说出的话，往往最能反映内心的真实情绪。赵匡胤的这句气话虽然显得霸气十足，但细细琢磨一下，总是有一种略显无奈的憋闷感。

"吾能服天下矣，一马独不驯耶？"

身为皇帝真的能随心所欲地"服天下"吗？不驯的真的只有这匹马吗？

用反问的语气来表示肯定的意思，可以强调事实，也可以是宣泄不满。

赵匡胤的这次当众失态，更像是焦虑过度引发的情绪失控，甚至有观点认为此时的赵匡胤很可能已经出现了轻微的脑出血或脑梗死，进而引发了肢体运动功能的损伤。而这种身体的细微改变，只有当事人自己最清楚。

另外，在"烛影斧声"发生之前，赵匡胤曾出京祭拜自己的父母，哭坟的时候莫名其妙地来了一句：我以后就不能再来看你们二老啦！

按理说这也不是什么远隔千山万水的距离，"不能再来"这个结论又从何而来？也是在这次出行中，赵匡胤非常莫名其妙地给自己选定了陵寝地址，甚至连陵寝的名号都定了。

也许，此时的赵匡胤已经感到了自己即将走向生命的终点，所以他需要做点什么。

在宋朝的官方史书里，当"晋王有仁心"事件发生后，赵匡胤就立刻把弟弟赵光义叫进宫"属以后事"。字里行间给人这样一种感觉：太祖知道自己要死了，所以叫弟弟来交代后事。

但是这也说不通啊。

如果是这样类似立遗嘱的行为，为什么只有兄弟俩在场？按理说应该找个第三方当公证人才对，不然这个所谓的遗嘱根本就不作数啊。

如果我们把官方史书中删掉的一个信息加回来，就会获得一个全新的思路。

那就是当赵匡胤听到张守真说"晋王有仁心"之后，第一反应是"要砍了这个胡说八道的玩意儿"，只不过当晚赵匡胤就死了，这事就没来得及办。[1]

也许"烛影斧声"发生的那一夜，事情的发展是这个样子的。

张守真：陛下，晋王有仁心啊！

赵匡胤：你过来，看我不打死你！

赵光义：我的好哥哥，别激动，别激动！来，咱俩喝一杯哈！

赵匡胤：我的好弟弟，你干得好，干得好啊！这个小风一吹有点晕，我先睡，剩下的事醒来再说！

赵光义：好嘞，我先撤了。

赵匡胤：呼噜，呼噜，呼噜——卒。

嗯，情况就是这样。

当赵匡胤听说了所谓的"神谕"后，第一反应是要把发"神谕"的人弄死，第二件事就是叫弟弟来"聊聊"，然后他当晚就死了。

按照这个逻辑，赵匡胤有可能是被弟弟气成脑梗或心梗的。甚

---

[1]《续资治通鉴长编》主要依据《国史符瑞志》编纂并补充《谈苑》部分内容，但未取《谈苑》"太祖闻守真言，以为妖，将加诛，会晏驾"之语。

至所谓的"下毒"也不一定非得是致命毒药，只要是能导致发病的药物，就能有同样的效果。

哥俩儿喝酒的这天正好是宋代的法定休息日，官员都不上班。而且赵匡胤的军中亲信也大多随军出征北汉，正是皇帝身边守备空虚的时刻，实在是很适合搞点阴谋。

当然，这所有的一切都只是猜测。除非我们能看到赵匡胤的尸检报告，否则就永远无法百分百确定他死亡的原因。

但我们可以确定的是，赵匡胤此时的猝死，对赵光义来说是最有利的。因为夜长梦多，如果赵匡胤再多活十年八年，事情可能就完全是另一种局面了。

在这桩"烛影斧声"的千古谜案里，赵光义的"弑兄"虽然存疑，但"夺位"却是实锤，如果不是他事先准备充分，临场反应及时，这个皇位还真不一定能轮到他来坐。

当侍寝的宋皇后在后半夜发现皇帝去世后，她做的第一件事就是派赵匡胤的心腹宦官王继恩去找赵德芳进宫。注意，是小儿子赵德芳，而不是长子赵德昭。

宋皇后这么做可能是因为赵匡胤生前就打算传位给赵德芳，也可能是因为赵德芳是宋皇后抚养长大的。宋皇后没有子嗣，作为养母，她当然希望和自己更亲近的赵德芳继位。

但宋皇后的心路历程，跟宦官王继恩并无关系。

按照官方史书中的说法，王继恩"早就知道"皇帝真正想传位的是晋王赵光义，所以他根本就没听宋皇后的吩咐，而是出宫后直奔开封府去找赵光义了。

这就是赵光义的"事先准备"——王继恩虽然是皇帝的贴身宦官，但他早就是赵光义的人了，之前配合张守真发布"晋王有仁心"的也是他。能收买皇帝的心腹宦官，赵光义的用心自然不单纯。

更神奇的是，当王继恩顶着风雪赶到开封府时，发现赵光义的幕僚之一、传说中擅长医术的程德玄正哆哆嗦嗦地蹲在门口，就好像知道有人要来一样。

程德玄有医学知识，这种知识可以用来下毒，也可以用来预判赵匡胤的发病，但不管怎么说这位老兄的确是成功预测了"烛影斧声"的发生，所以才提前守在门口。

但当程德玄带着王继恩找到赵光义把事一说，赵光义却犹豫了半天也没决定要不要入宫。因为半夜入宫本来就是一件很犯忌讳的事。当年武惠妃骗唐玄宗的太子李瑛说宫里出了盗贼，李瑛信以为真，带着三个兄弟全副武装地冲进宫里来抓贼，却被诬陷为造反，最终落得个废黜赐死的下场。如果这也是哥哥赵匡胤设下的局怎么办？赵光义必然要考虑这种可能的风险。

赵光义犹豫不决，王继恩却急得直跳脚，催促着赵光义赶紧走吧，不然就让别人抢先了啊！

是的，虽然赵光义是大家默认的"储君"，但毕竟没有正式的法律文件，一旦让大哥的儿子抢先进了宫，就可能导致皇位继承出现不可控的变数。

王继恩的话终于让赵光义下定了决心，于是他和王继恩、程德玄三人顶着风雪，三更半夜悄悄步行入宫。

走到宫门口时，王继恩还习惯性地想按照程序，先通报再进门。程德玄直接一嗓子喊道：都什么时候了，还在乎这个啊，直接往里闯就完了！

赵光义一想也是，那也就不客气了，跟在王继恩身后就往宫里闯。

那边宋皇后还在等回信呢，听到王继恩的脚步声后，很自然地问了一句：是德芳来了吗？

王继恩却回答道：不，是晋王到了。

接下来发生的一幕非常值得玩味。

宋皇后见到闯进来的赵光义，又是吃惊又是害怕，但她马上就明白是怎么回事了，立刻脱口而出：我们母子，以后就全靠官家啦！

官家，是宋代对皇帝的称呼。宋皇后的这声"官家"直接表示放弃了对皇位的争夺。作为皇帝的枕边人，宋皇后非常清楚赵匡胤的真正想法，也了解赵光义在朝中的势力。原本皇帝死后，如果赵德芳能第一时间到现场，也许她们母子还有翻盘机会，但现在来的是赵光义，她就一丝机会都没有了，所以她只能屈服。

而赵光义也心领神会地应下了这声"官家"，并表示不要担心，以后一家人都好好过。

掌控了局面之后，赵光义迫不及待地开始了继承皇位的操作。

开宝九年十月二十日，宋太祖赵匡胤驾崩，死因不明。

二十一日，赵光义在哥哥的灵柩前接受了继位的遗诏。当然，遗诏只是用已故皇帝的语气写的遗书，大部分都不是死者本人写的。但不管怎么说，这也算赵光义即位的合法手续。

这之后赵光义还率领大臣举行了一个小规模的遗体告别仪式。大臣们看到赵匡胤的遗体"玉色温莹，如出汤沐"，显然尸体是经过处理的，至少从表面上看不出什么凶杀谋杀的痕迹，但特意把人叫来看这事总让人有种"此地无银三百两"的感觉。

二十二日，赵光义改年号为太平兴国，这也不是个常见的操作。因为按照传统，新皇帝出于对先帝的尊重，都是到第二年才改年号。只有极特殊情况，比如当年唐肃宗灵武继位第一时间改了年号，就是为了逼老爹唐玄宗提前退休，造成政权更替的既成事实。

但赵光义却在即位第二天就改年号，这里面就有很强烈的抢班夺权味道，好像迫不及待要让局面稳定下来一样。

以上的种种不寻常，都说明赵光义的继位并没有他说得那么理所当然。所以他才选择了快刀斩乱麻，生米变熟饭，在最短的时间走完全部流程，坐实自己的皇帝身份。

正因为赵光义的继位过程如此曲折，才会有那么多的流言蜚语。而这份压力在皇帝生涯中也始终伴随着赵光义，对他的执政作风乃至整个北宋的历史走向都产生了重大影响。赵光义即位后对内强化重文抑武，对外两次北伐辽国，都是这一底层逻辑的体现。

有趣的是，当北宋灭亡、南宋建立后，宋高宗赵构因为没有生育能力，只能从宗室子弟中选择一个继承人。最终赵构选择了宋太祖赵匡胤七世孙赵昚为继承人，即宋孝宗，此后南宋的皇帝从血脉上来说都是赵匡胤的后代。

兜兜转转百多年，皇位没了又回来。

但那个风雪交加的夜晚留下的谜团，却依然让每个读史至此的人都抓心挠肝。

真想回到那一夜，听一听赵家兄弟俩在酒局上到底说了啥啊。

最熟悉的陌生人：真假帝姬案

公元 1129 年，南宋建炎三年冬，一个叫韩世清的将领在江西蕲州剿灭了一伙土匪。

这本是一次普通的剿匪行动，但在战后清点战俘时，一个土匪的家眷却突然表示自己的真实身份是柔福帝姬，当今官家赵构的亲妹妹。

韩世清虽然是个粗人，但也知道"帝姬"这两个字代表着什么。在宋徽宗时代，帝姬就是对公主的特殊称谓。

柔福帝姬本名赵多富，又名赵嬛嬛或赵环环。[1] 她是宋徽宗赵佶的第二十一女。[2] 两年前靖康之变，开封城破，北宋徽钦二帝和赵宋宗室几乎全被金国人打包绑回了东北老家，其中自然就包括时年十七岁的柔福帝姬。

但是现在，这位被掳走的帝姬竟然出现在一个土匪窝里，这剧情实在是有点魔幻。韩世清等人立刻给宋高宗打报告，请求带兵护送柔福帝姬前往皇帝的所在地。

不过这个报告却被宋高宗给打回来了。

---

[1]《开封府状》与《宋俘记》中记载为：赵多富、赵嬛嬛。《三朝北盟会编》中记为：赵环环。

[2]《开封府状》与《宋俘记》中记为第十女。《宋史》记为第二十女。《三朝北盟会编》《皇宋十朝纲要》记为第二十一女。

宋高宗听到这个消息的第一反应是：你这帝姬，保真吗？

事关皇室血脉，宋高宗就把这个不确定真假的"妹妹"安置在越州，然后派内侍省押班冯益、宗妇吴心儿前往越州"验货"。

冯益曾服侍过柔福帝姬的母亲王贵妃，他一见面就觉得眼前这个女子长得很像柔福帝姬。冯益又和吴心儿一起问了眼前女子很多宫里的往事，类似生活起居啊，人际关系啊，八卦趣闻什么的，这位自称"柔福帝姬"的女子也能答得上来，甚至能叫出宋高宗的小名。看起来这帝姬身份是八九不离十了。

但他们也发现一个问题，北宋末期宫廷中很流行缠足，虽然宋代的缠足还没变态到明清时期那种摧残健康的程度，但一般贵族家的女子都以脚"弓""窄""小"为美，而眼前的女子却是一双大脚，这个怎么解释呢？

只见"柔福帝姬"皱着眉头悲伤地说道：当年我们被金人像牛羊一样驱赶着，长途跋涉走了上万里路，这脚就是走路走大的啊。

这话说得，带着一分入情入理的解释，二分不堪回首的悲伤，三分委曲求全的追忆，四分劫后余生的哀凉，反正是令人十分地信服，基本上可以确定为真了。

接到消息的宋高宗开心地封柔福帝姬为福国长公主，钦赐豪宅一座，并选中了宋神宗之母宣仁太后高滔滔的侄孙——永州防御使高世荣为驸马。

柔福帝姬出嫁时，宋高宗还特意包了一个大红包给这个妹妹当嫁妆，足足有一万八千缗，缗就是一千文铜钱的意思，这可不是笔小钱。之后宋高宗还隔三岔五地给妹妹发钱发福利，杂七杂八加起来高达四十七万九千缗。

如果没有接下来发生的事，可能这段兄妹相认的感人故事就能一直演下去了。

然而，意外就是来得那么猝不及防。

公元 1141 年，在宋高宗和秦桧君臣持之以恒的屈辱求和下，南宋和金朝签订了《绍兴和议》，结束了多年的战争。

公元 1142 年，金朝同意遣返高宗母亲韦氏，以及宋徽宗、徽宗郑皇后、高宗原配妻子邢皇后的梓宫。梓宫指盛殓皇帝、皇后或重臣遗体的棺材。但金朝的风俗是实行火葬，连棺材都不用，所以送回来的实际上只是死者的骨灰盒，而且这盒里都未必有骨灰，可能就是在火葬现场随手抓的一把土，甚至干脆就是个空盒。

但宋高宗却并不在意这些细节，只要母亲能活着回来就行。可母子相见后韦氏却带来了一个令人震惊的"真相"。

韦氏说：哥儿啊，你知不知道你被金国人耻笑了，说你错认了一个冒牌货当妹妹？你好吃好喝好招待的那个柔福帝姬是冒充的啊。其实柔福一直和我待在一起，我回来之前她刚死，还是我给她操办的后事。你看，我连她的遗骨都带回来啦！

宋高宗听完震惊了。好家伙，诈骗都诈骗到皇帝头上了，这还得了？于是他立刻把这个所谓的"柔福帝姬"交由司法机关调查，最终揭穿了诈骗犯的真面目。

原来这个"柔福帝姬"是开封乾明寺的尼姑，本名李善静[1]。她和其他女子一起在靖康之变中被金人掳走。在北上的路上，李善静认识了一个叫张喜儿的宫女。张喜儿曾经服侍过真正的柔福帝姬，见李善静和柔福帝姬长得很像，就和她说了很多宫中的事情。李善静不停打听和柔福帝姬相关的信息，用心记忆，刻意模仿，在这时候她就已经以"柔福帝姬"自居了。

后来李善静趁着金人不注意，逃离了北上的队伍，被三次拐卖后落到了流寇的手里，这伙流寇就是本文开头提到的被韩世清剿灭

---

[1] 姓名有争议。《建炎以来朝野杂记》《文献通考》作"静善"，《建炎以来系年要录》《中兴小纪》作"善静"，《宋史》两者并存。本文作"李善静"。

的那群土匪。土匪被剿灭，李善静害怕遭受牵连，就谎称自己是柔福帝姬，后来又骗过了层层查验，冒充柔福帝姬达十二年之久。

事已至此，案情真相大白。大理寺经审理后判处李善静死罪，宋高宗亲自下旨将李善静乱棍打死。

受此案牵连，当年负责查实李善静身份的冯益、吴心儿被免职流放。最无辜的是那个驸马都尉高世荣，他又没做错什么，只是因为娶了个假公主，当了个假驸马，之前朝廷给的所有的官职和福利都被"追夺"，落了个竹篮打水一场空。当时的临安人还特意编了个段子笑话他："向来都尉，恰如弥勒降生时；此去人间，又到如来吃粥处。"

至此，震惊朝野的"柔福帝姬冒充案"，就在不到一个月的时间里迅速地结案了。

对于此事史书中的记载大概就是：亲妈回家，你妹有假，启动调查，结案拿下。怎么看都是一个犯人罪有应得，真相得到揭露，正义得到伸张的正面案例。

当然，只是在"官方层面"的结案而已，仍有人暗中替"柔福帝姬"鸣不平，说这个可怜的女子根本就不是冒名顶替，恰恰因为她是真的柔福帝姬，知道韦太后很多不愿意被别人知道的秘密，所以韦太后才逼着儿子宋高宗杀柔福帝姬灭口的。

这就是发生在南宋初年，直到今天还让人争论不休的"真假帝姬案"。

那么，柔福帝姬到底是真是假？

可能有人会奇怪，公主还能冒充？宋高宗怎么连自己妹妹都认不出来，还得通过别人来辨认，又是看长相又是问过往的，宋高宗这个哥哥当得也有点太不走心了吧？

这个事还真不能怪宋高宗，不是他不走心，实在是他爹宋徽宗太走肾了。

宋徽宗是中国古代皇帝圈中有名的"超生游击队"。他嫔妃众多，生下的子女也多。在被金国人俘虏到东北后，这位老兄还在那样屈辱恶劣的环境下生下六个儿子和八个女儿，全加起来有过八十多个孩子。

宋代对宗室子弟的管理又很严格，出门要报备，回宫有门禁，社交有限制，行动不自由。说是锦衣玉食的天潢贵胄，其实不过是形同软禁的囚犯而已。从辈分上来说，柔福帝姬应该叫赵构九哥，赵构应该叫柔福二十一妹。但两人毕竟不是一个妈生的，平日里可能都没见过几次，堪称最熟悉的陌生人，认不出来才是正常的。

事实上，南宋初年假冒皇亲国戚的案子很多，只不过大部分冒充者要么被现场拆穿，要么在查验环节露馅。比如就在"柔福帝姬"回归两年后，有一个冒充钦宗亲妹妹荣德帝姬的女子来认亲，宋高宗派去老宫女一检查就查出来是冒名顶替的。

所以柔福帝姬能通过重重审核，平平安安地当了十二年皇帝妹妹，说她是冒名顶替确实有点不可思议。

但从另一个角度来说，柔福帝姬的回归也存在着很多不可思议的地方。

靖康之变时，被俘的宗室女子被逼跨越崇山峻岭，穿过沙漠沼泽，朝不保夕，食不果腹，疾病缠身，风餐露宿，还要随时忍受金兵的侵犯，很多人就这样死在了北上的路上。经历了地狱般的三个月后，侥幸活下来的韦氏和柔福帝姬等人被带到了金朝的上京会宁府，然后被安排在洗衣院[1]，一待就是好多年。

如果"柔福帝姬"是真的，她是怎么从看守严密的上京逃离的，又是怎么从东北一路南下江南的？这也是个谜。

---

[1] 洗衣院，又称浣衣院，是供金国皇族及贵族挑选女子以淫乐的地方，也作收容、惩罚宫女之用。

无论真相如何，总之，韦太后一口咬定真正的柔福帝姬一直和自己生活在一起，从未离开过东北，去年就已经死在了五国城。

内侍李愕是跟着韦太后一起南下的随行人员，他也证明真正的柔福帝姬后来嫁给了一个叫徐还的汉人，并最终死在了五国城。而徐还的父亲内医徐中立也在南下的名单中，他也可以证明李愕说的话，柔福帝姬就是他那死去的可怜儿媳妇。

几个人的证词相互印证，形成了完整的逻辑链，看上去应该是确凿无疑的铁案。

但是在这桩案件背后似乎还隐藏着更大的秘密，比如揭发柔福帝姬假冒案的关键人物韦太后，身上就有很多说不清的谜团。

第一个说不清的就是，韦太后到底多大岁数。

按照《宋史》的说法，韦太后以八十岁高龄寿终正寝。反推可知，靖康之变时韦太后四十八岁，是个年近半百的老太太。

但是在《开封府状》中却白纸黑字记载着韦太后当时的年龄是三十八岁，是个风韵犹存的半老徐娘。

这十岁的年龄差，可就太有信息量了。

试想一下，面对如狼似虎的野蛮侵略者，四十八岁妇女遭受侵犯的概率肯定比年轻少妇要低得多，这是再明显不过的道理。

《宋史》是严肃的官方史书，按理说是可信的。《开封府状》虽然记载于私人著作，但这个史料的来源可不简单，它实际上是当时金国人接收战利品的收货单。

开封城外城被攻破后，金国人提出赔偿军费黄金一百万锭、白银五百万锭，限十日内付清的无理要求，还"体贴"地给了一个"通融"的办法——钱不够，人来凑，明码标价，有多少算多少。

于是徽钦二帝就顺着户口本往下捋，将宫廷、宗室、官宦人家的妻女，还有城内的民间女子，哪怕是已经嫁人的、刚成年的、出家为尼的……总之，只要是女的，就全都绑来送给金国人。

《开封府状》上共记录妃嫔83人，王妃24人，帝姬、公主22人，嫔御98人，王妾28人，宗姬52人等，共计11 635人。

像韦氏这样有封号的妃嫔，其姓名、年龄等个人信息都要严格核对，仔细记录，被错误记录或篡改的可能性很小。再者说面对侵略者，女子谎报年龄也是尽可能往老了说，哪有明明四十八岁却偏说自己三十八岁的，这是生怕自己不被人盯上吗？

还有史料记载韦氏是被退休宰相苏颂送进宫当宫女的。结合苏颂的退休时间以及宋代招收的宫女不能超过十三岁的规定来推测，韦氏在靖康之变时也应该是三十八岁。

所以有史料称韦氏到了北方后，先入洗衣院为宫奴，后来可能和柔福帝姬一起嫁给了盖天大王完颜宗贤，甚至有人说韦氏还生过两个孩子。

这个事如果属实，那绝对是惊天丑闻。韦氏是绝对不会允许任何人泄露这个秘密的，不然她哪还有脸当什么太后啊？

史书中有这么一段记载：

绍兴十二年（1142）八月二十二日，韦氏第一天入住临安慈宁宫。

宋高宗好不容易和母亲重逢，开心地陪着母亲说话到半夜，但韦氏却表示自己有点累了，反复催促儿子回去睡觉。宋高宗不得已，就听话地回去了。

可儿子走后，韦氏虽然已经换了就寝的睡衣，却盘腿坐在床上，不知道在想些什么，一直寻思到后半夜才躺下入睡。史书在这里写了一句"太后聪明有远虑"。

韦太后的"聪明"和"远虑"，指的是什么？

反正我们只看到回归后的韦太后先是表示要出家，被劝阻后也终身穿着道袍，一副方外之人的造型，似乎在努力淡化自己作为"女性"的身份。

而就在韦太后回归一个月后，"柔福帝姬"被举报了。而且出面举报的宫女杨氏，作为关键证人的内侍李愕和内医官徐中立，全都是韦太后的身边人。

更神奇的是，被金国人抓走的皇室宗亲那么多，死在北方的帝姬公主也不是一个两个，可她却偏偏带回了刚好可以作为证据的"柔福帝姬"的尸骨。这个女子究竟有什么特殊之处，能和宋徽宗本人、宋徽宗皇后和宋高宗原配妻子的尸骨一个待遇，被千里迢迢地运回南宋呢？

总之，我们只看到能指证"柔福帝姬"的人证、物证一次性全都凑齐了，并且全都和韦太后有关，这难道不是太凑巧了吗？

而且除了柔福帝姬之外，还有一些有可能知道韦太后过往经历的人，也都疑似遭到了打击。

比如和金朝对接韦太后南下事宜的参知政事王次翁，被韦太后找借口告了一状，差点被皇帝当场宰了。幸亏他是秦桧的亲信，最后免于一死，直接被强制退休了。王次翁的手下、随员等，也因"妄造言语，动摇人心"之罪被发配边疆了。

还有被扣留在金朝十五年的洪皓，他忠于宋朝，在北边不断搜集金朝的消息情报，是被高宗誉为"苏武不能过"的大忠臣，却在韦太后回来后被冷落，因"造为不根之言，簧鼓众听，几以动摇国是"的罪名被发配。

绍兴十七年（1147）四月，韦太后朝拜景灵宫，这里是存放赵宋皇室成员牌位的地方。但韦太后的弟弟韦渊却对姐姐"出言诋毁"，然后也被收拾了。韦渊也是迎接韦太后南归的团队成员，他到底"诋毁"了什么，史书上一个字都没写。但如果韦太后曾在北方嫁过人，又回来祭拜前夫的牌位，这在知情人眼里，的确是值得说道说道的话题吧？

总之，不管是秦桧的党羽、国家的重臣，还是皇亲国戚，好像只要和韦太后南下沾上点关系的人，要么被弃用雪藏，要么被流放远方，而且都是因为"诽谤"这类的罪名。

更耐人寻味的是，韦太后是南宋接受的第一批被俘家属，也是最后一批。从此之后南宋再也没从金朝那儿接回过任何皇室宗亲。如果宋高宗不想让哥哥宋钦宗这样的男性成员回来，是怕动摇他的皇位，可那些被俘的女子对他又没有什么威胁，接回来几个也算家人团聚吧？

但韦太后回来之后，这种事就再也没有发生。不管是临走前最好的姐妹乔贵妃叮嘱她"莫忘了此中不快活"，还是曾经的皇帝宋钦宗哀求她"吾若南归，得为太乙宫使足矣"，反正这之后宋金之间再也没有发生过类似的俘虏送还。

有的人上岸后就砍断了身后人手里的救生绳，你说这又是为什么呢？

最合理的解释就是韦太后不希望以后再有人从北边回来，至于在她之前回来的嘛，嗯，也不是没有处理的办法。

所以从逻辑上来说，韦太后有撒谎的动机，柔福帝姬有含冤的可能。

我们再来看"柔福帝姬"逃离金朝的可能性。

在金朝分批押送的过程中，的确有个别皇亲成功逃脱的案例，比如濮安懿王的曾孙赵士珸等人。不过这些成功案例大多是宗室男性成员。嫁给完颜宗翰的顺德帝姬在没有报告的情况下私自离开，结果就被守军给抓住了，这说明金朝对北迁赵宋宗室的看管还是很严格的。柔福帝姬一个年轻女子，不但要逃过金朝守军的追捕，还要孤身一人从东北跨越万里之遥，穿越宋金交战的战场成功抵达江南，这操作难度的确是有点过高。

而且记载柔福帝姬死于北方的《呻吟语》和《宋俘记》这两本书都是金朝人写的，肯定没有篡改事实配合南宋的必要。

但换一个角度来想，所谓的"李善静"在招供时承认，她逃离队伍时是被人连续拐卖了三次，这才流落到南边的，这不是反过来证明如果柔福帝姬只身逃亡，也不一定是凭借自身的力量跑到南边的，完全有可能是被"拐卖"过来的吗？

　　同样的史料，从正反两方面似乎都可以解释得通。除非有人能拿出"柔福帝姬"的DNA检测报告来，不然永远都没法得到一个科学的结论。

　　但我们可以换一个思路。也许"柔福帝姬"是真是假并不是最重要的，最重要的是宋高宗需要的是"真"还是"假"。

　　南宋初年的宋高宗除了要面对金兵的军事压力，还要担心来自国内的政治压力。他这个皇位从法理上来说其实是"自立"，毕竟他既不是太子，也不是先帝指定的继承人，只不过因为有继承资格的都被一网打尽了，这个皇位只能轮到他来坐。

　　对于这时的宋高宗来说，迫切需要获得赵氏宗亲的拱卫和认同，所以南宋初年取消了对宗室成员的诸多限制，允许老赵家的人广泛参与政治。而对于可能南归的皇亲，南宋方面也是抱着一种宁可认错、也不放过的心理。哪怕假冒案频发，宋高宗依然下令地方如有自称皇亲的人，一定要郑重招待、及时上报。

　　那些低劣的冒充者，自然是该咋收拾就咋收拾。但是像"柔福帝姬"这种各方面都没法完全"证伪"的人，其实处在"可真可假"的模糊范围。

　　既然如此，那就干脆让她变成真的！

　　多养个妹妹能花多少钱、费多少劲？但由此带来的政治收益却是巨大的。毕竟有太多人骂宋高宗不出兵北方解救家人了。现在有一个送上门的"家人"，自己当然得好好对待，并且还得弄得举国皆知，这样才能尽可能地减轻宋高宗因为苟且求和而面对的舆论压力。

但是随着宋金合约的签订，宋高宗皇位也坐稳了，母亲也回来了，一切都步入正轨了。这个妹妹是真也好，是假也罢，对于高宗来说都没有区别。

　　既然母亲说她是假的，那她就得是假的。

　　一个连岳飞都能冤杀的人，就算杀了个有血缘没感情的妹妹，又算得了什么呢？

　　曹雪芹《红楼梦》中有一副著名的对联："假作真时真亦假，无为有处有还无。"

　　放在这里，还真是贴切。

致命的"免死金牌"：朱元璋为何血洗功臣

公元1384年，大明洪武十七年，驻守北平的魏国公徐达背疽发作。作为大明开国功臣之首、帝国北部防线的最高负责人，徐达戎马一生的赫赫战功背后，是饱受伤病折磨的身体。

朱元璋听说徐达的病情后，立刻派徐达长子徐辉祖携带皇帝敕书前往北平慰问，并且把徐达接回气候相对温暖、医疗条件也更好的南京疗养。

但是一年后徐达的病情却突然加重，随后病逝于南京，享年五十四岁。

徐达死后，朱元璋悲痛万分。他不但辍朝哀悼，还亲自到徐达家吊唁，亲笔为徐达撰写神道碑文，下诏追封徐达为中山王，配享太庙，极尽荣宠。

但是，却有人说朱元璋所做的一切都是猫哭耗子假慈悲。因为徐达就是他害死的——徐达背上长了毒疮，这种病最忌讳吃"发物"，但朱元璋却故意赐给徐达一只肥腻的蒸鹅，徐达流着泪吃完，不久就病发身亡了。

卸磨杀驴、上房抽梯、过河拆桥、兔死狗烹……这就是朱元璋的真实嘴脸，仅"洪武四大案"[1] 就杀了至少十万人，其他零敲碎打

---

[1] 洪武四大案，又称明初四大案，即"空印舞弊案""郭桓贪腐案""胡惟庸谋反案""蓝玉谋反案"。后两个案子也常合称为"胡蓝案"或"胡蓝之狱"。

弄死的人更是不计其数。哪怕是战功赫赫、忠心不二的徐达也没能躲过老朱的屠刀。

事情真的是这样吗？

先辟个谣，徐达的死和蒸鹅无关，而且朱元璋压根儿没给徐达送过蒸鹅。

用现代医学的观点来说，徐达所患的背疽可能是因为金黄色葡萄球菌侵入毛囊而引起的急性化脓性感染，鹅肉并不会造成病情的恶化。

从史料实证的专业上讲，"赐蒸鹅"这个故事最后本来有一句"本故事纯属虚构"，明明是古人用来辟谣的声明，没想到传着传着竟成了谣言本身。

有人可能会说，朱元璋就算没有杀徐达，但也没少杀其他的功臣啊。

没错，如果不算事后追封的爵位，明朝建立后，能活着拿到公侯封爵的功臣共五十九人，其中有二十六人被朱元璋杀了，剩下的不是死得早就是被废掉，保全到最后的仅有长兴侯耿炳文和武定侯郭英而已。可以理解为朱元璋在自己走之前，把跟着自己打江山的老兄弟们几乎全给送走了。以至于后来连参与修《明史》的徐乾学都实名吐槽，说在朱元璋手下干到三品官的大佬有三百多人，但能留下详细记载的却只有十分之一，不是其他人没功劳可记，而是他们都被老朱宰了，导致史官们无从下笔，只能语焉不详或一笔带过了。

中国古代有很多君主自毁长城、屠戮功臣的案例。但论杀人数量之多，持续时间之长，清洗程度之彻底，明太祖朱元璋绝对是笑傲全场。清代史学家赵翼说朱元璋的残忍程度在历史上都是独一份的存在，本质上就是个变态杀人狂。

但我们细看史书就会发现，其实朱元璋最开始完全没有杀功臣的打算，甚至是打算和这帮老兄弟"朋友一生一起走"的。

早在朱元璋刚起兵时，他的首席智囊李善长就建议他学习"老乡"刘邦的成功经验。[1] 所以朱元璋处处以刘邦为榜样，效仿这位老乡兼前辈的知人善任、仁义爱民。但朱元璋对刘邦的成功经验并不盲从，他是取其精华去其糟粕，既有继承，也有发扬。

公元1366年，这时候老朱还没当上皇帝，有一天，他问了大臣们一个问题："汉高祖、唐太宗谁更优秀？"

有大臣表示汉高祖更优秀，但老朱显然不认可这个观点，他表示刘邦哪哪都好，但是太爱猜忌，杀了不少功臣，这样做太不讲究了。唐太宗不杀功臣，让老兄弟们都能善终，显然更优秀啊。

公元1368年，朱元璋在南京称帝，年号洪武，立十四岁的长子朱标为太子，然后第一时间公布了一份非常长的东宫僚属名单，包括太子少师李善长，少傅徐达，少保常遇春，谕德资善大夫邓愈、汤和，赞善大夫刘基，等等。

这份名单囊括了大明开国时的顶级文臣、超级战神，还有天下第一的聪明人，基本上是把朝堂上的中坚力量都派到太子东宫当兼职了。这其实并不是皇帝培养接班人的主流方式，正常的做法是皇帝和朝廷大臣主持一线工作，太子带着预备干部在旁边观摩学习。

朱元璋却希望太子接班后还能接着任用这帮老兄弟，所以才从一开始就让功臣们直接兼任太子的属下，一套班子两块牌子，以后发生权力交接时也能无缝对接。

朱元璋还特别注意培养功臣的下一代。尤其是那些大老粗的武将，朱元璋不但希望他们能多读书，还要求他们必须把孩子送到国子学里接受教育。这帮年轻人毕业后，朱元璋还负责分配工作，授

---

[1] 刘邦是沛郡丰邑人，朱元璋祖上是沛郡人，生在濠州。

予他们相应的官职，把功臣的孩子当作人才第二梯队来培养，让他们逐渐参与到国家管理中来。

而且除了读书和工作，朱元璋还操心这群"功二代"的婚姻大事。皇帝陛下大手一挥，直接给年轻人当场发对象。

朱元璋有十六个女儿，其中的八个嫁给了开国武将的子弟，而他的儿子也大多娶了功臣的女儿为妻。这种大规模的联姻让皇室和功臣们结成了紧密的关系，朱元璋在建国初的种种做法都表明，他是想让开国功臣以家族为单位，一代一代接力地给老朱家打工。

为此他还专门设计了铁券制度。

铁券是君主赐予臣子世代保持特权及免罪免死的一种信物，也就是老百姓俗称的"免死金牌"。这也是朱元璋对偶像刘邦的致敬，因为铁券最早就起源于西汉。

只不过这个事没有形成固定的典章制度，一开始朱元璋也不知道该咋弄。后来有人说台州的钱氏家族收藏有当年唐朝赐予吴越王钱镠的铁券，朱元璋立刻派人去现场调研，参考实物，结合实际，在洪武三年（1370）设计出一套大明版的"铁券"，并颁发给六位公爵、二十八位侯爵，基本涵盖了明初开国功臣集团的第一梯队。

不同爵位的功臣所领取的铁券材质、等级、尺寸等细节各有不同。铁券上刻有赐券日期、持有者的姓名、爵位、工资待遇、工作简历等信息。铁券持有者及子孙只要不谋反，一般的违法行为都可以免死。这个铁券还可以世袭继承，让这些功臣可以永荷禄位，长受宠荣，"永将延祚子孙"。

这些持有铁券的功臣家族在政治、经济等方面享受各种优待，已经成了明朝统治阶级最高层的核心部分。朱元璋的想法就是用特权与财富来换取功臣们的效忠，既保全了共同创业的兄弟之情，又延续了奔赴未来的君臣之义。

一石二鸟，一举两得，一箭双雕，一枪两眼儿……

还是老朱我高明，既不伤兄弟间的和气，又能给子孙后代提供源源不断的好帮手，这可把我给厉害坏了啊。

在这一刻，朱元璋一定觉得自己英明神武得不行，恨不得又会儿腰显摆显摆才过瘾。

朱元璋自以为做得已经够讲究了，理应换来臣子们的遵纪守法和忠心报效。但他似乎忘了一个词叫"欲壑难填"。

很多铁券在手的功臣不但不感恩戴德，反而加大力度为自己和家族攫取利益。毕竟只要不谋反，法律就管不到我，这简直就是无敌的存在啊。他们纵容家人巧取豪夺、杀戮无辜，严重地妨碍了法律的执行，甚至已经到了影响赋税征收、激化社会矛盾的程度。

朱元璋一看这么搞不行啊，所以他就紧急给自己开的口子打补丁。

公元 1372 年，朱元璋颁布《铁榜文》，规定仗势欺人、侵夺财产、干预行政等严重违法犯罪行为都属于"死罪"。而一些小的犯罪行为也会被记录在案并持续累积，集齐三个"小罪"就可以免费兑换"死罪"一次，免罪次数一旦用完，铁券自动作废，以后这家人再犯罪就该咋判咋判了。

通俗来说，就好比把一个杀不死的不死族，变成了一只有九条命的小猫咪，或者相当于打游戏时多给了几张"复活卷轴"。铁券依然是开国功臣们的特权，但不能"特"得太过分。

这个时候，朱元璋虽然对功臣们的违法乱纪感到不满，但他又是苦口婆心，又是威胁暗示，针对的只是做得太过分的个别人，并没有清洗整个功臣集团的意思。

但有些事并不以人的意志为转移，朱元璋最后还是"不得不"对功臣举起了屠刀。

如果说痛恨贪官污吏是朱元璋早年成长经历带来的肌肉记

忆，当了皇帝之后，朱元璋格局打开了，才发现这世界上原来还有一种比贪官更可恨的存在，那就是权臣。

准确地说，是功臣集团中的那些文官。

朱元璋是个权力欲和控制欲都极强的人，无法容忍任何人分享他的权力，但以丞相为首的文官却注定要在一定程度上分享、制约甚至侵犯皇帝的权力。这是天然存在且不可消除的矛盾，自秦始皇开创皇帝制度以来，历朝历代都是这么过来的啊。

什么？不可消除？朕怎么就不信呢？

公元1380年，洪武十三年，"胡惟庸案"爆发。朱元璋不但杀了"结党擅权"的丞相胡惟庸，他甚至还直接废除了存在了上千年的宰相制度。

胡惟庸被杀后，明太祖废除丞相，取消中书省，并严格规定后代子孙不得再立丞相。丞相废除后，具体事务由六部分理，皇帝直接统管六部，实现了字面意义上的"一言九鼎"。

在朱元璋看来，消灭相权的方式很简单，直接把行使相权的人和职位干掉不就完了？

此后胡惟庸的罪名也逐渐从"擅权"过渡为"谋反"，并且一"反"就是十年。

是的，胡惟庸虽然已经死了好多年，但他的"谋反大业"却没有停止。

公元1390年，洪武二十三年，退休在家的李善长等人被指控与胡惟庸谋反案有关。正好当时天象有变，说有灾星出现，需要献祭一个大臣来消灾，于是朱元璋就非常贴心地赐死了已经七十七岁高龄的李善长。可能是怕老人家一个人上路太孤单，就顺便把老李家的妻女弟侄等七十多口人一起打包全送走了。

当时就有人给李善长喊冤，说他没有理由也没有道理参与一场十年前的谋反。向来暴脾气的朱元璋却罕见地拒绝回应，显然他也清楚自己在做什么。所谓谋反案不过是个借口，彻底把文官手中的相权打下去、实现皇权的唯我独尊才是他的目的。

在长达十年的胡惟庸案中，共牵连到一位公爵和二十一位侯爵，被杀者超过三万人。本案中虽也有一些武将丢了命，但总体上来说朱元璋的重点打击对象是文官。

这是因为在朱元璋的认知里，武将就是要比文官更可靠。

这和他夺取天下的方式有关。如果是和平夺权的改朝换代，文官在其中发挥的作用就更大，在新政权中的话语权自然更高。而朱元璋是乱世起家，以武力统一天下，你看他老人家的年号就叫"洪武"，浑身上下都洋溢着"你瞅啥，瞅你咋地"的豪横气息。对于功臣团队中的武将和文官，朱元璋不能说是双重标准，也称得上是厚此薄彼。

虽然大明开国功臣中排名第一的韩国公李善长是文官，但受封公侯伯爵的主体是武将，朱元璋更信任、更亲近的是武将，他着力培养、打算留给儿子接着用的也是这些武将家族。

老朱是苦孩子出身，从小到大没少被贪官污吏欺压，他虽然在建国称帝的过程中重用了李善长、刘基和宋濂等读书人，但从骨子里对这帮知识分子是没啥好感的。

比如，当时有个大臣叫茹太素，学问一流，满腹经纶，给朱元璋写奏折，随随便便都是一万字起步，而且各种引经据典，旁征博引，铺垫半天也不说正事，看得朱元璋十分头疼，于是朱元璋就让人把茹太素抓来打了一顿。

没错，把大臣摁地上当众打屁股的廷杖制度，也是在朱元璋手上发扬光大的。

后来有一次宫中举办宴会，朱元璋和茹太素喝酒时来了一句："金杯同汝饮，白刃不相饶！"

翻译过来就是，工作做得好，美酒配佳酿；工作干不好，砍你没商量。

如此严苛的绩效管理制度，再黑心的资本家看了都要流泪。

这就是朱元璋，对你好的时候绝对要好透，让你死的时候也绝对得死透。高情商的讲法叫爱憎分明的真性情，低情商的说法就是左右横跳的二极管，给这样的老板打工实在是再恐怖不过的事情了，据说当时很多官员上班都跟上刑场一样，把每一次通勤之路都走出了黄泉之路的既视感。

朱元璋杀人虽多，但也是为了达到某种目的，并不是单纯地为了杀人而杀人。

随着朱元璋改革中央官制的目标实现，随着有威胁的文官大佬的凋零，"胡惟庸案"似乎也可以结案了，朱元璋也准备封刀了。毕竟事情已经办得差不多啦，太子朱标也成长起来了，等朕一闭眼，这江山就交给太子咯。

只是没想到，这接力棒还没交，跑下一棒的人就提前退赛了。

公元1392年，洪武二十五年，三十八岁的朱标去世，一下子打乱了朱元璋所有的安排。

朱元璋首先要思考一个问题——大明的新继承人选儿子还是选孙子，如果选儿子要选谁，如果选孙子又要选谁？

明代的史料一直说朱元璋本来想立燕王朱棣，只不过被小人搅黄了。这个说法虽然有往朱棣脸上贴金的嫌疑，但不可否认的是在洪武二十五年的时候，朱棣的确是朱元璋剩下儿子里最有能力、最有威望的一个，如果朱元璋想在儿子中选一个新太子，大概率是会选朱棣的。

不过朱元璋最终没有选择任何一个儿子。

因为朱元璋需要形成规矩，而嫡长子继承制就是他这个开国之君必须给后人立下的榜样。玄武门之变中夺权上位的唐太宗的确是个难得的好皇帝，但他也给唐朝树立了一个非常糟糕的榜样，唐代后来出现那么多夺嫡争位的烂剧情，光类似"玄武门之变"这样的宫廷政变就有四次之多，这就是因为一开始的规矩没立住。

朱标虽然早死，但他毕竟留下了后代，嫡长子的血脉并未断绝。如果朱元璋在其他儿子中挑一个立为新太子，本质上也是废长立幼，这既坏了规矩，也容易引起其他儿子的不满，埋下内乱的隐患。所以他在大臣们的建议下决定还是立嫡长孙为继承人。

好的，到这一步似乎问题已经明朗了。但其实并没有，因为谁才是嫡长孙，这也是一笔乱账。

朱标的原配妻子常氏是开平王常遇春之女，次妃吕氏是太常寺卿吕本之女。

常氏在洪武七年（1374）生下了长子朱雄英，吕氏在洪武十年生下了次子朱允炆。

一年后，常氏在生产时遭遇难产，母死子存，朱标的第三个儿子朱允熥出生。四年后，嫡长子朱雄英夭折，按理说他弟弟朱允熥就应该是嫡长子。可问题在于常氏死后，次妃吕氏就成了正妻，所以朱允炆也算嫡长子。

朱允炆和朱允熥这两兄弟，到底谁才算是朱标的嫡长子，这个问题让朱元璋头疼了许久。此时朱元璋已经六十多岁，没有更多的时间留给他从容安排一切了，所以他最终立年纪更大的朱允炆为皇太孙，也就是下一任的皇帝。

看着孙子那没被成年人世界毒打过的天真模样，朱元璋只觉得心好累。儿子朱标在他眼里是个读书读得有点上头的软性子，但怎么说也是年近四十的成年人，在老朱的锻炼下有丰富的治国理政经验，有威望，有团队，能控制得住朝堂和军队，称得上是一个合格的继承人。

但眼前的这个少年郎那真是经验、阅历、威望一样也没有，完全就是看成败人生豪迈，只不过是从头再来。

可惜，留给朱元璋的时间不多了啊。他只能紧急调整原有的计划安排，争取在最短的时间内为孙子的接班搞定一切隐患。

所以胡惟庸这个案子，还远没到彻底结案的那一天啊。

洪武二十五年（1392）四月，太子朱标去世。

八月，靖宁侯叶升因卷入胡惟庸案而被杀。

九月，朱允炆被立为皇太孙。

洪武二十六年（1393）二月，锦衣卫指挥蒋瓛告发蓝玉谋反，"蓝玉案"爆发。

这几件事表面上看起来风马牛不相及，但被牵连的靖宁侯叶升还有一个身份，那就是蓝玉的亲家。

而蓝玉也有一个特殊的身份，他是开平王常遇春的小舅子。朱标娶了常遇春的女儿，所以从辈分上来说朱标也可以叫蓝玉一声舅舅。朱标和蓝玉不但在辈分上亲近，私人关系也比较好，朱标很信任蓝玉，有什么事情都愿意和他商量。在开国第一代战神徐达、常遇春相继离世的情况下，蓝玉已经是明军中最有战斗力的名将，也是朱元璋留给太子朱标安定天下的大杀器。所以不管蓝玉之前如何嚣张跋扈、违法乱纪，朱元璋也睁一只眼闭一只眼当没看见。因为他知道朱标能治得住蓝玉，也用得好蓝玉。

但是朱标一死，这个事就变得尴尬起来了。

朱元璋立朱允炆为皇太孙后，还把朱允熥给软禁了。从血缘上来说，蓝玉恰恰是朱允熥的舅姥爷，对皇太孙朱允炆不咋亲近。从君臣关系来说，嚣张跋扈又有战斗力的蓝玉就更不会服朱允炆这个小屁孩儿了。

所以此时的蓝玉，已经从大明的未来守护者变成了不稳定因素，甚至原本朱元璋重点培养、打算留给太子的整个武将集团，都已经变成了不可控的危险因素。

用来防范敌人的利刃，突然变成了扎向手心的倒刺，唯一的解决办法自然是全都拔掉!

公元 1393 年,大明洪武二十六年二月九日清晨,凉国公蓝玉在上班路上,被一群侍卫以"意图谋反"的罪名当场逮捕。

蓝玉的确嚣张跋扈,经常在皇城里都迈着六亲不认的步伐。但"谋反"这个罪名实在太大,他声嘶力竭地喊冤——我为朝廷立过功!我为大明流过血!你们不能这样!我要见陛下!

但是那并没有什么用。

蓝玉被捕入狱后,大规模的抓捕和审讯随即开始。仅仅一天时间就完成了立案调查、口供搜集、提起公诉、结案判决的全过程。最终蓝玉被判"谋反罪"成立,判处死刑并立即执行,并附带没收个人全部财产、灭三族。所有卷入"谋反案"的相关人等全都得死,而且一死就是一户口本,因株连而被杀者约一万五千人。

朱元璋还特意把此案的结案报告编辑成《逆臣录》,以此来警示天下,史称"蓝玉案",即"洪武四大案"中最后一案。

但这份记载蓝玉谋反罪证的《逆臣录》中,却有很多看起来非常滑稽的供词。

比如蓝玉谋反之前跟个小喇叭广播站一样到处发表谋反言论——"做一场""有机会做一场""要谋一件大勾当"……并且蓝玉的谋反还非常接地气,很注意发动群众,什么打鱼的、卖货的、种地的、打更的、当临时工的……只要是个喘气的活人就全在他的招揽范围之内,看起来属实有点草率过度了。

如果单纯从法律角度来看,"蓝玉案"在程序正义方面不能说是一塌糊涂,也称得上是一地鸡毛。

但朱元璋已经没有那个时间和精力把这个案子办成完美无瑕的铁案了。太子朱标的早逝让老皇帝不得不快刀斩乱麻。管案子办得漂不漂亮呢,先办了再说!

可以说如果朱标不死,历史上只会有"洪武三大案",根本就不会有最后的"蓝玉案"。但历史不能假设，发生了就是发生了，而朱元璋这个人向来是要么不做，要做就做绝的。

洪武二十七年（1394），颍国公傅友德被赐死。

洪武二十八年（1395），宋国公冯胜遭到无罪赐死。

史料中并未记载这两位功勋卓著的公爵犯了什么罪过，此时的朱元璋已经到了杀人都懒得编理由的地步了，只要是他认为的潜在威胁，管他什么罪名不罪名的，先弄死再说。

唯一合理的解释，可能就是因为傅友德和冯胜都有个藩王女婿，有可能会威胁到皇太孙的皇位吧？

不管怎样，此时的朱元璋就是一路杀杀杀。延续十几年的所谓"胡蓝之狱"最终牵连了近五万人，无数高官显贵、军中故旧，全都在朱元璋的屠刀下身首异处，整个明朝开国的功臣集团几乎团灭。

从某种意义来说，朱元璋也算守住了自己"朋友一生一起走"的初心——反正我要走了，走之前先送你们"走"！

曾经的朱元璋，看不起刘邦屠杀功臣的不讲究行为。但打脸来得就是那么快，最后的最后朱元璋才发现，刘邦杀的功臣连自己的一个零头都不到。这可能就是俗话说的"笑话人不如人"吧。

朱元璋没有想到，他竟然最终活成了自己最讨厌的样子。

生死不明的皇帝：建文帝下落之谜

公元1402年，大明京师南京应天府历经几十年修建、扩建、完善、改造而形成的四重城垣防御工事，终于迎来了第一次实战检验的机会。

讽刺的是，这次攻城的是明军，守城的也是明军。

这场战争就是史上著名的"靖难之役"。攻城的是燕王朱棣，守城的是建文帝朱允炆。

明太祖朱元璋精心修筑的南京城依山临水，城高墙厚，易守难攻，堪称古代攻城者的噩梦。

但堡垒往往都是从内部被攻破的。

当燕王朱棣的主力部队出现在金川门外时，守城的谷王朱橞与曹国公李景隆第一时间开城投降。京师陷落，这场皇族内战也终于迎来了最终的落幕。

好吧，并没有。

因为接下来的事才是真正的重头戏。

当燕王的军队潮水般涌入城中时，皇宫大内突然燃起大火，滚滚浓烟直冲天际。等到燕王朱棣赶到失火现场，只看到一片狼藉的宫殿废墟和烧得面目全非的尸体。

据参与救火的太监们说，建文帝本来是想亲自迎接叔叔朱棣的，但又觉得没脸见人，就拉着妻子马皇后以及七岁的太子朱文奎自焚而死了。

朱棣听完后哭着说：这傻孩子，咋那么想不开呢！我是来帮你的啊，你咋还走极端了呢！

伤心表演完毕，朱棣就在群臣的劝进下称帝，改年号为永乐，史称明太宗，后在嘉靖时改为明成祖。

对于建文帝的结局，明代官方给出的说法大概就是建文帝接了太祖朱元璋的班后，被奸臣所蒙蔽，各种干坏事，结果英明神武的朱棣一出手就成功挽救了误入歧途的大明，建文帝受奸臣逼迫再加上没脸见人，所以就拉着老婆、孩子自焚了。朱棣第一时间派人去救火，但可惜来迟一步，没能阻止建文帝做傻事。

这不只是大明内宣的专用版本，在明朝对朝鲜等附属国所颁布的诏书中也是这么说的。

当然，说是这么说的，真不真就是另外一回事了。

靖难之役虽然从军事上来说是结束了，建文帝在法律意义和政治层面上也被官宣为"死亡"了，但有关他的传说却一直扑朔迷离。有人说他在城破时自焚殉难，也有人说他是假死出逃。

不只是今天的人们在争论建文帝的死活，古人也普遍不相信建文帝真的死在了那场大火中。许多年后，年幼的万历皇帝曾问过自己的老师张居正：建文帝到底是死了还是跑了？

博学多才的张居正老师也只能说这个事咱大明的国史里没写，但老人们都传说建文帝当年是落发为僧，从暗道跑掉了，具体去哪儿了谁也不知道。

可见张居正也倾向于认为建文帝没死，这应该是当时人的普遍观点。所以后来清朝修《明史》的时候，也说建文帝是"宫中火起，帝不知所终""或云帝由地道出亡"，并没有一口咬定建文帝死于自焚。

于是这就引发了一场持续千百年的大争论，即建文帝的下落之谜。

建文帝到底是死是逃？如果是逃走，他又逃到哪里去了？

一切的谜团都源于城破之时的那场大火。

作为内战中的失败者，建文帝的确有自杀的可能。当然所谓建文帝被奸臣胁迫，或者是觉得没脸见叔叔朱棣这种理由，完全是史书为了给朱棣脸上贴金，强调朱棣称帝是人心所向、天命所归而已，基本上没啥可信度。

在金川门被自己人打开的那一刻，建文帝应该是绝望的。

明明他才是大明的合法皇帝，战争中的绝对优势方，结果手拿一把王炸的他却被叔叔朱棣反败为胜，打进城来，这仗输得的确是窝火，在心灰意冷之下选择自我了断也是很合理的。

但相比于大明另一位自杀的皇帝崇祯皇帝，你就会发现这里面还是有值得探讨的地方。

建文帝和崇祯帝面临的绝境很相似，都是败局无法挽回，内部有人反水，众叛亲离，一败涂地。

但不同的是，建文帝面对的是有血缘关系的亲叔叔，说到底是老朱家自家人的内斗。而崇祯帝面对的是李自成的农民起义军，是真正的亡国灭种。

在敌军打进来时，建文帝和崇祯帝都亲手杀过人，只不过建文帝杀的是勾结朱棣的徐达次子徐增寿，而崇祯杀的是自己的老婆、孩子。由此可以看出，建文帝在临死前还有心情杀人解恨，而崇祯则是真的已经绝望到了无以复加的地步。

可哪怕绝望成这样，崇祯选择的自我了断方式也是上吊，总归痛苦小些，还能留个全尸。建文帝为何要选择自焚这种惨烈的方式呢？

除非，火是建文帝必须用到的关键道具。

在侦探片里，经常会看到凶手放火焚烧犯罪现场的情节，因为很多关键信息都会被大火掩盖。如果说凶手放火是为了毁尸灭迹，那建文帝放火会不会就是为了销声匿迹呢？

毕竟这场突如其来的大火，让皇宫中忙作一团，也吸引了所有人的注意力，这肯定方便建文帝趁乱跑路。同时大火焚烧后，各种行动痕迹、出逃线索，包括尸体的面貌都被破坏，也具备偷天换日、冒名顶替的条件。如果像崇祯那样上吊而死，尸体完整，面目清晰，就完全没有后续操作的空间了。

事实上，这场大火的确起到了相应的作用。在火场中找到的尸体到底是不是建文帝，其实并没有确凿证据，毕竟那个时候也没有类似今天的法医尸检和基因鉴定，面对一具面目全非的焦尸，谁能认出来他是谁啊？

《明史》中记载这场大火时，用了"出帝后尸于火中"这样的句子。其实这本身就留有想象的空间，所谓"帝后尸"，是指"皇帝和皇后"的尸体，还是"皇帝的皇后"的尸体？

有观点认为，当时找到的只是建文帝的皇后马氏的尸体，但造反的燕王朱棣需要一个死掉的建文帝，所以才指鹿为马，撒谎说找到了建文帝的尸体。这样朱棣的称帝才符合法理。

对于刚打进南京城的朱棣来说，他第一时间需要的是在政治上宣告建文帝的"死亡"，确立自己称帝的合法性，而不是追查这个人是否还活着。之后他费了好大的力气，十几年如一日地试图抹去建文帝存在过的痕迹。比如，朱棣从来不承认建文帝的皇帝身份，一直称朱允炆为"建文君"；甚至连"建文"这个年号他也不承认，直接把老爹朱元璋的"洪武"年号强行延长了四年，把建文四年（1402）改成了洪武三十五年，然后接上永乐元年，给人一种朱元璋完事之后就是朱棣接班的错觉。

但神奇的是，对这样一场皇室内部的权力争夺，底下的大臣却个个反应激烈。朱允炆的老师方孝孺就因为拒不投降朱棣，被朱棣一怒之下"株连十族"。

而类似方孝孺这样的建文忠臣并不在少数。史书中记载朱棣称帝之初，大批官员选择自杀殉难或逃亡，甚至有位御史模仿"荆轲刺秦王"，企图刺杀朱棣。

这在以往的皇室内部斗争中并不常见，你看唐太宗李世民在玄武门之变中杀兄灭弟逼父夺权，那也不耽误李建成阵营的魏徵跳槽啊。

其实在大臣们看来，你们高层之间的斗争不过是"肉烂在锅里"的权力游戏，甭管谁赢了，总归是你们某某家自己人，又不是改朝换代、亡国灭种，我们这些打工仔只需要跟着胜利者继续混就完了呗。

但到了靖难之役中，为什么会有那么多大臣在城破后依然选择忠于建文帝，哪怕身死逃亡也不愿臣服于朱棣？很可能就是因为大家都相信建文帝并没有死，这场战争还没有真正结束。

而就朱棣称帝后的许多反应来看，也能从侧面证明建文帝并没有死。

史料记载建文帝曾为浦江义门郑氏题字，算是对郑家人有恩。朱棣称帝后，有人举报郑家窝藏了建文帝，朱棣就"遣使廉之"，也就是派出专案组去调查。结果调查发现郑家并无窝藏之事，于是就把诬告者给砍了。

这件事乍一看没什么问题，但仔细一琢磨却有点不对劲——如果朱棣百分百确定建文帝死于那场大火，为什么要派出专案组去调查之后，才能确定郑家是被诬告呢？难道不应该在一开始有人举报的时候，朱棣就把举报者砍了，还郑家一个清白吗？

没错，朱棣不能这么做。因为他也知道那具尸体不是建文帝，所以他得通过调查才能确认这是检举还是诬告。

既然建文帝大概率没有死在那场大火中，那他是怎么逃出去的呢？普遍观点认为，他是带着心腹大臣，化妆成僧人通过暗道逃出城的。因为朱棣登基后曾长期关押了一个据说是为建文帝剃度的和尚，直到多年后才释放。还有观点认为南京城墙的确留有可供人秘密进出的暗道，完全可以满足建文帝君臣逃亡的需要。

随着时间的推移，后来连建文帝逃亡的具体细节也变得越来越丰富了。

明代中期以来，有关建文帝的话题不再是不可言说的政治禁区，于是大量相关的文人笔记都冒出来，据说都是当初跟随建文帝流亡四方的忠臣留下来的逃亡笔记，其中影响较大的包括《从亡随笔》《致身录》等。

这些笔记中的记载往往非常神奇，甚至是神神道道，大概画风是这个样子的：

当朱棣的大军进入金川门时，建文帝是想一死了之的。但身边的随从程济却劝皇帝不如跑路，毕竟留得青山在，不愁没柴烧。

而且据说这位程先生还擅长奇门遁甲，一早就预测出朱棣要造反，所以建文帝对他的话特别信服，这才打消了寻死的念头，燃起了逃亡的希望。

但是敌军已经进城了，建文帝又是个文弱皇帝，就这么跑出去那也是白给啊。

这时身边人又说了，太祖皇帝生前留下一句话，说奉先殿里有一个保命的匣子，遇到危难的时候可以打开。

于是大伙把那个匣子找来打开一看，里面全是僧人用的东西——有僧衣、僧鞋、剃头的剃刀，还有三张度牒，也就是和尚的法定证件，还有一些金银。

原来明太祖朱元璋早就料到燕王朱棣要造反，为了以防万一，已经给孙子建文帝找好了后路，定下了脱身之法。

我大明太祖，真是英明神武，算无遗策，前知五百年，后晓五百载……

啊，等一下。

危难之际的锦囊妙计，提前备好的万全之策，预判了所有人预判的神机妙算……嗯？这是朱元璋，还是诸葛亮啊？

如果老朱真的料到四儿子朱棣会造反，甚至还能一路逆袭打下南京城，以他老人家那个杀伐果断的脾气，早就把四儿子灭了以绝后患，再不济也是夺爵罢免，在这玩儿什么未卜先知呢？

对于这些所谓"建文流亡笔记"的真实性，明朝时的人就已经吵成一锅粥了。例如，钱谦益、陈继儒、胡汝亨、文震孟等明末清初的大学者都参与到了这场论战之中，有人相信，有人否定。这些笔记中虽然有夸张神化的成分，但大多数人都相信建文帝的确是落发为僧、逃出南京了。

那么，最关键的一个悬念来了——建文帝逃出城后，去了哪里呢？

关于建文帝出逃后的下落，存有不少遗迹和传说，包括云南说、贵州说、重庆说、四川说、两广说、湖广说、福建说、浙江说、海外说等十五大类观点，其中又可以细分为六十二种具体说法。

但朱棣登基后对建文帝相关史料进行了大规模的清洗删除，再加上逃避追杀本就是行踪隐秘、居无定所的事情，两相结合让整件事变得更加扑朔迷离。

更让人头疼的是，近些年文旅产业兴起，各地为打造文化旅游标签、吸引各地游客，都非常注重发掘本地的历史文化资源，而建文帝的迷踪本来就是非常吸引人的特色标签，所以我们能看到好多地方都言之凿凿地宣布自己是建文帝的落脚点。

但这些传说或证据大多是间接史料，虽然逻辑可以自洽，证据可以解释，但却始终无法形成一条让人信服的逻辑链，只能是公说公有理婆说婆有理，永远也吵不出个结果。

所以，我们只能换个角度去思考，尝试用建文帝的视角来看待这条逃亡之路。

如果我们是城破战败的建文帝，在好不容易逃出南京城之后，会选择哪里落脚呢？

千万别小瞧跑路，这可是一个非常考验智商的操作。跑得好，那叫战略转移，东山再起；跑得不好，那就是无头苍蝇，盲目流窜。

首先我们要搞清楚，建文帝逃出南京后是要东山再起还是逃难流亡？

就后来的历史发展来看，显然不是前者。建文帝最重用的大臣有三位——齐泰、黄子澄和方孝孺。在朱棣兵临城下时，建文帝为了表示求和的诚意，就把齐泰和黄子澄贬到外地去了。当然这只是表面说法，其实建文帝是派两个心腹去地方招兵买马了。只不过招兵计划还没搞定，南京城就被攻破了。

齐泰和黄子澄当时主要的活动区域是在江浙一带，如果建文帝想要东山再起，再拉起一支队伍和朱棣接着干，那他第一选择当然是投奔齐泰或黄子澄，然后利用自己的皇帝身份和影响力，招募勤王军继续战斗。

但这是建立在南京城没丢的前提下。眼下朱棣已经入主京城，对于建文帝来说，其实没有选择了。毕竟当年他占据绝对优势的时候都没能打赢朱棣，现在更是没什么信心能卷土重来了。

惹不起，那就只能躲了。

所以建文帝出逃后的首要目标是躲避追杀，保住自己的小命。那他最合理的选择就是去穷乡僻壤钻山沟，甚至扬帆出海赴海外。总之，越是人迹罕至的地方，越是朝廷控制力薄弱的真空地带，对他来说就越安全。

这样一来，多山靠海、民族杂居、远离内地的西南边疆地区，就是最符合条件的选择。所以四川、云南、贵州、广西等地都留下了大量有关建文帝的传说，甚至还有许多有关建文帝出海的传闻。

但今天的我们能想明白这个事，当年的朱棣自然也能想到。

所以这位明成祖在登基称帝后，做出了很多非常"耐人寻味"的动作。比如，派遣心腹胡濙跑遍各地，名义上是寻访仙人"张邋遢"，其实是在追捕建文帝；派遣宦官郑和，率领一支数万人组成的强大舰队，六次下西洋，行程遍及东南亚、南亚甚至非洲东海岸，也是在寻找建文帝；还有宦官李达、吏部郎陈诚出使西域，还是在寻找建文帝……

当然，以上的所有行为都有官方的合理解释。但还是有越来越多的人相信，建文帝并没有死，并且四处躲藏，最终也没落在朱棣手里。

甚至人们愿意相信，这对斗了一辈子的叔侄俩，最后在岁月的冲刷下，实现了心有灵犀的隔空和解。

历史的真相或许扑朔迷离。但重点在于，人们愿意相信什么。

明代人对于建文帝的同情，是不断累积和发酵的。

随着明朝中期的几次皇位继承顺序的大更迭，如明英宗的"夺门之变"、明世宗的"大礼议事件"等，建文帝的往事被越来越多的人提起，甚至出现了为建文帝君臣正名的平反运动。也是在这一时期，各种有关建文帝逃亡的记载如雨后春笋般冒了出来。

在明朝晚期社会矛盾激化、弊端丛生的社会现实映衬下，建文帝反而成了尊师重道、勤政爱民的象征。尤其是在明亡清兴的过程中，大明的末代皇帝永历帝就是一路逃亡西南，和传说中的建文帝的逃亡路线几乎一模一样。

很难说，是建文帝逃亡的传说启发了后来的永历帝，还是永历帝的真实逃亡路线被附会在建文帝身上，总之，等到清朝开始大规模编写《明史》的时候，建文帝"假死出逃"的说法虽然查无实据，但已经成了全社会都接受的共识，所以才被正史记录在史书里，成了后人想方设法要破解的疑案。

崇祯太子疑云：诈骗案背后的三重阴谋

公元 1645 年，南明弘光元年三月，南京皇宫内，新鲜出炉的皇帝朱由崧生无可恋地坐在龙椅上，这已经是半年来他第三次遭遇"诈骗"了。

去年年底，一个法号大悲的和尚夜叩洪武门，口口声声说自己是明朝亲王，宣称潞王朱常淓才是"恩施百姓，人人服之"的天选之子，朱由崧就应该退位让贤，把皇位让给潞王坐。

朱由崧一脸问号，马上把大悲和尚投入监狱审讯。最后发现这个和尚的说辞驴唇不对马嘴，一会儿说自己是齐王，一会儿说自己是定王，甚至说自己是崇祯帝，明显是个头脑不太清醒的冒牌货。经九卿科道公开会审，大悲和尚于弘光元年三月初二被问斩，史称"大悲案"。

这边刚砍了大悲和尚，河南巡抚越其杰和广昌伯刘良佐又来给朱由崧添堵了。因为一个姓童的女子自称是朱由崧失散多年的媳妇，这二位就赶紧给皇上送过来了。

这个童氏自称宫女出身，三十六岁，还给朱由崧生了个孩子，只不过因为战乱才导致夫妻失散。现在听说朱由崧当了皇帝，童氏也准备和丈夫破镜重圆，给孩子一个完整的家，给丈夫一个回归的妻子，给大明一个正式的皇后……

正忙着海选美女的朱由崧对这个粗俗无礼、年近四十的老阿姨烦得不行，直接把童氏丢入监狱严刑拷问，不久童氏就死在狱中，史称"童妃案"。

有人认为"童妃"是假冒的，也有人认为"童妃"是真的。这事还没吵出结果，鸿胪寺少卿高梦箕又报告了一个重量级消息——一个从北方南下的少年自称是崇祯太子朱慈烺，原本的大明皇位第一顺位继承人！

好家伙，这还真是前仆后继啊。

朱由崧赶紧把少年接到南京，经过多方辨认和司法调查，其间还举行了三次公开审理，允许百官甚至普通百姓旁听，最终认定所谓"太子"是一个叫王之明的人假冒的。

不过这个结果却并没有平息民间的争议。官方通报说是假的，民间舆论却说是真的；中央政府说是假的，地方实力派却说是真的。

一时间各种传言满天飞，官方越发辟谣声明，舆论就越相信谣言本身，搞得朱由崧里外不是人，甚至引发了南明的内战。清军趁机南下，朱由崧仓皇逃离南京。那个假太子王之明还被人从监狱里营救出来当了几天皇帝，然后就被清军俘虏了。朱由崧没跑多远，最后也成了清军的阶下囚。

这时有趣的一幕又出现了，清军主帅多铎一口咬定王之明是真太子，安排宴会座次的时候还把朱由崧安排在王之明之下。可回到北京后清廷又突然改口，说王之明是假冒的，最后还把他和朱由崧一起砍了脑袋。

这一会儿真一会儿假的，真是把人给绕迷糊了，这个所谓的"崇祯太子"到底是真是假？谁才应该是大明的正统继承人呢？

之所以有这么多乱七八糟的事情，完全是因为南明的建立本身就是一出狗血闹剧。

崇祯皇帝自杀殉国后，他的儿子们也下落不明。北方李自成的大顺军和吴三桂放进来的清军打成一片，江南的明朝残余力量则在忙着选新皇帝。

当时以东林党为骨干的江南官员顺着老朱家的户口本这么一查，发现和崇祯皇帝血缘最近、法理上的第一顺位继承人就是逃难到南方的福王朱由崧。

朱由崧是明神宗朱翊钧的孙子，老福王朱常洵的长子，崇祯的堂兄。当年东林党曾强烈反对朱由崧他爹朱常洵当太子，闹出了长达十五年的"国本之争"，这梁子结得不是一般的深。现在福王之子竟然成了第一继承人，东林党哪能坐得住？于是他们疯狂攻击朱由崧各种不是东西，要拥立贤明的潞王为帝，哪怕立血缘上相隔万里、离南京也相隔万里的桂王朱由榔都行，反正不能立朱由崧！

这会儿他们倒是不坚持当年的什么"立嫡以长不以贤"了。不得不说，这双标玩得真溜啊。

不过，朱由崧也不是省油的灯，他秘密联系了手握兵权的高杰、黄得功等"江北四镇"，一顿封官许愿说动了这些实力派支持自己。四镇的顶头上司凤阳总督马士英，本来还在和东林党商量立别人当皇帝的事，现在一看自己手下都窝里反了，他立刻就坡下驴，转而拥立朱由崧了。

于是当马士英带着江北四镇的骄兵悍将杀气腾腾地来到南京时，之前还在激情反对的东林党瞬间就蔫了，马上更加激情地开始劝朱由崧赶紧登基，一副您要是不当这个皇帝就从俺们尸体上跨过去的"诚恳"模样。

真是，脸都不要了。

朱由崧就这样继承了皇位，改年号为"弘光"，成了南明政权的第一位皇帝。

但俗话说"庙小妖风大，水浅王八多"，就这么个仅剩半壁江山的小朝廷，内部还钩心斗角，各种乌烟瘴气。皇帝朱由崧能力一般，正事不干；内阁首辅马士英党同伐异，大权独揽；台下的东林党煽风点火，心有不甘；江北四镇和驻守武昌的左良玉等地方军阀，阳奉阴违，形同造反。

正是在这样的背景下，"大悲案""童妃案"和"伪太子案"接踵而至，矛头直指皇帝朱由崧，史称"南明三案"。

这三件事未必都有人主使，但很明显都被人炒作利用，目的就是动摇朱由崧的帝位，甚至直接把他弄下去。

朱由崧可以轻松处置大悲和尚和童氏，但"崇祯太子"案舆论压力太大，他不得不小心应对，不能简单粗暴，必须仔细审查。

因为这"崇祯太子"是真是假，直接关系到朱由崧的皇位能不能坐稳，也关系到老朱家皇室血脉的纯净，半点马虎不得。更何况有那么多人在盯着他，恨不得动用放大镜来挑他的毛病，朱由崧也必须给这些人一个交代。

那就查吧，查查这个所谓的"太子"到底是真是假。

发现"太子"的高梦箕在报告里是这么说的：

高梦箕有个仆人叫穆虎，从北方南下时偶遇了一个少年，晚上睡觉时发现这个少年竟然穿着织有龙纹的内衣。少年一看被发现了，就承认自己是崇祯的太子朱慈烺。李自成败走北京时他被吴三桂救了下来，吴三桂本来想拥立他当皇帝，但他偷摸跑掉了，从天津坐船到了浙江。

高梦箕把"太子"转移到杭州、金华附近暂住，本想请示一下皇帝再做打算。可"太子"不肯低调做人，不是喝多了在屋里到处喊，就是逛灯会时在大街上逢人就说自己是谁，惹得老百姓窃窃私语，指指点点，这消息也就瞒不住了。

弘光元年三月初一，朱由崧派人把这个自称太子的少年接到南京，然后通知大臣说有个少年自称是先帝的太子，如果是真的，我就把他当亲儿子养。

朱由崧的态度还是很诚恳的，接下来就是紧张刺激的验货环节了。

皇帝亲自驾临武英殿，当着文武群臣的面，找来曾给太子当过老师的大学士王铎、中允刘正宗和司业李景廉。当老师的肯定认识自己的学生，但三位老师见到眼前的少年后，都表示不认识。

朱由崧又找来曾经的东宫伴读太监丘执中，可辨认的结果也是不认识。众人又问了这少年一些宫中的旧事，他也答不上来。

眼看编不下去了，少年只能承认自己是已故驸马都尉王昺的侄孙，叫王之明。他在南下的过程中假冒太子朱慈烺，本意是找个靠山当饭辙，但没想到谎话越说越大，最后骑虎难下，只能一条道跑到黑了。

初审的结果已经证明所谓的"太子"是假冒的，理应按照正常的司法程序，把王之明交给司法机关审讯，完善案件细节，追查有没有幕后主使什么的。

因为这个"太子"的事闹得太大，几乎成了当时霸占热搜榜的火爆话题，南京内外、官场上下、街头巷尾，全都在关注这个事。所以对王之明的审讯非常正规且开放，生怕被人说有暗箱操作。

弘光元年三月初六第一次会审，地点在大明门外，朝廷百官参与旁听。初八第二次会审，地点在午门，百官依然列席，甚至普通百姓也可以申请旁听。十五日第三次会审，是由刑部、都察院、大理寺三法司及锦衣卫负责，依然是公开审理。二十日由三法司再次审查案卷，完善卷宗，准备做结案报告。

可以说在整个司法实践的过程中，案件的审理全程公开透明，不但没有刑讯逼供，甚至朱由崧还下旨对王之明给予特殊优待，不存在屈打成招的可能。[1]

最终南明方面公布了案件的审理结果，认定所谓的"崇祯太子"是王之明冒名顶替的。

但奇怪的是，当案件结果公布后，舆论场上却呈现出另一番景象。仿佛有一只看不见的手在试图把水搅浑，反正民间是不接受这个调查结果的。人们纷纷传言是马士英、王铎谋害太子，甚至有人把矛头指向了朱由崧。毕竟他作为最大的既得利益者，是诬陷太子的最大嫌疑人。

如果只是在南京城里吵一吵也就罢了，这件事的后续影响迅速扩大，江北四镇中的靖南侯黄得功、广昌伯刘良佐，镇守长江中游的湖广总督何腾蛟、江楚总督袁继咸、宁南侯左良玉都上疏对案件的结果提出了异议。反应最激烈的要数镇守武昌的宁南侯左良玉了。他痛骂满朝文武都是奸臣、马屁精，甚至指责皇帝朱由崧对待太子还不如李自成那个逆贼。

这不是因为左良玉多有正义感，而是因为他是由早年的东林党提拔起来的，和南京的朱由崧、马士英君臣貌合神离。而且当时被清军追击的李自成已经向着武昌而来了，左良玉害怕李自成，又没法擅离职守，于是他就借口给"太子"平反，要带兵灭奸臣、清君侧，顺江东下，直奔南京打过来了。这样既可以躲过李自成的打击，说不定还能赚一把拥立之功。

左良玉的出兵一下子把南明的长江防线撕开了一个大口子。更糟糕的是清军主力也在主帅多铎的率领下南下江淮，一路杀向南京。

---

[1] 此事众多亲历者留下记载，如李清《南渡录》、黄道周《黄漳浦集》中多认定王之明为假冒者。清代的《明季南略》等史料中出现了"两太监抱太子痛哭后被灭口"等记载，认为王之明就是崇祯的太子朱慈烺。考诸史源，前者的记载更可信。

当时南京城的主要守备力量就是黄得功、刘良佐等人组成的"江北四镇"，朝中大臣们普遍倾向于保持现有兵力布置不动，全力阻击南下的清军。

但是掌权的马士英不同意，他在朝堂上大声高喊：清军来了咱还能割地赔款，左良玉来了我辈君臣才是死无葬身之地！哪怕亡在清军手里，也不能便宜了左良玉！

最终的结果就是，南明抽调主力到西边去和左良玉火并，而清军则趁虚而入，一路高歌猛进，占淮泗、屠扬州、渡长江，如入无人之境，兵锋直指南京。可以说，如果没有"王之明案"，南明的江北防线不会这么容易崩溃。

但现在说什么都晚了。

五月初十，朱由崧逃离南京。被关在监狱里的王之明被人救出来拥立为皇帝，当然很快就又被清军拿下了。

十六日，东林党大佬钱谦益带着文武百官剃发易服、卑躬屈膝地迎接清军入城。

清军主帅豫亲王多铎大摇大摆地进了南京皇城，第一句话就问：崇祯太子在哪儿呢？

手下人赶紧把王之明找来，多铎用手一指，非常肯定地说：这就是真正的太子！多铎对王之明各种尊崇优待，在饭局上亲自接送，让王之明坐在尊贵的位置上，甚至把皇宫里朱由崧的妃子找来陪侍王之明，完完全全就是把这位当成真太子一样供着。

二十五日，逃跑失败的朱由崧被抓了回来。不久后多铎班师北归，把王之明和朱由崧等人也带回了北京。这个时候，清廷这边依然认定王之明就是真太子。但仅仅一年后，清廷又改口说王之明的确是假冒的，然后把他和朱由崧等明朝宗室全都给杀了。

这番操作用一句来概括就是——哎呀，我被骗了！嘻嘻，我装的！

是的，多铎从一开始就知道南明这个"崇祯太子"是假的。因为真的崇祯太子朱慈烺早就被清廷给杀了。

原来在王之明南下之前，清廷这边也遇到了一个真假难辨的"崇祯太子"。为了方便区分，我们称清廷发现的太子为"北太子"，南明遇到的太子为"南太子"。

公元 1644 年，崇祯十七年三月，李自成攻破北京，崇祯帝的三个儿子太子朱慈烺、永王朱慈炯、定王朱慈炤被李自成俘虏。四月，李自成在吴三桂和多尔衮的夹击下退出北京，三个皇子也下落不明，有的说他们死在了乱军之中，有的说他们被李自成带到了陕西，有的说他们被吴三桂藏在军中，总之是众说纷纭。

又过了小半年，北京已经入冬了，一个少年来到了投降清朝的嘉定侯周奎家敲门，自称是太子朱慈烺，来探望在周奎家养伤的妹妹长平公主。

周奎是崇祯皇帝的老丈人，也是太子的亲姥爷。而长平公主是崇祯帝最宠爱的女儿。崇祯自杀前用剑砍断了女儿一只胳膊，但长平公主命大没死，此刻正在姥爷家养伤。

很快，"北太子"就见到了长平公主，两人一见面就抱头痛哭。周奎找人给"北太子"换了衣服，恭敬地准备了酒食。后来"北太子"又来了几次，周奎觉得这事恐怕瞒不住，于是就把"北太子"给举报了。

掌握朝政的大清摄政王多尔衮马上找人来辨认，刑部主事钱凤览、御史赵开心和一些曾在宫中任职的太监、锦衣卫军士认定"北太子"是真的。但前大学士谢升、晋王朱审烜和降清的洪承畴等大多数人说"北太子"是假的。

面对争论，多尔衮找来了更重量级的人证，那就是崇祯皇帝最宠爱的袁贵妃。袁贵妃是崇祯帝当皇帝前就服侍在侧的妃嫔，和太子的生母周皇后相处融洽，对太子朱慈烺也非常熟悉，她的证词自然是具有足够的权威性和准确性的。

而袁贵妃的证词是——太子是假的。

最后多尔衮亲自做出裁决，认定"北太子"为假，并昭告天下：希望大家要不信谣不传谣，如果发现了真太子一定要告诉我哦，我们一定会好好地奉养太子。

如果这么看，这个"北太子"明明是假的啊。

不过在整个审讯的过程中，有些小细节特别耐人寻味。比如，当时很多太监都来辨认太子，有个姓杨的太监也在其中，"北太子"指着杨太监说：这个太监姓杨，曾经服侍过我，不信你们可以问他啊。

杨太监一听马上矢口否认说：不是我，不是我，我不姓杨，我姓张，你说的那个不是我。

前大学士谢升指认时，"北太子"急得大喊说：谢老师，你怎么可能不认识我呢？你忘了咱们最后一课你给我讲的知识点，我还记着呢！

谢升低着头不说话，弯腰鞠了个躬就走了，气得钱凤览怒喷谢升，北京的老百姓也骂谢升悖逆无道，禽兽不如。

太子的亲外公周奎否认"北太子"是真的，可他头一天还和钱凤览说：就算是把真的说成假的，那也是为国家除掉了一个"隐患"啊。

这句话背后的暗示已经很明显了，为了向自己的新主子宣誓效忠，周奎丧心病狂地决定要牺牲自己的亲外孙。不仅如此，他还逼着家里人跟他一起撒谎。多尔衮曾亲自主持审讯，找来长平公主问：这是不是你的太子哥哥啊？

长平公主看着眼前的"北太子"，只是一个劲地抹眼泪，但就是不说话。这时站在一边的姥爷周奎抬手就给了长平公主一个耳刮子，公主捂着被打的脸，也承认了眼前的人不是自己的哥哥。

好么，一个耳刮子打出来的证词，你说这真实性能有多少？

其实从最简单的逻辑上来说，假冒太子去诈骗人生地不熟的南明还有概率成功，但你要说一个诈骗犯，跑到太子亲姥爷和亲妹妹这样的至亲面前去冒充，这能是碳基生物想出来的套路吗？

如果"北太子"真是个冒牌货，长平公主为何与他相拥而泣？姥爷周奎为啥给他又是换衣服，又是请吃饭？这一家人是没事在这逗闷子吗？

指认"北太子"为假冒的最有说服力的证据，是来自崇祯帝袁贵妃的证词。

但这恰恰是证明"北太子"为真的铁证——因为真正的袁妃早在崇祯皇帝殉国前就死了，还是被崇祯皇帝亲手砍死的，她的葬礼是和崇祯帝、周皇后一起办的，坟墓也是清军入关后修的。这个所谓的袁贵妃其实是由天启皇帝的任妃假冒，在清廷的指使下出来做伪证的！

南明曾在此期间派遣大臣左懋第出使北方。左懋第被软禁在太医院，而"北太子"刚好就关押在隔壁。左懋第派随行人员去打探情况，跟隔壁看门的清兵闲聊套话，那个清兵也没啥保密意识，直接就说这里面关的是崇祯的太子，所以看守很严格，但是好吃好喝地伺候着。嘿，这小子还成天念叨，说什么伯父在南京，等他出去了要去南方投奔伯父呢。

由此可见，清廷高层早就知道"北太子"是真。

清军入关打的旗号是打败李自成，替崇祯皇帝报仇。这么说是为了显得自己名正言顺，降低明朝百姓的反感。但真实想法，懂的都懂。所以这太子是假的自然要死，是真的就更得死，不然合法继承人出现了，我们还怎么霸占这中原的花花世界呢？

最终在假袁妃的证词下，真太子被定为假冒。

之后多尔衮又对指认太子为假的证人大肆封赏，对那些敢于指认太子为真的官员则痛下杀手，案件的主审钱凤览被绞死，其他十余名证人被砍头。这种做法表现出强烈的政治导向性，体现了清廷上层操纵审讯的真实心意。

"北太子"的最终结局史料中并没有具体记载，但大概率是遇害了，且有可能是被勒死的。多尔衮还特意发布《摄政王告示》，故意歪曲事实，把太子与公主相拥哭泣说成是离得太远没看清造成的误会，而且"袁贵妃"不认识太子，等等。

但是民间百姓有很多人都见过太子，他们都认定"北太子"为真，一时间北京附近爆发了多起为太子鸣冤的抗争甚至是起义，而多尔衮则镇压了士民的反抗，消灭了一切敢于说真话的人。

在这场扑朔迷离的"真假崇祯太子案"背后，其实存在着环环相扣的三重阴谋。

最浅显的第一层阴谋，是冒充太子骗吃骗喝的王之明。

由此衍生的第二层阴谋，是利用"太子案"煽风点火，实现自身政治利益的南明阴谋家。

而最高明的第三层阴谋，则是翻手为云覆手为雨的清廷高层，他们才是这场"真假太子案"中的终极阴谋操盘手，可以说是机关算尽，通杀全场。

对于刚刚入关的清廷来说，他们需要"北太子"是假的，这样他们才有理由占据北京，才有借口入主中原。同时他们又需要"南太子"是真的，这样他们才能挑动南明内乱，贬低朱由崧的合法性，进而席卷江南。

所以在那时就已经有人怀疑所谓的"南太子"其实就是清廷派来的间谍，只不过这个脑洞至今没有找到确凿的证据，目前还仅仅是个猜想而已。

但是真的假不了，假的也真不了，历史最终会还朱慈烺一个真相。

只不过这个真相来得太晚了一点，也过于残酷了一些。

太后改嫁之谜：孝庄有没有"秘"史

公元 1687 年，康熙二十六年，已过而立之年的皇帝第一次感受到了什么叫真正的心慌意乱。

八岁登基，十四岁亲政，十六岁除掉权臣鳌拜，二十八岁平三藩，三十岁收复台湾……皇帝生涯中遭遇了那么多危机，经历了那么多坎坷，康熙从来都没慌过，因为他知道有个人一直在背后照看着他，支持着他，给他提供了无与伦比的安全感。

但是这个人，好像就要离开他了。

清太宗皇太极的庄妃，顺治帝的生母，康熙帝的奶奶孝庄文皇后[1]博尔济吉特·布木布泰，已经走到了生命的尽头。

在孝庄病重期间，康熙罕见地连续十几天没去上班，就在慈宁宫里照顾奶奶，亲自求医喂药，整宿整宿地坐在奶奶床边，不吃饭不睡觉地守着。

但即便是大清帝国的皇帝，也不能逆转死亡的进程。

有一天，孝庄突然从半昏迷中清醒过来，看着床边形容枯槁的孙子，老太太欣慰又心疼地留下了最终的遗言："你爷爷埋在盛京昭陵那么多年了，我不忍心去打扰他。况且我舍不得你父皇和你，

---

[1] "孝庄"是康熙帝所上谥号"孝庄仁宣诚宪恭懿翊天启圣文皇后"的简称。"孝庄"之名是在其死后十个月才有的。但遵从大众习惯，本文称其为"孝庄"。

就把我葬在你父皇孝陵的边上吧，这样我死了也能安心了。"

十二月二十五日，孝庄去世，享年七十五岁。康熙哀痛到三天不吃不喝，哭得都没人形了。

但哭完之后，康熙又要面临一个痛苦的选择——不把奶奶运回盛京合葬，不合礼制；运回去吧，又违背了奶奶的遗愿。

康熙最后遵从了奶奶的心愿，把孝庄的灵柩暂存在清东陵门前左侧的暂安奉殿，这一"暂"就是三十八年，直到雍正三年的时候才正式修陵入葬。因为孝庄的陵墓在皇太极昭陵的西边，故称"昭西陵"。

按照清代的丧葬制度，妻子死后应该同丈夫合葬在一起。哪怕是在民间老百姓的观念里，两口子死后也得埋一起啊。孝庄的临终遗言虽然听起来合情合理，但仔细想想又似乎有什么地方不对劲。

有事，这里面肯定有事。

有一种说法认为孝庄没法同老公皇太极合葬在一起，是因为她已经改嫁给自己的小叔子多尔衮了。

多尔衮是清太祖努尔哈赤的第十四子，清太宗皇太极之弟。在皇太极去世后，他成了掌握实权的摄政王。多尔衮曾经试图称帝未果，无奈之下只能拥立嫂子孝庄皇后的儿子——六岁的福临为帝，即顺治帝。

孝庄和福临是孤儿寡母，多尔衮是实权小叔，传说孝庄为了保住儿子的皇位，不得已下嫁给了多尔衮。这听起来似乎也合情合理。

清初著名的抗清志士张煌言曾在《建夷宫词》中写道：

上寿觞为合卺尊，慈宁宫里烂盈门。
春官昨进新仪注，大礼恭逢太后婚。

翻译过来的意思就是：过生日的祝寿酒变成了结婚的交杯酒，太后居住的慈宁宫变成了婚房，礼部尚书亲自操办的太后大婚典礼非常隆重，来喝喜酒的人都快把门槛踩烂啦。

那真是锣鼓喧天，鞭炮齐鸣，人山人海，普天同庆——热烈庆祝太后成功改嫁！

这个画面，对于中原传统士大夫来说是离了大谱。但游牧民族本就有"收继婚"的习俗，儿子可以娶后妈，小叔子可以娶嫂子。清朝起源于北方女真族，保留游牧民族习俗也不奇怪。

更耐人寻味的是，顺治五年，执掌朝政的多尔衮由"皇叔父摄政王"改称"皇父摄政王"。

古代称辅佐幼主的大臣为"父"很常见，但一般都是"尚父""仲父""相父"。"父"字在这里指和父亲平辈的兄弟，是一种表示亲近的尊称。

但是"皇父"这个称呼，就有点超越一般的认知了。如果多尔衮是"皇父"，那他就是顺治的父亲，自然也就是孝庄的丈夫了。

顺治皇帝也曾在谕旨中提到——多尔衮摄政时，自己和母亲孝庄太后不住在一起，一个月都不一定能见上一面。

这就奇怪了，太后住慈宁宫，顺治住养心殿，都在紫禁城里，怎么整出了相隔万里的感觉？

似乎唯一合理的解释就是"慈宁宫"已经成了母亲二婚的新房，自己这个"电灯泡"不方便出现，所以才造成了母子分离的局面。

这么看来，孝庄改嫁过的说法是确有其事了。

事实是这样吗？

民国时曾有人宣称发现了"太后下嫁诏书"，这本来是解决这个疑案的最直接证据。虽然"收继婚"在游牧民族不奇怪，但皇帝给太后发结婚证这事听起来还是有点过于魔幻了，而且这份所谓的

"诏书"也没有人真正见过，疑似是作者为了售卖新书而搞的标题党，用来赚眼球引流量博关注的炒作行为。

其实如果我们从底层逻辑去捋所谓"太后改嫁"这个事，就会发现孝庄根本就没有"改嫁"多尔衮的动机，甚至"改嫁"本身还会损害孝庄太后的利益。

对于孝庄太后为什么要"改嫁"多尔衮，大概有两种观点：一种是"旧情复燃说"；另一种是"补偿保全说"。

所谓"旧情复燃"，大概就是说孝庄本来和多尔衮才是真爱，但被皇太极给横刀夺爱了。所以在皇太极死后这两个有情人就重燃爱火，再续前缘，破镜重圆……

好吧，这个完全就是野史小说中瞎编的烂俗剧情，当个故事听听就算了。

而所谓"补偿保全说"，补的是多尔衮两次与皇位失之交臂的遗憾，保的是孝庄儿子顺治帝的皇位。意思就是孝庄通过美人计，抚慰多尔衮受伤的心灵，并熄灭多尔衮篡位的野心。

这就太低估了多尔衮的雄心抱负，也侮辱了孝庄的政治智慧，更忽略了八旗内部你死我活的权力争夺。

多尔衮对皇位的执念，远不是娶一个太后就能消解的。

公元 1626 年，后金的覆育列国英明汗，后被追谥为清太祖的努尔哈赤病逝。

多尔衮是努尔哈赤的大福晋阿巴亥所生，是八旗中最高贵的两黄旗（正黄旗、镶黄旗），如果按照大明这边的观念，就相当于是皇后所生的嫡子。当时后金虽然并没有类似中原王朝的嫡长子继承制传统，但据朝鲜方面的史料记载，努尔哈赤临死前的确曾有让多尔衮继承汗位的想法，只不过最终没有实现罢了。

既然没有法定意义上的继承人，那就得靠实力说话了，这就给了执掌两白旗（正白旗、镶白旗）的努尔哈赤第八子皇太极机会。

实力强大、战功赫赫、经验丰富的皇太极联合其他各旗的力量，先逼迫大福晋阿巴亥殉葬，打掉了两黄旗的主心骨，然后在众人的拥立下即位，史称清太宗。

皇太极上台后进行了大量的政治改革，比如称帝、改国号为清、学习中原制度、强化中央集权，等等。除此之外，皇太极还把自己所在的"两白旗"改为"两黄旗"，而原本是"两黄旗"的多尔衮则变成了"两白旗"。

千万别以为这就是旗子换个颜色的问题。通过这一招"改旗易色"，皇太极和其核心团队摇身一变成了高高在上的皇室正统，而多尔衮则跌落凡尘，变成了普通贵族。

公元1643年，在位十七年的皇太极去世，也没有明确指定继承人。这个时候多尔衮已经不再是当年父母双亡后手足无措的少年了，他带领的"两白旗"实力强大，很多人都劝他直接称帝，拿回本就属于他的皇位，这样"两白旗"的小伙伴们也能跟着夺回本属于自己的"两黄旗"，再次成为八旗中的人上人。

这么浅显的道理，多尔衮的"两白旗"能想明白，皇太极留下的"两黄旗"又怎么可能想不到？所以"两黄旗"的核心人物如索尼、鳌拜等人结成了攻守同盟，准备拥戴皇太极的长子豪格为帝。

八月十四日，八旗中的实力大佬齐聚盛京崇政殿，举行决定皇位归属的最高会议。"两黄旗"更是全民动员，弓上弦、刀出鞘，摆出一副随时准备火并的样子。

多尔衮不同意豪格继位，豪格也不想多尔衮接班。大家吵来吵去，谁也不让谁，彼此的实力又谁也灭不了谁，一时间陷入了僵持。

后来在八旗各方势力的妥协之下，皇太极的第九子、年仅六岁的福临即皇帝位，郑亲王济尔哈朗和睿亲王多尔衮辅政，改元顺治。

孝庄和多尔衮此时就是清朝最高权力的代表。孝庄是两宫太后之一，天底下最尊贵的女人，但实际上真正掌握大权的却是摄政王多尔衮。两边虽然还有矛盾，至少在面上都还凑合，并没有撕破脸，因为当时对于他们来说有比争夺皇位更重要的事，那就是入关夺取天下。

公元1644年，顺治元年四月，小皇帝顺治在笃恭殿拜多尔衮为大将军，入关与李自成和南明王朝争夺天下。

入关后的多尔衮，称得上是一路高歌猛进，基本消灭了农民军和南明的主力，统一全国已经指日可待。

多尔衮因功先被封为"叔父摄政王"，后又升级为"皇叔父摄政王"。他的睿王府就建在东华门的边上，紧挨着紫禁城。王公贵族除了要给皇帝磕头，还要"列班跪送"多尔衮。上朝时别人在午门外下轿，多尔衮则是可以坐着轿子进午门，在皇宫里让人抬着走……种种礼节待遇都说明多尔衮就是"一人之下，万人之上"的朝堂大佬。

当入关后的局面逐渐稳定，清朝统一天下的趋势越来越明显时，多尔衮和孝庄之间的矛盾也变得越来越尖锐。

多尔衮明显对皇位还是有想法的。所以他不断利用手中的权力推行了一系列打压"两黄旗"、壮大"两白旗"的政策和手段。比如克扣"两黄旗"的工资，却给"两白旗"发奖金福利，等等。

在多尔衮的分化打压下，"两黄旗"内部人心浮动，不少人都投靠了多尔衮。这些人狗仗人势，虽然名义上是伺候顺治皇帝的，却仗着多尔衮的权势完全不把小皇帝放在眼里。比如，工匠不给皇帝服务，厨子不给皇帝开饭。皇帝身边的侍卫要么上班摸鱼，要么翘班跑路，甚至在顺治帝出门打猎的时候不顾尊卑，抢在皇帝面前一顿突突突，把猎物都给射光了，留小皇帝一个人对着空空如也的狩猎场目瞪口呆。就这样小皇帝还不敢发火，只能睁一只眼闭一只眼当没看见。

多尔衮对发生在眼皮子底下的种种情况心知肚明，甚至喜闻乐见。但他毕竟还要摆出一副"周公"的忠臣模样，所以就特意申斥手下的那些人，说：你们不敬皇上却讨好我，这我可忍不了！对皇上尽忠的人我肯定好好用，对皇上不忠不敬，你就是再讨好我，我也不会放过你！

这些话字面上看充满了对顺治皇帝的尊崇和维护。但俗话说人都是缺啥喊啥，多尔衮能把这个事拿到台面上公开说，恰恰证明对皇帝的不尊重才是普遍现象。

至于多尔衮那类似下不为例、罚酒三杯式的警告，大家都是聪明人，就各自理解呗。

摄政王到底是在说"不要！停"，还是在说"不要停"？

啊，懂的都懂。

总之，从入关以来，多尔衮的所有动作基本都是奔着篡位去的。

比如顺治二年（1645），多尔衮谋求掌控内三院（内国史院、内秘书院、内弘文院），内三院相当于明代的内阁，是朝廷的重要机构，也负责整理清代的史料档案等。然后他就开始授意党羽修改关于自己母亲阿巴亥大妃殉葬的记录，并重点搜集和皇太极有关的黑料，这就是在为翻案算账做舆论准备。

顺治四年（1647），多尔衮以济尔哈朗违规装修为由，剥夺了济尔哈朗的辅政权力，把自己的弟弟多铎晋封为辅政叔德豫亲王，至此，"两白旗"基本控制了朝廷高层部门。

同年十二月，多尔衮的党羽又裹挟着朝臣搞了一次集体请愿活动，从此他再也不用对顺治帝行君臣跪拜之礼了。

顺治五年（1648）三月，多尔衮找借口囚禁了曾和自己争夺皇位的肃亲王豪格，并最终逼死了豪格，还和哥哥阿济格瓜分了豪格的媳妇。

豪格是"两黄旗"的核心人物之一，多尔衮对他痛下杀手，对于索尼、鳌拜这些始终不肯依附自己的死硬派也是不断打压。

十月份，清王朝资历最深的开国元勋、努尔哈赤的长子、执掌"两红旗"（正红旗、镶红旗）的礼亲王代善去世。最后一个对多尔衮有点制约的八旗旗主也没了，多尔衮在朝中的权势已经达到了顶点。

十一月，多尔衮改"皇叔父摄政王"为"皇父摄政王"，并且昭告天下，以后无论是称呼还是写文件，都要用"皇父摄政王"这个称号，否则就要挨收拾。

自称"皇父"的多尔衮"出入宫禁""亲到皇宫内院"。这个时间点，就是盛传的孝庄下嫁多尔衮的时间。

认同"太后下嫁"的观点认为这是孝庄基于严峻形势，不得不主动委身下嫁多尔衮，以此保全儿子顺治的皇位。

你看，这不就是孝庄改嫁多尔衮的最大动机吗？打不过就加入呗。

可惜这个结论，恰恰搞错了一个最基础的逻辑——"皇父"这个词的关键究竟是"皇"还是"父"？

当时李氏朝鲜是清朝的藩属国，经常和清朝进行政治交流和外交往来。李朝的仁祖李琼有一次问大臣：清国的咨文中出现了"皇父摄政王"这个词是什么情况？

底下的大臣回答说：我问过清国的使节，大概意思就是和皇帝平级的意思，或者是太上皇之类的。

李琼同意道：嗯，那就是两个皇帝的意思啊。

可见在李朝君臣看来，多尔衮这个"皇父"更多的是政治上的宣示，表示自己和皇帝平级，甚至压皇帝半头。并不是类似相声里

"我是你爸爸，你是我儿子"那样占便宜的伦理哏。

李氏朝鲜虽然臣服于清朝，但内心一直以"小中华"自居，瞧不起"夷狄"出身的清朝，非常热衷于搜罗记录清朝的各种丑闻。如果存在孝庄下嫁多尔衮这么劲爆的事情，清朝一定会正式通知藩属国，而深受儒家传统文化熏陶的李氏朝鲜也必然会如获至宝地把这么个惊天丑闻记录在册。

但事实却是和清朝有频繁交往的李氏朝鲜并没有任何相关记载，反而是远在江南的抗清志士张煌言绘声绘色地描述了所谓太后大婚的场景，这大概率是因为看到了"皇父摄政王"这几个字而产生的想当然。

毕竟这声"皇父"真的是很难不让人往八卦的方向联想啊。

但是，这里面涉及一个满汉文字互译的冷知识。

皇父摄政王的满文转写为"doro be aliha han i ama wang"，直译过来就是"摄政的汗的父王"，只是为了符合中原语言习惯翻译成了"皇父摄政王"。

这里面就出现了一个问题。

在满文中表示皇帝父亲的词是"han ama"，音译为"汗阿玛"，对应的汉语可以翻译为"皇父""皇考""汗父"之类。而多尔衮的满文封号是"han i ama wang"，音译为"汗依阿玛王"，只能翻译成"汗的父王"，不能翻译成"皇帝的父亲"。

看起来有点绕，父亲和父王，不是一回事吗？

在汉语语境里的确是一回事，但是在满语里就不一样了。

因为从努尔哈赤时代开始，甚至直到雍正帝在位时，满洲内部都有称尊长为父的习俗，比如侄子女婿、满洲侍卫大臣甚至是蒙古王公，都可以称自己主子为"父"，这只是一种尊称，并不具备家庭伦理关系。

一句话解释，所谓"皇父"一词完全是因为满汉语言差异造成的翻译歧义，各位就不必过度解读了。

咱们再从孝庄的角度来看这个问题。难道面对多尔衮的步步紧逼，她就只能想到"改嫁"这种办法吗？

一直以来，人们脑海中都有一个先入为主的"误解"，认为孝庄和儿子顺治是弱小可怜的孤儿寡母，没人帮，没人管，只能向强势的多尔衮摇尾乞怜。

但事实上，孝庄从来都不是一个人在战斗，除了"两黄旗"中的忠心手下，她上面还有一个人可以依靠，那就是她的亲姑姑，同时也是皇太极的正牌皇后，孝端文皇后博尔济吉特·额尔德尼琪琪格，即后世俗称的太宗哲哲皇后。

多尔衮之所以"亲到皇宫内院"，不是进去搞不正当关系，而是和两宫太后摊牌谈判去了。

从"亲到"这个词的语气就能体现出以前多尔衮都不是亲自来，也不经常来，所以史书中才强调了"亲自进宫"这个细节。

多尔衮是拿着从"内三院"搜集到的黑料进宫的，他想以此证明当年皇太极的皇位是从自己这儿抢走的，所以自己只是拿回本就属于自己的东西。

两宫太后在宫中和多尔衮正面交锋，如此凶险的场景自然不想让年幼的顺治帝看到，免得给孩子留下什么心理阴影。所以顺治才说当时自己和慈宁宫的母亲一个月见不上一面，不是因为慈宁宫变成了婚房，而是因为那里变成了战场。

没错，多尔衮虽然权势滔天，但两宫太后占着大义，索尼、鳌拜等"两黄旗"骨干也宁折不弯，大不了咱就鱼死网破一起完蛋。此时清廷高层形成了以两宫皇太后为代表的慈宁宫和以"皇父摄政王"多尔衮为核心的睿王府两个政治中心，宫府之间严重对立，斗争激烈。

对于此时的孝庄太后来说，改嫁完全是自废武功，怎么想都是弊大于利。

如果不改嫁，两宫太后还拥有大义在手，能和多尔衮掰掰手腕；如果改嫁了，在男权时代，妻子只是丈夫的附属品，什么名分啊，权力啊，统统都归属到男方那边了。

这不就相当于放弃了和多尔衮博弈的唯一筹码，主动投降认输，把自己母子的身家性命全都交到别人手上，任人宰割吗？

哪怕孝庄真和多尔衮有点什么，想要改嫁，不代表整个"两黄旗"都是傻白甜啊。他们根本不会让她这么做。

退一万步，就算非要通过婚嫁来解决多尔衮，也轮不到孝庄嫁啊。

孝庄虽然是顺治帝的亲生母亲，但从礼法上来说，她姑姑孝端皇后才是皇帝法理上的亲妈。也就是说，如果多尔衮要娶皇帝他妈，进而实现变成皇帝他爹的操作，他应该娶的也是孝端皇后，和孝庄有什么关系？

从后续的事态发展来看，所谓"太后改嫁"也是子虚乌有的事。

多尔衮曾对手下愤恨地说过：如果让我当皇帝，让福临当储君，这事不就解决了吗？可恨那索尼和鳌拜等人说啥也不同意！

这恰恰说明了他没当成皇帝的"爹"，所以才那么恨索尼和鳌拜这些"两黄旗"的死忠派挡了自己的路。

没法当现任皇帝的"爹"，那就得寻找别的办法来为自己篡位找合法性。

顺治七年（1650），多尔衮为自己的生母翻案昭雪，祭告天地宗庙，把自己的母亲追尊为太皇太后，袝太庙。多尔衮把母亲的牌位放在父亲清太祖努尔哈赤旁边，把另外两位皇后给弄到两侧去了。

已经好几年见了皇帝都不磕头的多尔衮，在隆重的册宝大典上竟然行了八跪十八叩大礼。时隔多年，多尔衮总算为当初被逼殉葬的母亲讨回了公道，也恢复了母亲太祖皇后的地位。

这个操作的政治象征实在是过于明显了。

如果多尔衮的母亲是清太祖的正牌皇后，那他就是继承皇位的嫡系皇子，这是从法理上推翻了当年皇太极登基的合法性。多尔衮在给李氏朝鲜的国书中用了"扶翊眇躬，临御万方"这样的字句，这是只有皇帝本人才能使用的形容词，但多尔衮却用在了自己身上，俨然以皇帝自居。

一时间所有人都以为多尔衮要篡位了。

但神奇的是，就在这关键时刻，多尔衮死了，年仅三十九岁。他是纯病死的，并没有什么所谓的暗杀和诡计，因为多尔衮一直以来都疾病缠身。

接到多尔衮的死讯后，顺治帝对他致以了诚挚的哀悼，甚至追尊多尔衮为义皇帝，庙号成宗。多尔衮在生前心心念念却不可得的皇帝宝座，在死后却实打实地坐了一阵。

是的，就一阵儿。

因为很快就有人举报多尔衮各种违法乱纪行为，顺治帝马上下令追夺封爵，没收财产，甚至直接把多尔衮从爱新觉罗家的户口本里给除名了。直到乾隆帝在位的时候才给多尔衮恢复了相应待遇。

所谓"孝庄改嫁"的传言，源自"皇父摄政王"这个有歧义的翻译，基于满族游牧民族的特性，再加上一点当时抗清人士的剧情脑补和一点后世文学的八卦创作，就这么传了下来。

其实皇太极在位时已经大力推行中原制度，下令摒弃"收继婚"习俗，否则"与禽兽何异"？

多尔衮娶侄子豪格的媳妇，在当时已经被视为丢人现眼的丑闻。他要是真娶了嫂子兼太后，那不得被人骂出花来？怎么可能在史料典籍甚至文人笔记中查无此事？

回到最开头的问题，孝庄之所以不选择和老公合葬，是因为她姑姑孝端皇后才是正妻，早在几十年前就已经合葬在皇太极旁边了。而且清初采用的是火葬，皇太极的坟墓里放的是骨灰盒，而康熙时已经改成土葬，孝庄棺材里放的是完整的尸体。

所以如果孝庄要和皇太极合葬，一是要把已经封闭了几十年的坟墓再打开——太折腾；她的棺椁和老公的骨灰盒大小不一——不配套；就算孝庄葬进去也不能摆放在正妻的位置——没意义……

总之，就是一句话，算了吧。

孝庄这种情况在历史上也有先例，并不是什么因为改嫁了不能和前夫合葬。如果孝庄真的改嫁给多尔衮了，那她临死前的遗言不就应该是和多尔衮合葬的问题了吗，还担心回不回盛京干什么？

所以根本就没有什么"太后改嫁"，孝庄也没那么多"秘"史。不过是因为多尔衮对皇位意难平，不断搞小动作想篡位，才造成了许多看上去似是而非的误会，给了老百姓开脑洞的空间。

历史最大的幽默在于，当多尔衮是嫡子时，后金是落后的部落军事民主制，父死子继观念不好使，所以皇太极凭实力登基了。等到多尔衮混成实力派了，"父死子继""嫡长继承"的观念已经成了新的主流观点，多尔衮又成了非主流。

他一直以为是索尼、鳌拜、两宫太后妨碍了他称帝的脚步。其实自清朝开始全方位学习中原制度的那一刻起，落后的八旗贵族民主就成了明日黄花，想凭借团队实力夺取皇位已经变得希望渺茫。

打败多尔衮的不是孝庄，而是新的制度。

仅此而已。

顺治出家：五台山上有没有住着皇帝

顺治十八年的春节，注定是甭想好好过了。

皇帝最宠爱的董鄂皇贵妃半年前病逝了。年轻的皇帝悲痛欲绝，搞葬礼，赐谥号，各种哀悼活动折腾了小半年。好不容易到了年底，为了庆祝元旦佳节，宫女太监们忙得脚不沾地，紫禁城中张灯结彩，一片欢度春节的景象。

但突然间，所有的节庆活动都被叫停了。

礼部奉旨宣布免去一年一度的元旦大朝庆贺礼，相当于大年三十取消了春节联欢晚会。然后宫里来了指示，把已经悬挂上的门神、对联、彩灯、彩带全都撤掉。

那些准备进宫参加元旦庆典的王公大臣全都议论纷纷，每个人都有一种不祥的预感。

正月初四，朝廷宣布了皇帝患病的消息，紧接着又发布了两条诏令：第一条是释放除"十恶不赦死罪"之外的所有罪犯，通过放生活人的方式为皇帝积德祈福；第二条诏令则非常奇葩——禁止民间炒豆子、点灯和泼水。

今天的我们可能会满脸问号，但当时的人则会一副恍然大悟的样子。

中国古代有很多奇特的忌讳，比如怀孕不能吃兔子，以免生下的孩子是兔唇；不能吃螃蟹，以免胎位不正；等等。虽然没啥科学依据，但老百姓就是信这个。而忌讳"炒豆、点灯、泼水"是天花患者特有的禁忌。这下子所有人才反应过来——原来皇帝得了天花。

天花，俗称"痘疮"，也叫出水痘。对于没打过疫苗的古人来说是无药可治的绝症，尤其是成年人感染天花，基本上属于十死无生。

正月初七深夜，顺治帝病逝于养心殿，时年二十四岁。

大过年的，人都死了，可事还没完。

清初著名诗人吴伟业有《清凉山赞佛诗》四首，诗句用词隐晦，似乎在影射顺治帝并没有死，而是为爱出家了。

和顺治帝关系密切的茆溪森和尚，临终前留下的偈语中有一句是："人人道你大清国里度天子，金銮殿上说禅道。"

偈语，是佛经中的唱词，也是和尚在修行实践中得到的感悟。茆溪森和尚这句偈语中的"度天子"指的就是给天子剃度。天子是谁？自然是顺治。

所以民间盛传顺治皇帝是假死亡真出家。他脱去龙袍披上袈裟，到五台山潜心向佛，并于康熙五十年（1711）左右圆寂。康熙皇帝曾五次前往五台山觐见父亲。尤其是在康熙二十二年（1683），康熙帝陪同祖母孝庄太后，也就是顺治的亲妈一起上了五台山，但始终没能和顺治相认，所以他才会写下"文殊色相在，惟愿鬼神知"的诗篇，表达对父亲遁入空门的遗憾。

甚至在清末八国联军侵华时，慈禧老佛爷一路逃难到山西，当地接待慈禧用的皇室御用器物也是从五台山"借"来的，可见这山上肯定住过皇帝啊。至于各种野史小说里更是编得有鼻子有眼，说顺治为了出家，不惜伪造了自己死亡的假象。

那么，顺治皇帝到底是死于天花，还是假死出家了呢？

从现有证据来看，顺治染病而死的概率更大。

对于刚入关的清朝皇室及贵族来说，像顺治这样"英年早逝"的案例其实并不罕见：

顺治三年（1646），多罗衍禧郡王罗洛宏去世——二十四岁，固山贝子和讬去世——二十八岁；

顺治五年，辅国公恭安去世——二十六岁；

顺治六年，豫亲王多铎因天花去世——三十六岁；

顺治七年，睿亲王多尔衮因病去世——三十九岁；

顺治九年，巽简亲王满达海去世——三十一岁，端重亲王博洛去世——四十岁；

顺治十三年，和硕襄亲王博穆博果尔去世——十五岁……

入关后的清朝皇室和贵族，离开东北故土，居住环境、生活习惯、生活方式被迫改变，面临气候不适、水土不服等因素，很容易患病。再加上他们对中原地区流行的水痘等传染病没有免疫力，很多人因此丧命。这种情况一直到了康熙朝以后才有所缓解。

所以主流观点普遍认为，顺治的确死于天花。

但空穴来风，未必无因。

绝大多数皇帝都恨不得在皇位上活到天荒地老，各种求仙问道、炼丹嗑药就是为了能永远当皇帝。为何顺治如此特殊，人们会相信他宁穿僧衣也不要皇袍啊？

如果顺治自己来回答这个问题，一定会显得超级无敌凡尔赛，因为他大概率会这么说：

你没当过皇帝，不知道当皇帝这事，有多痛苦哟……

呃，好吧。

顺治皇帝还真不是无病呻吟，隐形炫耀，而是他这个皇帝当得确实不怎么欢乐。

顺治从六岁登基到十四岁亲政的这段时间里，一直活在叔叔多尔衮的阴影之下。多尔衮大权独揽，在篡位的边缘疯狂试探。朝堂上云谲波诡，明争暗斗，虽然有母亲孝庄帮他顶着，但身边人的冷漠懈怠，甚至是狗仗人势的怠慢羞辱，时时刻刻都在提醒着小皇帝，他不过是个有名无实的傀儡而已。

被压制，被忽视，被威胁，忍气吞声，担惊受怕，朝不保夕，这就是顺治的全部童年。身为皇帝的他连启蒙教育都没人在意，以至于顺治亲政后连汉文奏折都读不下来，几乎就是半个文盲。

这逼得顺治不得不以"十四岁高龄"开始扫盲。他上午处理国家大事，下午开始文化课学习，他的书单里包括《左传》《史记》《庄子》《离骚》等古代经典，从唐宋八大家的散文到元明两代的文人典籍，政治历史、诗词歌赋、天文地理无所不包。顺治经常读书到深夜，甚至睡觉睡一半起来接着背诵，用高三冲刺的节奏连学了九年，一直学到吐血为止。

除了学业压力大，顺治和母亲孝庄太后的关系也不太好。

顺治父亲早死，母亲的主要精力放在对抗多尔衮身上，早年的母子关系比较疏离。这导致顺治一方面渴望父爱带来的安全感，一方面又抵触父权施加的控制力，这让他变得敏感易怒、刚愎自用。

通俗来说，他就是非常"轴"的顺毛驴，只能哄着拉，不能赶着走。

但是哪怕多尔衮死后，顺治成了真正的皇帝，他也不能完全自主地决定自己的人生。母亲孝庄太后和她背后的满蒙贵族，朝堂上需要平衡的各方势力，以及身为皇帝必须遵守的条条框框，都让顺治感到近乎窒息的束缚。

哪里有压迫，哪里就有反抗。顺治的逆反，几乎是全方位的。

在政治上，他削弱贵族宗亲势力，大量起用汉官，设立"十三衙门"重用宦官，废除"圈地""扩充""逃人"等满洲贵族特权，削减他们的俸禄待遇。顺治的诸多政策，冲击了"满洲优先"的方针，让孝庄太后及背后的满蒙贵族深感不满。

在个人感情上，顺治也和母亲发生了激烈对抗。

顺治的第一任皇后博尔济吉特氏，是蒙古科尔沁部亲王吴克善之女，也是母亲孝庄的内侄女，顺治的表妹。这门亲事是多尔衮活着的时候定下的，顺治帝不知道是对多尔衮的包办婚姻不爽，还是对娶表妹有抵触，反正他非常不喜欢这个皇后，两年后就不顾群臣的反对强行废了皇后。

年轻的顺治天真地以为这回可以寻找真爱了，但没想到老妈孝庄太后根本就不给他这个机会，紧接着又替儿子娶了一个博尔济吉特氏。这次是科尔沁部亲王卓尔济的女儿，是孝庄太后的侄孙女，从辈分上算是顺治的侄女。

儿子顺治轴，孝庄太后这亲妈也挺犟。

出身科尔沁部的孝庄必须保证满蒙联姻的国策，决不允许皇后之位花落别家。儿子拒绝了一个博尔济吉特氏，我就再给你找一个博尔济吉特氏，你老妈娘家什么都缺，唯一不缺的就是博尔济吉特氏的女人。

在孝庄太后看来，儿子完全是耍性子一样在无理取闹。而在顺治看来，这是母亲对自己的人身控制，母子俩在这个问题上闹得很不愉快。

顺治此时属于上班工作不顺心，下班回家更闹心，全天候的心情不美丽。他的空虚需要填补，烦闷需要诉说，必然要寻找心灵上的安慰。

于是，走进他心灵的人来了。

第一个是汤若望。

汤若望，德国人，耶稣会教士，是明末清初最有影响力的传教士之一。他精通天文历法，具备丰富的科学知识，曾在明末的宫廷内传教，收获了不少信徒。

顺治亲政后，对这位儒雅博学的异域老者非常尊崇，封汤若望为太常寺卿,赐名"通玄教师"。甚至顺治在日常相处中都不称汤若望的名字,而是叫他"玛法",就是满语"爷爷"的意思。对于幼年丧父的顺治来说,他虽然嘴上不会承认,但他在某种程度上是将内心的恋父情结投射到汤若望身上,视其为精神教父。

汤若望也利用和顺治的关系,希望能发展顺治入教。不过由于顺治受传统儒家文化影响过深,很难接受西洋教义,所以他最终也没有加入基督教。

但这似乎让顺治对宗教产生了兴趣,他转而开始接触佛教,如高僧玉林通琇、木陈道忞、茆溪森和旅庵月等人都成了顺治的座上宾。

与这些僧人的相处,在一定程度上弥补了顺治人格的缺失,让他变得不再那么冲动易怒。而除了世俗的烦扰,身体的病痛也让顺治对生死轮回的佛学观念心生向往。

顺治的体格本来就有点虚,他常年失眠,哪怕早早上床,也是一宿一宿地在床上烙饼,一直到后半夜困得不行了,才能勉强睡一小会儿。

有一次,顺治与和尚木陈道忞聊天,随口说了一句:老和尚说要给朕过三十岁生日,还算有希望。玉林通琇说要来给我过四十岁生日,那朕可等不到他咯。

如此不吉利的话从一个二十多岁的皇帝口中说出来,哪怕对面坐的是佛法精深的大和尚也有点遭不住。木陈道忞赶紧往回找补说:皇上当有千万岁啊,咋这么说话呢,不至于,不至于啊。

顺治却苦笑着指了指自己,说:你看我骨瘦如柴、病歪歪的样子,哪能活得长久啊?

这可就把天给聊死了。不过好在顺治也没指望木陈道忞给他个满意的回答。此时的他已经不讳言死亡,甚至可以平静地接受自己的死亡。

如果说顺治对现实世界还有最后一丝留恋，那一定就是他的知心爱人——董鄂皇贵妃了。

顺治帝有名分的伴侣包括四位皇后[1]、十四位皇妃，但顺治帝与她们要么性格不合，要么感情一般，总之情路坎坷就是了。

直到董鄂氏出现在顺治的生命里。

通常认为董鄂氏是正白旗军官鄂硕之女。但还有说法认为她其实是秦淮八艳中和陈圆圆齐名的董小宛，或认为她本来是顺治幼弟襄昭亲王博穆博果尔的媳妇。这也是个充满争议的奇女子，我们只需要知道顺治帝爱她爱得不行就可以了。

顺治十三年（1656），董鄂氏被册封为贤妃，仅一个月后，又被晋封为皇贵妃，简直就是坐着火箭一样往上蹿。顺治为董鄂氏举行了超级隆重的册妃典礼，颁布诏书公告天下，并且直接发布了大赦令，这种待遇在整个清朝历史上都是独一份。

这一年顺治十九岁，董鄂氏十八岁。

一年后，董鄂氏生下了一位小皇子。虽然这已经是顺治的第四个儿子了，但他却表现出了超出以往的兴奋，准备直接立董鄂氏之子为太子。只不过小皇子生下仅仅三个月，连名字都没来得及取就夭折了。

三年后，始终没从丧子之痛中走出来的董鄂氏也去世了。

悲痛欲绝的皇帝整天以泪洗面，甚至闹着寻死觅活。他亲自下旨给礼部，要追封董鄂妃为皇后。在董鄂妃的谥号上，顺治和礼部的官员斗智斗勇，虽然替爱人争取到了"孝献庄和至德宣仁温惠端敬"的十二字超长谥号，然而通常用来指代正牌皇后的"天""圣"二字却没能加上。

---

[1] 顺治生前有三位皇后：废后科尔沁博尔济吉特氏、孝惠章皇后科尔沁博尔济吉特氏、孝献皇后董鄂氏。康熙帝生母孝康章皇后佟佳氏为追封。

因为无论是礼部的官员，还是宫中的孝庄太后，都不愿认可董鄂氏嫡后的身份，也不承认她曾生下了所谓的皇位继承人。

董鄂氏虽然是顺治的最爱，但在母亲孝庄眼中恐怕就是个夺走儿子的"狐狸精"，对于一心想让儿子延续满蒙联姻的孝庄太后来说，那个女人死了就死了呗，还想闹哪样啊？

顺治又一次无力地发现，自己这个皇帝当得真是没意思。

他想做的事大臣不让做，他想娶的媳妇母亲不认可，他想立的儿子老天爷没给他留，就连他想给最心爱的女人争一个名分都做不到。他只能亲笔写下数千字的《孝献皇后行状》，字字泣血、笔笔含泪地悼念亡妻，并连续四个月用蓝墨批改奏折 [1] 以示哀悼。

身为皇帝的顺治为董鄂氏穿孝十二天，并下令朝中官员及家属为董鄂妃穿孝二十七日。他还令宫女、太监三十人殉葬，下令所有四品以上的官员及家属全都要到景运门去哭丧，并罢朝五天。

顺治以最高级别来操办董鄂妃的葬礼，所有的环节皇帝本人都亲自过问，直接主持，事必躬亲，场场必到。哪怕是在"断七"已过，一般意义上的丧事已经结束后，顺治帝还好几次为董鄂氏举办隆重的法事，始终无法从悲伤中走出来。

但整个帝国，不可能一直陪着皇帝共情。对于其他人来说，再隆重的哀悼也会结束，再浓厚的悲伤也会淡化。

当所有的仪式都结束后，顺治帝只觉得前所未有的疲惫和虚无。

这皇帝，谁爱当谁当吧，朕要出家。

出家的念头已经不是第一次出现在顺治的脑海里了。他在和僧人的谈话中屡次透露出家为僧的想法。顺治曾说过："财宝妻孥，

---

[1] 清朝习俗，等级高的皇室成员逝世，皇帝会用蓝色的墨水批改奏章以示哀悼。皇贵妃级别是五天，皇帝或太后为二十七天。

人生最贪恋摆拨不下的。朕于财宝固然不在意中，即妻孥觉亦风云聚散，没甚关情。若非皇太后一人挂念，便可随老和尚出家去。"

通俗来说就是，人间不值得啊。要不是我妈拦着，我早就出家了。

而董鄂妃的去世熄灭了顺治皇帝最后一丝世俗之心，他坚持拜玉林通琇和尚为师，并以"行痴"为法号。今天流传下来的顺治铃章中也有"尘隐道人""懒翁""痴道人"等称号，可见顺治对出家的执念。

公元1660年，顺治十七年十月十五日，董鄂妃去世两个月后，顺治让玉林通琇的徒弟茆溪森为自己化度剃发，即净发受沙弥戒，真的准备出家了。

玉林通琇听说后大惊失色。没事和皇帝聊聊佛法是一回事，真"拐"回来一个皇帝当和尚那可就是另一回事了。这要是朝廷追究起来，哪怕就是真菩萨下凡了也得掂量掂量后果啊。

为了让顺治打消出家的念头，玉林通琇直接把给顺治剃度的徒弟绑在柴火上，说皇上你要是真出家，那我当场就给你表演一下舍利子是怎么炼成的。这才劝住了一心想遁入空门的顺治。

是的，这是顺治第一次出家，只不过未遂而已。

顺治在紫禁城西苑万善殿见到了阻止自己出家的玉林通琇。一个没头发的皇上和一个没头发的和尚，两人相视而笑，一时竟分不清谁是皇上，谁是和尚。

顺治看着面前的大和尚提出了自己的疑问：佛祖释迦牟尼和禅祖达摩，不都舍弃王位出家了吗？怎么到朕这就不行了？

玉林通琇的回答很有禅意，他表示现在最需要的是皇上在尘世间护持佛法正义，护持一切菩萨的寄身处所。

翻译过来的意思就是您就好好地当您的皇上，没事给俺们撑个腰，上个香，修个庙就够啦，可千万别直接转会啊！

顺治的这次出家虽然没成功，但他依然不死心。

这一年年底，顺治和另一位和尚旅庵月又提起出家的事，旅庵月和尚也表示：不妨现帝王身，行菩萨事。

翻译过来的意思依然是实力拒绝——当皇帝也可以修行嘛，不一定非得出家啊。不要在意那些细节，都是一样一样的呀。

顺治是铁了心想出家，但几乎所有出家人都不想他真的出家。

也许是为了弥补自己未能"正因出家"[1]的遗憾，顺治十八年（1661）正月初二，皇帝亲自到悯忠寺参加了吴良辅的剃度仪式。吴良辅是顺治最心腹、最宠爱的太监，顺治送吴良辅去剃度相当于送个自己的"替身"去侍奉佛祖，这也算是在某种程度上的满足心愿。

但没想到这次观礼活动结束第二天，顺治就出现了水痘的症状，几天后就病发而亡了。

当然，这是官方给出的说法，依然有人坚持认为这只是顺治放出的烟雾弹，是他为了实现假死出家而搞的障眼法。

其实按照往年的惯例，每到冬季及初春出水痘的高发期，顺治都要去南苑"避痘"，其实就是自我隔离，避免在疾病高发期被传染。

但顺治十七年（1660）的冬天是个例外，因为董鄂妃去世了。顺治不但没有去自我隔离，反而频繁接见朝臣，多次在人员密集场所（葬礼现场）停留，极大地增加了感染风险。同时顺治为操办董鄂妃的葬礼而心力交瘁，疲惫不堪，他本就不怎么强的身体免疫力彻底垮掉，被天花病毒趁虚而入也不奇怪。

还有一些间接证据也可以证明，顺治真的是死于天花。

顺治在正月初四时就已经开始考虑皇位的继承人问题了。顺治本人没有活着的兄弟，他本来想传位给"从兄弟"，但太后和八旗

---

[1] 佛教用语，指以正法因缘出家。是授沙弥戒仪式上的开场白，常指代正式出家。

贵族高层都坚持要从顺治的皇子中挑选一名继承人。

作为皇帝最亲近的知心人之一，汤若望在顺治生命的最后阶段还没放弃劝他入教的尝试，虽然没有劝说成功。但汤若望提出的另一个建议顺治却听进去了——汤若望建议跳过较为年长的皇二子福全，立皇三子玄烨为继承人，因为玄烨已经出过天花，对这种致命的疾病拥有了终身免疫力。

这就是后来的康熙大帝，他的上位并不是因为他有经天纬地之才，是天命所归的天纵奇才，仅仅是因为他——得过天花。

汤若望的这一举动在事后赢得了满朝文武的好感，大家都夸他眼光长远。但从侧面也可以说明，天花病毒的确在宫中传播过，被感染者就包括年幼的康熙。而且顺治能被汤若望的建议打动，不正说明他是因为自己得了天花命不久矣，为了避免下一任皇帝"重蹈覆辙"，所以才选择了对天花有抵抗力的康熙吗？

在顺治生命的最后时刻，负责撰写遗诏的当事人王熙清晰地记录了皇帝从发病到病危的全过程，多方证据都表明顺治的确是死于天花。

当然还会有人说，那也可能是顺治动用手中的权力，逼所有人陪他演戏，其实他就是假死出家啊。

的确，这也是一种可能，但存在的概率实在太小。

对于顺治的病死，官方史书、私人笔记，甚至是耶稣会教士的记载都能彼此印证，形成了一个记载可查、证据可信、细节可靠的系统性结论，而假死出家却更多的是一种推测，论据并不充足。

从现有史料证据来看，我们能得出的结论仅仅是顺治想出家，也尝试过出家，甚至以他的执拗性子，在以后的人生中可能还要无数次闹着要出家。

但他的出家努力被一场突如其来的致命疾病所打断，最终出家未遂。

可能还是有人会问，那又如何解释康熙总往五台山跑呢？

这是因为对于清朝统治者来说，五台山不只是个礼佛圣地，更是满蒙联合国策的重要体现。

比如公元 1683 年，康熙皇帝两次前往五台山，在此之前他刚巡察完东北"龙兴之地"，然后前往蒙古见了当地王公，去山东拜了孔子，下江南拜谒了朱元璋的明孝陵。把这一连串的行程联系起来，就会发现这其实是康熙帝安抚慰问满、蒙、汉三族的重要政治活动。

而五台山地处汉、蒙交流的要道，更是藏传佛教在北方的中心。五台山的菩萨顶从明朝初年就已经成为内地最大的喇嘛庙所在地，对于信奉藏传佛教的蒙古各部来说，去拉萨朝拜有点困难，来五台山就方便多了。

所以虽然清朝的历代皇帝都不信藏传佛教，但为了维护"满蒙联合"的国策，康熙亲自到五台山菩萨顶礼佛就成了政治上的必然。而且康熙的七个成年女儿里有六个都嫁给了蒙古各部的首领，可见康熙对满蒙结盟的重视。正因为康熙的民族政策搞得好，所以他才把蒙古各部看作比汉人修的土石长城更坚固的国防屏障。

五台山这个元素之所以出现在"顺治出家"的故事里，一般人以为的逻辑是因为顺治在五台山出家，所以五台山变得重要了，于是康熙才总往五台山跑。

其实历史的真实逻辑是因为五台山重要，所以康熙总往五台山跑，于是人们才以为顺治在五台山出家。

事实上哪怕顺治真要出家，给他剃度的也是临济宗，临济宗祖庭临济寺就在河北正定滹沱河畔，不用大老远跑到山西去，和唯识宗、华严宗、净土宗、律宗、密宗、天台宗和禅宗等宗派挤在一起。

至于清末的慈禧从五台山上"借"到了皇室御用器物，那就更好解释了。

地方上接待过皇帝的地点，器物都需要特殊保管，既不能回收再利用，也不能随便丢弃，哪怕皇帝再也不来，这些东西也得精心维护，妥善保管。康熙帝上过那么多次五台山，上面当然会有皇室用品了。

而且这件事反而说明了顺治不可能在五台山上。

他是要出家的人，整这些皇室用品随身使用，那叫什么出家？这些玩意儿往山上一放，谁不知道这儿住着个皇上？这事情根本就瞒不住，也不会成为我们今天需要讨论的"疑案"了。

要知道顺治十八年的时候，西南的三藩还割据一方，台湾的郑成功余部还高举明朝大旗，就算是中原内部的反清力量也没消灭干净，你大清朝就真的放心把一个皇帝放在寺庙里？真要是被谁给绑票了，高低得够你喝一壶啊。

这哪是出家，出事还差不多。

在破解"顺治出家"之谜的过程中，我们可以获得这样一个认识——那就是所有的传闻、故事甚至野史，不管它在真实性上有多离谱，其中的某些内容细节都不是凭空出现，往往有细若游丝的真实隐藏在浮夸烂俗的桥段中。

这恐怕算是另一种意义上的"存在即合理"了。

故事未必真实，但故事之所以成为故事，一定是因为背后有故事。

九龙夺嫡：雍正的皇位到底是怎么来的

公元 1728 年，雍正六年五月初七，时任川陕总督、宁远大将军的岳钟琪收到了一封信。全信很长，简单归纳起来是这么几个意思：

第一，清朝是外族入侵，咱们应该反了它！

第二，当今皇帝雍正犯有"谋父、逼母、弑兄、屠弟、贪财、好杀、耽酒、淫色"等十大罪状，咱们应该反了它！

第三，你岳钟琪是岳飞的后人，应该发扬祖先的抗金精神，清朝正好是金国人的后代，咱应该反了它！

第四，自清朝入关八十年来天灾不断，这是老天爷在告诉我们，咱应该反了它！

千言万语汇成一句话：岳钟琪，你赶紧反了吧！

如果能重来，岳钟琪一定不会把信打开。

因为这封信既大逆不道又莫名其妙，看得岳钟琪全程问号脸。不过事情已经发生了，也不能当没看见。于是岳钟琪立刻把送信的年轻人抓起来审问，软硬兼施地问出了事情的真相。

原来这个年轻人叫张熙，受老师曾静的委托来策反岳钟琪。而这个曾静只是一个屡试不中的教书先生，因为读了几本明末清初思想家吕留良的"反清"著作，又听说了一些传言，就异想天开地派学生拿着自己的亲笔信来鼓动岳钟琪谋反，史称"曾静大逆案"。

这个教书先生可以说是身体力行地印证了什么叫"秀才造反，十年不成"。

但再可笑的造反也是造反，是十恶不赦的死罪。岳钟琪把审理结果上报给雍正帝后，所有人都以为接下来就是曾静、张熙师徒满门抄斩的常规剧情。

但谁也没想到，雍正居然没有杀曾静师徒，反而把他们弄到北京来，好吃好喝好伺候着。然后雍正就开始用文字隔空和曾静展开了辩论，从"华夷之辩"到"君臣之义"，从自己继位的合法性到自己执政的正确性，逐行逐段、一字一句地反驳曾静信中的指控，掏心掏肺，苦口婆心，直到把曾静师徒说得哑口无言，心服口服。

不仅如此，雍正还把辩论的过程编纂成《大义觉迷录》出版发行，务必要做到高级官员人手一本，基层组织每天宣讲，广大百姓全民覆盖。而迷途知返的曾静师徒就是无数义务宣讲员中的一员。

以德服人！朕就是这样的汉子！雍正揉了揉写到发酸的手腕子，露出了欣慰的微笑。

手握生杀大权的一国之君，为什么要如此劳心劳力大费周章地跟一个书呆子扯皮呢？因为雍正自登基以来一直深陷"得位不正"的传言中。

曾静在审讯中交代，有传言说康熙爷临死前是想传位给十四阿哥胤禛的，是雍正伙同隆科多把"十"字加两笔变成了"于"，所以遗诏就从"传位十四阿哥"变成了"传位于四阿哥"；康熙是喝了雍正送的参汤后才一命呜呼的；雍正迫害亲弟弟十四阿哥胤禛，逼得亲妈以死抗争；等等。

总之，就是一句话，雍正这个皇位来得"不正"，是夺嫡，是矫诏，甚至是弑父篡位。

那么雍正的皇位到底是怎么来的，真的如民间所说的那样"名不正言不顺"吗？

想要弄清楚这个谜团，就得从康熙晚年的夺嫡大战说起了。

康熙活下来的儿子共有二十四个，其中有九个深度卷入争夺皇位的混战中。最主要的代表人物包括大阿哥胤禔、二阿哥胤礽、四阿哥胤禛、八阿哥胤禩和十四阿哥胤禵（后改名为允禵）等。

这些阿哥为了争夺储位，各自拉帮结派，彼此阴谋算计，面上钩心斗角，背后明争暗斗，闹得朝堂上下不得安宁，成了康熙朝末年著名的政治事件，被民间俗称为"九龙夺嫡"。

在康熙之前，清朝并没有立太子的传统。深受中原汉文化影响的康熙帝借鉴了汉人王朝的嫡长子继承制，立仁孝皇后赫舍里氏所生的二阿哥胤礽为皇太子。这是大清立国以来的第一位皇太子，也是清朝唯一的一位皇太子，更是中国古代最后一个皇太子。

好家伙，一不小心就空前绝后了可还行，胤礽身上到底发生了什么事啊？

简单来说就是——康熙超长待机，太子等待不及，兄弟疯狂算计，父子矛盾升级。

最终太子废了又立，立了再废，最年长的大阿哥和最有威望的八阿哥全都被康熙拉进了黑名单。从此不管大臣们怎么上疏呼吁，康熙就是咬死了一件事——立太子是不可能立的，这辈子都不可能立太子的。

是的，康熙算是被"立太子"这三个字整出心理阴影了。他晚年的身体越来越差，衰老的迹象越来越明显，但他还是坚持把所有的权力牢牢地攥在手里，不肯让所谓的"太子"来分享皇帝的权威。

康熙一遍又一遍地跟臣子们保证说，你们放心，我死之前肯定给你们找一个德、智、体、美、劳全面发展的继承人，包管让你们每个人都满意，每个人都心服口服！

但这个继承人到底是谁，康熙却怎么也不肯说。

臣子们能怎么办？只能猜啊。当然也不是瞎猜，因为从各方面的综合表现来说，有两位皇子应该是进入这场储君争霸赛的决赛圈了，他们刚好是一母同胞，即德妃乌雅氏所生的四阿哥胤禛和十四阿哥胤禵。

在"九龙夺嫡"的大戏中，四阿哥胤禛一直没什么存在感。他既不拉帮结伙，也不上蹿下跳，没事就参禅悟道，同和尚老道打成一片，还写了一本叫《悦心集》的心灵鸡汤，看上去就是一个与世无争的"天下第一闲人"。

当然，这只是看上去而已。

因为胤禛早就看清了事情的本质——康熙对于他来说，既是父亲，更是君主。给这样一个英明的皇帝当儿子，太平庸会被抛弃，太出色会被猜忌。

而胤禛又是一个出色的平衡大师，他成功地在"废物点心"和"潜在威胁"中找到了一个平衡点，让皇帝对自己用得放心，用得安心，用得舒心。就这样，他一路不显山不露水，不高调不出头，一点点取得了皇帝的信任。除此之外，胤禛还有一张王牌，那就是他的次子弘历。弘历是康熙最喜欢的孙辈，没有之一。于是随着大阿哥、二阿哥和八阿哥等人的出局，胤禛逐渐成了康熙晚年最受重用的儿子之一。

"国之大事，在祀与戎。"在众多皇子中，胤禛代表康熙主持大祀的次数最多，仅冬至祭天大典就有两次。这是其他皇子所没有的待遇，可见胤禛在康熙心目中地位是很高的，也是皇位继承人的潜在人选之一。

之所以说"之一"而不是"唯一",是因为康熙把"祀"交给了四阿哥胤禛,却把另一件国之大事"戎"交给了十四阿哥胤禵。

当时四阿哥胤禛被封为雍亲王,而十四阿哥的爵位不过是固山贝子而已。清代皇室爵位由高到低分别是亲王、郡王、贝勒、贝子、镇国公、辅国公等十二个等级。如果光看爵位,十四阿哥胤禵和四阿哥胤禛差了两级,似乎并不是同一个水平线上的选手。

但实际情况却并非如此。

十四阿哥胤禵原本是八阿哥胤禩的支持者。没错,胤禵虽然和胤禛是亲哥儿俩,但他无论在情感上还是立场上都和自己的亲哥亲近不起来。个性爽直、重情重义的他,从小就和八阿哥对脾气,宁肯帮着"外人",也不愿意搭理自己的"亲哥"。

公元1708年,康熙四十七年,在第一次废太子风波中,八阿哥胤禩因为组团夺嫡的意图过于明显而被老爹康熙给收拾了。

当暴怒的皇帝老爹痛骂自己仰慕的八哥时,十四阿哥胤禵竟然挺身而出,豁出自己的性命来给八阿哥做担保,气得康熙差点没拿佩刀把胤禵砍死。幸亏众人求情,胤禵只被打了二十大板。

胤禵虽然忤逆了皇帝的意志,但他舍命为兄弟担保的样子也给康熙留下了深刻印象。康熙觉得这孩子对兄弟有情有义,特别老实可爱,从此反而对胤禵更加宠爱了。

有时候老父亲看儿子的滤镜,就是那么双标。

八阿哥说好话,康熙觉得是心口不一的阿谀奉承;十四阿哥说好话,康熙认为是表里如一的肺腑之言。

八阿哥说错话,康熙觉得是混账至极、忤逆不孝;十四阿哥说错话,康熙认为是心直口快、情有可原。

反正同样的事,放在八阿哥身上是看见就烦,放在十四阿哥身上就是可爱与纯真。

康熙甚至把从八阿哥手里剥夺的资源都转赐给了老十四，以至于胤祯竟成了第一次废立太子风波中最大的受益者。

在这种情况下，出头无望的八阿哥只能改为支持十四阿哥胤祯去夺嫡。这是他能想到的最佳止损方式了，就算自己当不成皇帝，同一团队的人能当上也行啊。

机会很快就来了。

公元1718年，康熙五十七年春，大清西部烽烟再起。准噶尔部首领策妄阿拉布坦出兵西藏，拉藏汗请求清朝中央发兵救援。

十月，康熙任命十四阿哥胤祯为抚远大将军，封大将军王，用天子亲征专用的"正黄旗之纛，照依王纛式样"率军出征。通俗来说，胤祯这次就相当于是代替皇帝御驾亲征了。康熙朝一共出过五位抚远大将军，但只有胤祯被封为大将军王，也只有他能使用天子的仪仗。

这级别，相当高。

在正式出征前，康熙帝为胤祯举办了隆重宏大的欢送仪式，所有的王公贵族、朝廷重臣全都盛装出席来给胤祯送行。

那场面，相当热烈。

而且康熙还特意到长安左门外的堂子行礼，这是清代宫廷内特有的祭祀制度，源于满族的萨满教祭神仪式。以前康熙只有在亲自参与的重大战争或政务活动前才会去堂子行礼，以祈求神明的保佑。但这次十四阿哥出征，康熙却也来堂子行礼了。

这信息量，相当大啊。

康熙高调派胤祯挂帅出征，很明显是给他制造立功的机会，从而进一步提升他的地位，可谓是用心良苦。在胤祯出征后，康熙对前线的儿子也是关怀备至，什么好东西都第一时间给小儿子送去，还时常给儿子写信唠嗑，舐犊之情跃然纸上。

一时间，胤禵成了很多人心目中下一任皇帝的热门人选。这里面固然有"八爷党"摇旗呐喊、制造舆论的因素，但康熙对十四阿哥的器重也的确是肉眼可见，就连朝鲜来清朝的使者也认为十四阿哥是众望所归。

如果西北战事结束，胤禵凯旋，这皇位恐怕大概率是要落到他头上的。

可惜，历史没有如果。

公元1722年，康熙六十一年十一月十三日，胤禵还在西北征战时，六十九岁的康熙皇帝在京城北郊的畅春园病逝，遗诏说由皇四子雍亲王胤禛继承帝位，即雍正皇帝。

对于雍正的继位，其他兄弟肯定是不服气的。

如果雍正能拿出可靠的有力证据证明自己继位的合法性，那倒也没什么问题。但让人最费解的地方就在于，对于那一夜康熙是如何传位给雍正的，就连雍正自己都说不清。

第一个说不清的地方——雍正继位到底是不是康熙的真实意思？

康熙在十一月初感染了风寒，只能待在畅春园养病。于是康熙在初九这天派胤禛代替自己主持南郊大祀。初十、十一、十二这三天，胤禛都派人去畅春园请安，康熙都表示自己没有大碍。

但十三日这一天康熙的病情却突然恶化，紧急传召胤禛到畅春园。当夜康熙病逝，时任步军统领隆科多口头宣布了命皇四子胤禛"继承大统，即皇帝位"的遗言。

注意，这个决定雍正继位的遗言最开始是口头说的，并没有书面文本。

十四日，隆科多在雍正的命令下独自起草了书面的遗诏底稿，然后交给内务府、翰林院润色。

十六日，这份遗诏被正式公布，但是却只有满文版，没有汉文版。御史杨保等人对此提出了质疑，但雍正给出的解释却是——满文大家也听了，和听汉文版没区别嘛。这事就这么轻描淡写地划过去了。

也就是说，雍正能继位全靠当时隆科多的一句话，所有的正式文件都是后补的，而且还补得不全。

当然，如果事情发生得太仓促，来不及写成正式文件也是可能的。即便是口头遗嘱，只要在多人见证下也是具有法律效力的。

这就是第二个说不清的地方——谁见证了康熙的遗言。

对于这件事，雍正说得最多，但他都不如不说。

因为越说越可疑。

雍正元年的上谕说：由于太仓促，我爹一句话就决定传位给我了。

雍正二年的上谕说：别人知不知道我不知道，反正我不知道我爹要传位给我。

雍正五年的上谕说：我爹是在诸位皇子和隆科多面前说要传位给我的，但真正负责传达这句话的是隆科多。

还是雍正五年的上谕却说：我爹死的时候隆科多他根本就不在现场！

到了雍正七年的《大义觉迷录》里又变成了：我爹的遗言是在隆科多和七位皇子的见证下说的，我到畅春园的时候我爹还没咽气，还和我唠嗑来着，但我爹没告诉我要传位给我。是我爹死了之后隆科多告诉我，我才强忍着悲痛接下了这个倒霉活儿啊！

除此之外，雍正一会儿说其他兄弟对自己继位是心悦诚服，一会儿又说他们当时要么不怀好意，要么呆若木鸡。还有雍正说康熙去世时好多皇子都在畅春园当见证人，比如他的十七弟果亲王允礼。啊对，就是电视剧《甄嬛传》里的那位好弟弟。但是隆科多却说康熙去世当天，自己是在回京城的路上遇到的允礼，这说明康熙死的时候他根本就没在畅春园。

这是什么人格分裂的迷幻发言，一会儿这样一会儿那样的，所以到底是哪样啊？

十三日当天，康熙到底是怎么留下传位遗言的，留下的到底又是什么样的遗言？关于这个问题雍正的回答不能说是风马牛不相及，至少也是驴唇不对马嘴。

最朴素的逻辑告诉我们，人们在陈述真相时往往言简意赅，只有讲述谎言才需要反复勾勒。当你说出一句真话，你只是在陈述一个事实。但如果你撒了一个谎，那就是在构建一个全新的谎言宇宙。

所以从雍正登上皇位的那一天开始，人们就在不断争论事情的真相，大致可以概括成三种观点：弑父夺位、矫诏篡位、合法继位。

弑父夺位基本上可以排除。当时流传的雍正用一碗参汤毒死康熙的说法肯定是不靠谱的。康熙的祖籍虽然在东北，但却对人参毫无好感，也从来不认为吃人参对身体好，哪可能会喝参汤被毒死？

况且康熙直到生命的最后都很好地控制着最高权力，想要在短时间内收买康熙的身边人下毒基本上是不太可能做到的事情。弑父夺位听起来很厉害，但从逻辑上来说是讲不通的。

矫诏篡位，这倒听起来是最合理的一种解释。但传言中所谓把诏书中的"传位十四子"加两笔变成"传位于四子"这种事也是不存在的。

因为清代对皇帝的儿子都称"皇子"。所以即便真的有那么一句话，也应该写成"传位皇十四子"，加了笔画后就变成了"传位皇于四子"，连句人话都不算，哪能用来篡位啊。另外古代繁体字应该写成"於"而不是"于"，这又哪是加两笔就能改成的呢？

最后一点，也是最关键的一点，清代的诏书是满汉双文字版本的，康熙就是想留遗言也是先说满语版本，满语是拼音文字，那改起来跟重写一样，根本就骗不了人。

今天我们能看到完整的汉文遗诏，是后来重写的，并不是康熙临死前写的，无法作为证据。现存的两份满文遗诏都残破不全，尤其是缺失了传位给哪位皇子这个最关键的信息，只能证明康熙留下了遗言，却没法证明遗言的具体内容，是传位给皇十四子胤祯，还是传位给皇四子胤禛。

但是，如果我们换一种思路，设身处地地想一想，如果我们是执掌大清帝国六十一年，经历了无数风风雨雨、看透了世态炎凉的康熙皇帝，在自己生命的最后关头，要选哪个儿子继位才能最大限度地避免动荡，保证权力交接的平稳呢？

恐怕，选择四阿哥胤禛才是最符合康熙真实意愿的。

不可否认的是，康熙此前对十四阿哥胤祯很器重，但也没到就非他不可的地步。在生命的最后时光里，康熙应该是在老四和老十四之间有所犹豫，甚至很可能老十四占的优势更大一些。

如果十四阿哥胤祯得胜还朝，康熙还会在哥儿俩之间再犹豫一下。但在康熙六十一年十一月十三日这一天，远在西北的十四阿哥胤祯已经不是皇帝的优先选择了。以当时的路况来说，胤祯即便用最快的速度赶回北京也需要近一个月的时间，康熙皇帝明知儿子们之间斗得那么厉害，怎么可能允许皇位出现近一个月时间的空悬，那是生怕儿子们打不起来吗？

从托付后事、平稳过渡的角度来说，离得近的四阿哥胤禛就是最好的选择。所以当康熙病情恶化后，他第一时间就把在南郊主持祭祀的胤禛叫到身边来，这很明显是想传位了。

如果这么说，那雍正就是合法继位啊，那为什么他对于事发当天的描述错漏百出，针对他继位的谣言又传得到处都是呢？

别急，因为雍正的继位是合情不合理、合法不合规。

雍正符合康熙临终前稳定政局的需要，这是合情。但正是因为康熙去世太突然，让之前一直被人看好的十四阿哥瞬间靠边站了，这在有心人看来就是不合理。

雍正继位的确体现了康熙的真实意愿，但是这种意愿的表达在程序上是有问题的，属于合法但不合规。

简单来说就是：有瑕疵啊。

而最大的瑕疵就是遗诏的宣布者隆科多。你一个步军统领，既不算皇室宗亲，也不是内阁大学士，凭什么让你来传达皇帝临终的遗言啊？

结合雍正登基初期对隆科多的顶配封赏和格外亲热，唯一合理的解释就是隆科多和雍正内外勾结篡改了康熙遗言。

这个结论在逻辑上很自洽。但一份来自朝鲜的史料或许能为我们提供一个全新的思路。

18世纪，李氏朝鲜著名学者朴趾源写了这么一个很有意思的事：康熙临死前，汉人大学士王掞和同僚一起记录皇帝的遗言，错把"禛"字写成了"祯"字，"第四"写成了"十四"，因此而获罪。

《李朝实录》则记载康熙病重时召满洲大学士马齐留下遗言，说：第四子雍亲王胤禛最贤，我死后立为嗣君。

在古代的政治传统中，皇帝交代遗言肯定是找一帮人做见证，而且一般来说能在场听老皇帝遗言的人，也是留给新皇帝辅政的重臣。

《永宪录》记载，康熙死后第二天，根据皇帝临终的遗言，内侍卫大臣三等公马尔赛、提督九门巡捕三营统领隆科多和武英殿大学士马齐就获得了辅政大臣的身份。

综合以上资料我们可以推测，康熙在生命的最后时刻找了四个他最信任的臣子来交代后事。

内侍卫大臣马尔赛负责皇帝的贴身保卫工作多年；隆科多是康熙第三任皇后的弟弟，算是皇帝的小舅子，一直以来掌控京城周边的武装力量；满洲大学士马齐忠心不二，能力突出，是满族官员中的大佬；汉人大学士王掞虽然总惹康熙生气，但为人清高，不受拉拢，在汉人官员中很有威望。

以上四人共同的特点就是都没怎么掺和到皇子们的"九龙夺嫡"中，既忠心又有能力，而且兼顾了权力平衡和民族差异，这才是皇帝交代遗言的正常组合。

康熙晚年已有患中风和脑梗的迹象，所以一次重感冒就引发了严重的并发症，很快就陷入弥留的阶段。在回光返照的时刻，康熙应该是先用满语说一遍遗诏，然后再用汉语说一遍。

当然这个遗诏只是简单的关键词草稿，类似于写作大纲，具体的遣词造句什么的那都是次要的事。满语版本的遗诏由马齐负责记录，汉文版本的遗诏自然是王掞来撰写。马尔赛和隆科多更多的是在旁边做个见证。

此时皇帝的生命力已经几乎枯竭，中风和脑梗的病症也严重限制了他的表达能力，音量和发音自然不会像正常人说话那么清晰到位。再加上如此紧张的重要时刻，听不清、听不准也是完全可能发生的事情。

满语不同单词之间发音差异较大，不容易听错。但在记录汉文版遗诏时，皇帝嘴里说的到底是"胤禛"还是"胤禵"，是"第四"还是"十四"，时年七十七岁的王掞老爷子不小心给听岔了。这才有了朴趾源说的"误认"一事。

于是，皇帝死了，临死前留下了满汉双版本的传位遗诏，但尴尬的是两个版本的遗诏上写的不是同一个名字。

你说，还有比这更让人抓狂的事吗？

这时候再把皇帝抢救回来问一嘴已经不可能了，这两份遗诏到底以哪个为准，谁又来确定以哪份为准呢？

这时隆科多就发挥了决定性作用。

他作为皇帝的小舅子，属于关系最近的亲戚。而且整个畅春园都在他这个步军统领的控制下，此刻手里有兵有枪的他说话自然就是最好使的。

更重要的，隆科多其实是四阿哥胤禛的人。胤禛为了不引起老爹康熙的猜忌，找帮手从来都是宁缺毋滥。他的团队人数虽少，但个个都能在关键时刻发挥作用。

比如控制京城武装的隆科多和驻扎西北的年羹尧，这两位一内一外，为雍正皇帝的顺利继位立下了汗马功劳。

想要抹去两份遗诏的版本冲突，唯有淡化四人共同接受遗诏的事实。最终的解决方案就是由隆科多一人出面，口头宣布皇帝的遗言——先把皇位归属确定下来，具体的程序问题等事后再搞定吧。

如果这个推测是真的，也就可以解释为什么雍正在即位当天死活也拿不出书面遗诏，三天后也只能拿出满文版遗诏。因为那个汉文版，是真的不能往外拿啊，不然就更说不清了。

这之后马尔赛、马齐、隆科多都加官晋爵，而那位写错名字的王掞老同志，嗯，雍正也不能公开收拾他，但穿个小鞋、挤对一下什么的肯定是少不了。王掞八十四岁去世时，朝廷连个像样的葬礼待遇都不给他，还是后来乾隆帝上台后为他补办的。

因为雍正是真恨啊，朕明明正儿八经的继承皇位，就因为你"误认"了别人的名字，害得朕哑巴吃黄连，有苦说不出，只能不断地找补掩饰，用一个谎言去掩盖另一个假话，结果越说越多，越多越错，都快把真的说成假的了！

所以我们也就可以理解雍正帝对"曾静案"的奇特处理了。

对他而言杀了曾静不重要，把心里的苦闷往外倒一倒才是最重要的。他就像是一个委屈巴巴的孩子，疯狂地为自己正名辟谣。

但是偏执的雍正爷还是不太了解人性啊，因为他的辟谣行为完全起到了反作用。

在"曾静案"前，针对他继位的段子可能流传得还没有那么广泛。但他偏偏弄出一个《大义觉迷录》并全国推广，这下好了，普通老百姓对雍正义正词严、引经据典的辟谣声明毫无兴趣，但一说到什么皇室阴谋啊，同室操戈啊，矫诏篡位啊，那可真是爱听得不得了。结果一番宣讲下来，人们没记住辟谣声明，反而不断在传播谣言本身，毕竟聊这个多刺激、多带劲啊。

自从《大义觉迷录》问世之后，有关雍正的谣言不但没有止息，反而越传越广泛，越传越离谱，都达到了小说评书里"吕四娘入宫刺杀雍正，半夜割走皇帝狗头"的程度。

黑子越多，雍正的战斗欲望就越强烈，他辟谣越用力，谣言就传得越厉害，都陷入死循环了。

所以雍正一死，乾隆第一时间就叫停了这件事。

乾隆刚即位就不顾老爹雍正的遗言，执意处死了曾静师徒，停止了《大义觉迷录》的宣讲，甚至这本书后来在清朝也变成了"禁书"。

乾隆的内心独白应该是这样的：我的个亲爹啊，你和这帮黑粉斗什么嘴啊。咱大清的刀是不够锋利吗？都弄死不就完啦？

然后，神奇的事情又发生了。

原本狗都不爱看的《大义觉迷录》成了禁书后，一下子又成了人们追捧的稀缺资源和必读书目，不管清政府怎么销毁，怎么禁止，这本书还是"野火烧不尽，春风吹又生"地在人们手中传阅。就跟某本书一旦进了禁书名单，销量和盗版立刻大涨一样。因为甭管平时有没有阅读习惯的人，都忍不住好奇要看一看这本"禁书"到底是"禁"在了哪里。

当然，最深入人心的，还是书中那一条条被反复辟谣却始终流传的谣言。

直到今天，亦是如此。

刺马案中案：不能深究的总督刺杀案

公元 1870 年 8 月 22 日，大清同治九年七月二十六日一大早，两江总督署西侧的演武场人声鼎沸，热闹非凡。

时任两江总督兼南洋通商大臣的马新贻，每月的二十五日都会亲临演武场视察部队，因为七月二十五日下雨，检阅就推迟到了第二天。

上午十点左右，视察结束的马总督在安保人员的护卫下，穿过看热闹的人群，从演武场旁的小道步行返回总督署。

在路上，突然有一个叫王武镇的人蹿了出来。此人自称是马总督的老乡，想要求总督大人办点"私事"。

头回见到有人把"走后门"搞得如此广而告之的。安保人员赶紧七手八脚地把王武镇拦住，马新贻则脚步不停，继续往回走。

就是这样一个小小的突发状况，让马新贻身边的安保人员出现了短暂的混乱，也给了"有心人"可乘之机。

就在马新贻即将走进总督署的西南门时，一个清兵打扮的人突然快步走到马新贻面前"打千"请安，然后趁着俯身行礼的机会，用右手从靴筒里抽出一把短刀，猛刺入马新贻的右胸肋要害之处。

有刺客！

由于事发突然，马新贻都中刀倒地了，旁边的安保人员才反应过来，一拥而上将刺客当场抓获。

其实准确的说法应该是——刺客得手后根本就没有逃走的意思，反而站在原地自报家门，说自己叫张汶详。[1] 还有现场目击者听到他高喊"养兵千日，用在一时"之类的口号。

刺客虽然束手就擒，但马新贻却因受伤严重，次日不幸身亡。这就是轰动天下的"张汶详刺两江总督马新贻案"，俗称"刺马案"。后来的电影《投名状》就是据此改编的。

刺马案发生的时候，清朝刚刚平定太平天国运动，北方的捻军大起义也基本消停，已经被内忧外患折磨了十几年的大清好不容易续命成功，迎来了一个相对和平稳定的局面，号称"同治中兴"。

但就在这所谓的"太平光景"里，清代顶级的封疆大吏之一、掌控着大清三分之二财税收入、历来被认为是"天下第一总督"的两江总督[2]，竟然在光天化日之下、众目睽睽之中、层层安保之内，被一个不知道哪来的刺客随随便便就杀了。

还有王法吗？还有天理吗？

清政府连发几十道上谕，先后派遣四位重量级高官，总计五十名官员参与审讯，经过长达八个月的调查，最终发布了案件的"调查真相"。结案报告很长，简单概括起来就是一句话：

张汶详挟私报复，马新贻无辜遭殃。

对，没有惊天阴谋，没有幕后主使。张汶详既不是职业刺客，也不是武林高手，更没有特异功能，他就是一个普通得不能再普通的普通人。

但就是这样一个非专业人士，万分凑巧地抓住了马总督安保工

---

[1] 具体姓名有争议。张相文《张文祥传》写作"张文祥"，《曾国藩全集》写作"张汶祥"，《督臣被刺出缺折》《供招册》等案卷资料中写作"张汶详"。因相应审理卷宗为正式法律文件，故本书采用"张汶详"一说。

[2] 清代在全国设八大总督，分别为直隶、两江、闽浙、湖广、陕甘、四川、两广、云贵总督。另有漕运总督和河道总督。1907 年，清政府改盛京将军为东三省总督，驻奉天府，管理黑龙江、吉林、奉天三省。

作转瞬即逝的漏洞，用一把小刀刺死了大清朝的两江总督。

结案报告一经公布，几乎所有人脸上都是同一副表情——你搁这儿骗鬼呢？

也怪不得老百姓不相信官方的调查结果，因为"刺马案"实在是太离奇、太凑巧，官方的调查结果又太平淡、太草率，总给人一种遮遮掩掩的感觉。

比如官方给出的审理结果认定，张汶详是太平军余孽，因为媳妇和家里的钱财被一姓吴的奸夫给拐跑了，曾到时任浙江巡抚的马新贻那里告状。但马新贻并未受理这个案件，为此张汶详还被那吴姓奸夫狠狠地嘲笑了一顿。于是张汶详就把自己"人财两空"的人生不幸归咎于马新贻，这才一拍脑门儿决定刺杀马新贻。

这是什么狗血剧情，怪不得大家不相信，因为逻辑转折实在是太生硬了。

官方结论无法服众，民间自然就出现了多种版本的"真相"。

比如流传最广泛的"渔色负友说"。在官方还在吭哧吭哧调查的时候，上海丹桂茶园里已经上演了一出精彩纷呈的《刺马传》大戏，大概剧情应该是这样的：

张汶详和好友曹二虎等人都是捻军中的小头目，在作战中俘虏了马新贻。马与张、曹等人结拜为兄弟，带着部队投降了清朝。但马新贻竟然和曹二虎的媳妇勾搭成奸，还捏造罪名杀了曹二虎，进而霸占其妻。张汶详为给兄弟讨回公道，于是就刺杀了马新贻。

这也是"刺马案"在今天流传最广泛的一个版本，诸多影视作品也大多以此为故事原型。

但历史的反常识规律就在于，越是老百姓喜闻乐见、口耳相传的流行版本，往往越偏离历史的真实。

马新贻的为官履历和"渔色负友说"中所说的很多细节完全对不上。况且如果马新贻真的有害死兄弟、勾引人妻这样的黑历史，官方的调查结果相当于替他遮掩丑闻，马新贻的家人肯定巴不得就这么结案。但事实却是马家后人一直对官方结论非常不满，这哪像是有丑闻的心虚样子啊？

当时就有人为马新贻鸣不平，清代诗人周寿昌有诗云：

> 人事百年真始出，谁知定论死犹无。
> 重臣已被元衡祸，谤语几罹永叔诬。

意思就是马新贻像唐代宰相武元衡一样被当街刺杀，却和北宋时被污蔑为与外甥女有染的欧阳修一样，成了"黄谣"的受害者。

所以"渔色负友说"虽然流传最广，但也最不靠谱。

除了"仇杀"之外，张汶详在审讯过程中还曾说过另一个"义杀"的版本。张汶详自称得到消息，说马新贻勾结西北回民叛军要犯上作乱，所以张汶详才要诛杀马新贻这个"国贼"！

"陕甘回民起义"是真的，马新贻是回族也是真的，但这两个真相放在一起却并不真实。仅仅因为马新贻是回族就说他要勾结叛军，这完全是地摊文学式的胡扯，后来张汶详也翻供承认自己是在诬陷。

其实在"刺马案"发生后的第一时间，清政府高层就断定这个案子不单纯，"断非该犯一人挟仇逞凶，已可概见"。

也就是说，清廷高层相信马新贻是死于买凶杀人的"谋杀"，唯一的问题就是谁谋杀了他。

嫌疑人之一是晚晴著名的军事家、政治家丁日昌。

当时有人举报江苏巡抚丁日昌之子曾卷入一宗违反军纪的命案，马新贻正是审理此案的负责人，丁日昌向马新贻求情不成，因此买凶杀人。

但这个说法也很不合理。

马新贻在办案过程中并没有针对丁日昌之子，所谓的双方结仇一说并不成立。况且丁日昌人品正直，无论是治军还是治家都很严格，很难想象他会去找马新贻走后门，甚至买凶刺杀同僚。明眼人都把这个事当笑话听，没谁当真。

但张汶详在被捕时喊的那句"养兵千日，用在一时"，却像一根刺一样，结结实实地扎在每个人的心上。

从这句话的语意上分析，张汶详就是那个被"养"了千日的"兵"。但谁"养"了他，谁又"用"了他呢？

这里面的水可就太深了，牵扯到太多的矛盾和猜忌——中外之间、满汉之间、南北之间、中央与地方之间，全都各怀鬼胎，彼此防范，牵一发而动全身，一不小心就会引火烧身，甚至造成整个局面失控。

要想明白事情的严重性，我们就要跳出孤立看待"刺马案"的狭隘视角，把这个谜团重重的刺杀案嵌入当时的历史大背景中，搞清楚"刺马案"发生时，清朝是个什么情况。

这么说吧，此前清朝是发自内心地认为自己要完蛋了——内有太平天国席卷江南，外有英法联军攻占北京。皇帝英年早逝，太后孤儿寡母，国内叛乱不断，国外列强环伺。内外交困，风雨飘摇，朝不保夕，命悬一线，要人没人，要钱没钱，说的就是大清本清啊。

面对内忧外患的糜烂局面，清政府万般无奈之下只能咬牙放权给汉人，允许地方组织团练，以此来平定国内叛乱，抵御外国侵略。

以曾国藩的湘军为代表的汉人武装集团强势崛起，几乎掌控了中国南方最精华、最富庶的地区，清朝中央反而成了可怜巴巴的弱势群体。

曾国藩本人想做千古名臣，没有什么造反搞事的兴趣，还主动裁撤湘军，自己削弱自己。

但有些事却并不以个人意愿为转移。

在平定太平天国的战争中，大量的湘军官兵立功受赏，他们或身居军队高层，或执掌地方行政，或成为民间豪强，已经形成一张遍布江南各地的权力关系网。不管曾国藩愿不愿意承认，他的"湘系"已经成了让清朝中央寝食难安的存在。所以当朝廷挺过了最艰难的时刻后，第一时间想到的就是"削藩"。

而马新贻这个两江总督，就是来干这个活儿的。甚至还有传言说马新贻是奉慈禧的密旨，要暗中调查湘军上下私吞太平天国宝藏的事。[1]

其实此前清政府已经两次试图把曾国藩调离两江，但都因时机不成熟而没办成。公元1868年，清政府调两江总督曾国藩为直隶总督，以闽浙总督马新贻补授两江总督。直隶总督虽然名义上比两江总督地位高，但其地处京畿地区，上有中央政府，下有顺天府尹，位尊而权轻，更远离湘军的大本营，这是典型的明升暗降加调虎离山。

仅仅两天之后，负责长江水师的湘军元老彭玉麟也被免除职务，退休回家。江苏巡抚丁日昌转交了江南士绅请求曾国藩留任两江总督的请愿书，却被朝廷劈头盖脸骂了一顿，可见朝廷"削藩"的意愿有多强烈。

马新贻接任两江总督后，忠实执行了清政府"强化中央，削弱地方"的既定政策，雷厉风行地做了几件事，包括裁撤湘军，编练新部队，追查历年战争中的贪腐和假账，严肃军纪，严厉打击退役后从事黑社会活动的湘军士兵，等等。

裁军是砸饭碗，查账是掏钱包，扫黑是要你命。

---

[1] 见高尚举《刺马案探隐》。有争议。

马新贻做的每一件事，都让朝廷开心，也都让湘军上下不开心，然后他就被刺杀了。

站在清政府的角度上来看，我精挑细选派来"削藩"的得力干将，刚刚取得了一点工作成果，然后人就没了，你跟我说这里面没事？

所以一直以来都有观点认为湘系势力才是"刺马案"的幕后元凶，目的是干掉马新贻，重夺两江总督，这就是"湘系夺权说"。

但这还没完。

"刺马案"背后不只涉及中央与地方的钩心斗角、满汉之间的猜忌防范，甚至还牵扯到中外矛盾和土洋冲突。

简单来说，就是洋人、洋教和洋务。

自鸦片战争以来，中国的大门被迫开放，西方的宗教和科技也跟着进入中国。尤其是西方传教士在坚船利炮的威慑下在中国强行传教，必然会引发民众的不满，进而产生对立情绪和冲突。

马新贻对曾国藩、李鸿章搞的洋务运动没什么热情，但他对洋教和洋人的态度却很友好。

马新贻就任两江总督后，隆重接待了天主教江南教区的主教郎怀仁，甚至在第二天回访了天主教堂，这让在中国屡屡碰壁的外国传教士感动不已。

据当时生活在中国的神父们说，马新贻曾在镇压小刀会起义时受伤，在教会的董家渡医院接受了治疗。捡回一条命的马新贻甚至接受了洗礼，信奉了天主教。

这个传言听起来有点匪夷所思，但马新贻相对于曾国藩和李鸿章而言，的确对传教士更加友好。

1869 年，安庆府出现了民众捣毁传教士住所的反洋教运动，史称"安庆教案"。马新贻的处理方式是全盘答应列强提出的赔偿要求，并且联合安徽巡抚发布告示，阻止百姓自发的反洋教行动。

后来南京一带又出现了传教士用婴儿炼制邪药的传言，差一点就掀起新一波的反洋教浪潮。马新贻第一时间派遣新上任的南京知府冯柏年检查天主教堂，证明并没有所谓的"死婴"存在。然后马新贻立刻宣布南京全城戒严，并派遣军队保护天主教堂，张贴告示，全力辟谣，这才成功避免了危机。

马新贻对洋教很保护，但别的地方官就未必是这个态度了。

1870年，"天津教案"爆发，法、英、美、俄、普、比、西七国联合向清政府提出"抗议"，并调集军舰至大沽口进行威胁，清朝方面紧急派出直隶总督曾国藩与列强交涉。

曾国藩只能捏着鼻子卑躬屈膝求原谅，又是处死凶手，又是赔偿损失，又是派人道歉，希望能缓解一触即发的紧张局势。

和大多数主张对洋人强硬的同僚不同，马新贻则主张严惩导致教案发生的中方官员。然后没多久，他就被刺杀了。另据当时在华的传教士记载，马新贻死后没两天，和马新贻一样对洋教抱有好感的南京知府冯柏年也在办公室离奇自杀。

连续两位对洋教持保护态度的高级官员相继丧命，以至于当时的外国传教士们都认为马新贻就是被那些反对洋教的势力给弄死的。

这就是"刺马案"的第六种版本——"反洋教排外说"。

但这个版本可不兴说。

要知道当时北边的"天津教案"已经让清政府焦头烂额，如果南边的"刺马案"再调查出来背后的真凶也是针对洋人和洋教的，消息传到列强耳朵里，那清政府可真是吃不了兜着走了。

就是这种自相矛盾、投鼠忌器的心情让清政府很纠结，既不能不调查，又不能真调查。所以清政府对待"刺马案"的态度和策略只能是外紧内松，虚张声势。

如果我们复盘一下整个"刺马案"的调查环节，就会发现很明显的敷衍之处。

八月三日，清政府得知马新贻遇刺，立刻谕令正在处理"天津教案"的曾国藩回任两江总督。"天津教案"是曾国藩为官生涯的最大污点，但他却以处理教案重任在身及眼睛疼为借口，极力推辞回任两江总督的任命，宁肯在"天津教案"里挨骂，也不想去蹚"刺马案"的浑水。

但清政府却坚持要求曾国藩南下，认为"但得该督坐镇其间，诸事自可就理"，寄希望于曾国藩湘系领袖的特殊地位和崇高名望，以此来稳定住两江的局势。

九月二十三日，曾国藩在朝廷的千呼万唤中到达北京，刚好赶上曾国藩和慈禧相继过生日。于是慈禧先给曾国藩庆生，曾国藩再给慈禧祝寿，这么一来一去两个月的时间就过去了。

不是急吼吼地要求曾国藩南下两江吗？怎么又不着急了呢？

这就是政治的艺术了。对清政府而言，只要曾国藩回任两江的消息确定，就能镇住那些企图搞事的魑魅魍魉，至于曾国藩本人是不是真的到位，反而不重要了。

换句话说，查案不重要，借曾国藩的名头保平安才重要。

曾国藩一直在北京待到快过年，实在没理由继续耗着不走了，只能选择动身。在南下之前，他受到了慈禧的接见。

对于"刺马案"，两位晚清时代的超级大佬有这么一段既简单又不简单的对话。

慈禧问：马新贻这事岂不甚奇？

曾国藩回答：这事很奇。

慈禧又说：马新贻办事很好。

曾国藩马上回答：他办事和平精细。

这白开水一样平淡的四句话看上去平平无奇，却隐藏了慈禧对"刺马案"的态度。

慈禧问"马新贻这事岂不甚奇"——奇，就是奇怪、离奇，不应该发生而发生的事。"岂不"是反问表肯定，前面再加一个"甚"字，意思就是这背后肯定有事，你可别糊弄我。

曾国藩回答"这事很奇"——是的，这背后当然有事，但您想要大事还是小事？

慈禧第二句说"马新贻办事很好"——先给整个案子定个调子，马新贻必须是正面形象，不能寒了给朝廷办事的人的心。

曾国藩回答"他办事和平精细"——这算是认同了慈禧的观点，放心吧，老佛爷，马新贻必然是个完美的受害者。

这之后曾国藩又磨蹭了十几天，然后在慈禧的再一次催促下启程南下，和他同行的还有刑部尚书郑敦谨，也是朝廷派去审理"刺马案"的。

在这两位中央特派员到达江南之前，江宁将军魁玉会同漕运总督张之万等人已经审了张汶详好几个月了，"挟私报复说"就是他们给出的"尚属可信"的审讯结果。

当然，朝廷对这个结果并不满意，所以才加派曾国藩和郑敦谨这两位重量级高官来接着审，怎么看都是一副不查明真相誓不罢休的样子。

但神奇的是，曾国藩到了江宁后，有足足两个月没有做任何与调查"刺马案"有关的事情，直到十二月二十八日才第一次读了下案卷，后来又开了几个没营养的会，把涉案人员点了个名，之后就把原有调查结果原封不动地上报了。

可以说曾国藩和郑敦谨两位钦差大臣的到来，并没有对"刺马案"的调查起到什么推动作用，那些案情谜团和证词、证据上的不合理之处，也完全没有引起他们的重视。

那回到最初的问题，凶手张汶详到底是独立作案还是有人指使呢？

他在被捕时明明说了"养兵千日，用在一时"这样的话，证词中也显示他曾投奔湘军将领黄少春，可见张汶详也是有湘军背景的，为什么后续的调查却坚持否认他背后有人主使？

再说了，马新贻身为朝廷命官、封疆大吏，安保级别相当高，张汶详一个平头百姓，为何能成功实现近身刺杀？

借用评书演义中常用的一句台词——"无巧不成书"。

保护马新贻的第一负责人是两江督标中军副将喻吉三。据这位有着浓厚湘系背景的军官说，他当时是因为士兵操演没结束，就留在演武场地收尾，"不巧"没出现在案发现场。

在马新贻遇刺之前，那个拦路求帮忙的王武镇则"凑巧"分散了安保人员的注意力。

而这位王武镇是在总督衙门前轿头刘学——相当于是在马新贻总督办公室前任公务用车司机的"无意"指点下，在检阅当天"恰好"给刺客制造了一个短暂的机会，"刚好"让马新贻暴露在刺客的刀尖之下。

这一切的巧合都解释得通，每个人都有合理正当的理由，但这些凑巧就是如此精密且环环相扣地咬合在一起，最终导致了马新贻的遇刺。

最后，马新贻的死亡原因是什么？

验尸报告表明马新贻胸部的伤口皮肉收缩，并未出血，脖颈肿胀，十指呈现青色，应该是凶手在凶器上涂抹了毒药，这才导致了他的死亡。

但"刺马案"的结案报告中却白纸黑字地写着，张汶详用来行刺马新贻的凶器"刃锋白亮，量视血阴，计透入三寸五分，验无药毒"。

也就是说，马新贻死于中毒，但凶器上却又没有涂抹毒药的痕迹。

那么，毒死马新贻的毒，是哪儿来的？

哦豁，怎么有点越说越吓人了？

以上难以解释之处全是疑点，但在历时八个月的案件审理过程中，却没有一位主审官愿意深究。

更不合常理的是，审案全程都没有对张汶详动过刑，理由是张汶详不禁打，怕一不小心把他整死了。

刑讯逼供在现代司法实践中是绝对不允许的违规违法操作，但在古代却恰恰是不可或缺的必备环节。当时参与会审的江苏候补道孙衣言就坚持必须动刑，按照他的话说，犯人那么狡猾，满嘴瞎胡说，不打一顿他怎么会老实交代啊？

先上刑，再审案，本就是那个时代审案子的惯例。但"刺马案"的主审员却对张汶详格外"温柔"，说啥也不肯动刑。

是真的怕动刑把他给打死了，还是怕一不小心打出点不想听的东西？

不可说，不可说啊。

按照清代的司法审判惯例，对犯罪嫌疑人张汶详的审讯并不符合那个时代的程序。所以参与审讯的孙衣言和山东候补道袁保庆都拒绝在结案报告上签字，以此表明自己不认同审讯结果的态度。

而这两位又都是马新贻生前最重用的幕僚亲信，是马新贻真正的自己人。恐怕也只有他们两个是真心想查出事情的真相。

但两个小官的抗争并不能改变"上头"的意思，最终"刺马案"还是照着最初的"挟私报复说"上报中央，只不过是在对凶手张汶详的量刑上加重了一个级别而已。

清廷给予马新贻极高的哀悼。同治皇帝亲赐祭文、碑文，特赠马新贻太子太保，予骑都尉兼云骑尉世袭，定谥号为"端敏"。江宁、安庆、杭州、海塘等地为马新贻修建了专门的祠堂纪念，在华的传教士也自发地组织悼念活动。

但也仅此而已了，清廷可以高调纪念，隆重哀悼，但却绝不会认真破案，探究真相。

因为真相背后的斗争对他们来说才是最重要的。

在太平天国运动以前，两江总督基本由满人出任。但在太平天国之后十多年里，前后有九任七人出任两江总督，却没一个是满人。在马新贻之前，曾国藩做了三任两江总督。在马新贻之后的几任总督，要么是湘系骨干，要么有湘系背景，只有马新贻这么一个"非湘非淮"的特殊存在。

事实上，对于马新贻出任两江总督这事，当时人都看得很清楚。马新贻虽然有业绩，但还没功勋卓著到能取代曾国藩的地步，朝廷这样的人事安排就是为了打压湘系。而马新贻出事也是必然，这完全就是朝廷人事安排的失误造成的。

多说一句，参与审理"刺马案"的刑部尚书郑敦谨在结案后当场宣布"因病退休"，连回北京走一下退休程序都等不及就离职了。只不过号称"因病无法工作"的郑大爷后来又好端端地活了十几年，咱也不知道他这个"病"到底是"真病"还是"心病"，反正是把堂堂一品朝廷大员给逼得撂挑子不干了。

可想而知，这背后的水得有多深。

俗话说"匹夫无罪，怀璧其罪"，对于马新贻来说，这为自己招来杀身之祸的"璧"，就是两江总督这个烫手山芋。马新贻在两江威望不足，下手又太狠，得罪的人实在太多，是绝对的众矢之的，遭人暗算的概率相当大。

他被刺杀后才几天，官方调查还没结束呢，上海就有人将他的桃色新闻编成戏剧上演。还有教育系统的人在出考试题的时候，讽刺马新贻被杀是活该。这些舆论风潮的背后很可能有人主使，目的就是杀人诛心，让马新贻身死名灭，永世不得翻身。

由于慈禧和曾国藩等人的心照不宣，"刺马案"的幕后真凶已经永远隐没于历史的迷雾中。刺杀案的主谋也许是湘系势力，也许是反洋教势力，甚至这两拨势力可能就是同一群人。

总之，是对马新贻出任两江总督不满的反对者策划了这起"刺马案"。

"刺马案"既代表着马新贻个人生命的终结，也代表着清廷"削藩"政策的破产。此后两江总督之位几乎由湘系势力所垄断，清政府再也没能成功压制南方的汉人势力，直到宣统退位，帝制终结。